劳动用工法律风险防控指引与典型案例评析

国网内蒙古东部电力有限公司 著

中国财富出版社有限公司

图书在版编目（CIP）数据

劳动用工法律风险防控指引与典型案例评析 / 国网内蒙古东部电力有限公司著 .—北京：中国财富出版社有限公司，2022.4

ISBN 978－7－5047－7683－9

Ⅰ.①劳… Ⅱ.①国… Ⅲ.①劳动法—研究—中国 Ⅳ.①D922.504

中国版本图书馆 CIP 数据核字（2022）第 062811 号

策划编辑	宋　宇　李　伟	**责任编辑**	邢有涛　贾紫轩	**版权编辑**	李　洋
责任印制	梁　凡	**责任校对**	杨小静	**责任发行**	黄旭亮

出版发行	中国财富出版社有限公司		
社　　址	北京市丰台区南四环西路 188 号 5 区 20 楼	**邮政编码**	100070
电　　话	010－52227588 转 2098（发行部）		010－52227588 转 321（总编室）
	010－52227566（24 小时读者服务）		010－52227588 转 305（质检部）
网　　址	http://www.cfpress.com.cn	**排　　版**	宝蕾元
经　　销	新华书店	**印　　刷**	北京九州迅驰传媒文化有限公司
书　　号	ISBN 978－7－5047－7683－9/D・0192		
开　　本	710mm×1000mm　1/16	**版　　次**	2022 年 7 月第 1 版
印　　张	19.75	**印　　次**	2022 年 7 月第 1 次印刷
字　　数	323 千字	**定　　价**	98.00 元

版权所有・侵权必究・印装差错・负责调换

《劳动用工法律风险防控指引与典型案例评析》

本书编委会

顾　问： 张成松　毛光辉

主　任： 王树强　晁岱峰

委　员： 王　强　谢宏伟　郑世英　张　赢　张国力　杨红平

本书编写组

主　编： 刘　静

副主编： 贾有智　郑瑞峰

成　员： 丁　宁　刘渊博　宋生禹　李凯瑞　李云国　柳　青　陈永利　薛洪龙　刘树田　张海峰　李　晶　张苏雅　齐胜楠　孟祥松　赵　芮　萨日拉　代雨晴　行微丽　于冬雪　米　强　王秋人　刘林林　王　喆　杨婉莹

目　录

CONTENTS

第一章　劳动关系的认定

1.1　在特殊历史条件下，农电局通过乡镇电管站向农村电工支付工资是履行行业代管义务，不能仅以此确定其与员工存在事实劳动关系

案例1：步某诉某区供电分公司确认劳动关系纠纷

一　案情简介

1991年1月1日起至1994年12月31日，步某在原某区农电局的电管站工作，工种为电工。工作期间，某区供电分公司对步某进行劳动管理及考核，支付工资。某区供电分公司2017年12月15日出具的《某区农电局农村电工名册》显示，步某参加工作时间为1991年1月1日，岗位为农村电工，部门为某所，且某区供电分公司负责人在该电工名册上签字确认，内容为“本表统计人员自参加工作到统计日为连续工龄”。某区供电分公司以前名称为某区农电局，2013年改为某供电有限公司，2017年又改为某区供电分公司。1995年1月1日后，步某自己缴纳了养老保险费。步某起诉至法院，请求依法确认自己与某区供电分公司于1991年1月1日至1994年12月31日存在事实劳动关系。

某区供电分公司认为，双方不存在事实劳动关系，是代管关系。步某原是农村集体经济组织配备的农村电工，由乡镇电管站管理。从农村接通电力后，农村电工就存在，农村用电的管理部门是乡人民政府。后期，农村电工由电力管理部门代管包括代发工资。1999年，国家经贸委下发文件，再一次明确电管局与乡镇电管站就是代管关系。某区供电分公司给步某安排工作正是基于此种代管关系，而且，农村电工的报酬来源于电费外的加价，不在某区供电分公司

单位工资预算之内，不属于上级拨款。故此，双方不存在劳动关系。

一审法院经审理认为，步某于1991年1月1日至1994年12月31日在某区供电分公司工作，其间接受某区供电分公司安排工作、管理及考核，并由某区供电分公司支付劳动报酬，所以，确认双方存在事实劳动关系。某区供电分公司认为双方之间属于代管关系，步某的工资来源于电费外的收费，不是某区供电分公司支付的主张，不符合事实及法律规定，法院不予采纳。故此，判决步某与某区供电分公司在1991年1月1日至1994年12月31日存在事实劳动关系。

二审法院经审理认为，步某于1991年1月1日至1994年12月31日于某镇电管站从事农村电工的工作，由原某区农电局支付工资。但在1991年1月1日至1994年12月31日，即国家对电力供应实行“两改一同价”改革前，某镇电管站属于某镇人民政府和原某区农电局双重领导，原某区农电局对乡镇电管站实行代管。步某作为农村电工领取工资的同时，依然属于农村户口，并在本集体经济组织中分得承包地。原某区农电局向乡镇电管站的农村电工支付工资是在原某区农电局履行行业代管的特殊历史条件下发生的，仅因步某在1991年1月1日至1994年12月31日接受原某区农电局安排工作、管理及考核，并由原某区农电局支付工资而确认步某在以上期间与某区供电分公司存在事实劳动关系不妥，法院不予支持，故此，判决撤销一审民事判决，驳回步某的诉讼请求。

二 法律及事实分析

本案核心焦点问题：步某与某区供电分公司是否存在事实劳动关系。关于是否构成事实劳动关系，需要从劳动关系的构成要素方面判断双方之间的关系是否符合劳动关系的基本特征。符合基本特征的，无论双方之间是否签订以及签订什么样的合同或协议，双方之间的法律关系均为劳动关系。

判断劳动关系构成要素的依据，来源于原劳动和社会保障部《关于确立劳动关系有关事项的通知》（劳社部发〔2005〕12号，以下简称《通知》）的第一条，该条款中规定了劳动关系成立的三个要件：一是用人单位和劳动者符合法律、法规规定的主体资格；二是用人单位依法制定的各项劳动规章制度适用于劳动者，劳动者受用人单位的劳动管理，从事用人单位安排的有报酬的劳动；三是劳动者提供的劳动是用人单位业务的组成部分。

本案中，一审法院和二审法院分别从不同角度，作出了相反的判决结果。

一审法院审理思路认为，步某与某区供电分公司符合前述《通知》内容的第一和第二个要件。步某接受了某区供电分公司的劳动管理，从事了某区供电分公司安排的劳动，并从某区供电分公司领取了工资，故此，步某隶属于某区供电分公司，接受某区供电分公司的管理，双方符合劳动关系的基本特征，即存在事实劳动关系。二审法院则认为，步某与某区供电分公司的劳动纠纷，具有特殊历史背景，即原某区农电局向乡镇电管站的农村电工支付工资，是在原某区农电局履行行业代管职责的特殊历史条件下发生的，仅因步某在1991年1月1日至1994年12月31日接受原某区农电局安排工作、管理及考核，并由原某区农电局支付工资而确认双方存在事实劳动关系不妥。

二审法院之所以会作出改判，主要是在认定法律关系的过程中，充分考量了如下因素，即本案的特殊性事实、电力行业的特殊管理性质，以及本案发生的背景信息。具体内容如下：

1.本案的特殊性事实，即步某的身份属性是否为农村电工

农村电工的产生有特殊的历史原因，构成也比较复杂，既有正式工（劳动关系），也有临时工（劳务关系）。在某些地区（尤其是偏远农村），一部分农民经村、镇、农电局、电管站等相关部门选拔确认后，确认为农村电工（有可能签署三方或者四方协议，但是基层法律意识淡薄也可能未签署任何文件）。农村电工的主要身份仍是农民，通常负责每个月收取一次电费，或者村民家里用电出现问题时予以帮忙维修（极少），不需要到电力部门上班和接受其他工作安排。

2.电力行业的特殊管理性质

农村电工在历史上曾长期实行“一套人马、两块牌子”的管理模式。根据相关规定，人员主要归属于乡镇政府，原农电局（现一般改制为电力公司）主要负责代为管理，既包括人员的管理，也包括业务的管理，还包括工资待遇的支付，等等。本案中，步某即属于原某农电局代管期间，二者之间不构成劳动关系。

3.特定案件发生的背景信息

步某所在省人力资源和社会保障厅下发的文件明确了上述相关人员的养老保险补缴问题。该补缴及劳动关系认定系特定时期的政府主导行为，经过了政府人力资源相关部门的审核确认。基于此，步某为了解决养老保险补缴问题，需要先行确认与用人单位存在劳动关系，所以才引发了此次劳动关系认定的纠纷。

三 启示建议

1.确认劳动关系的诉讼，一般都是为了背后的其他诉求（补缴保险、认定工伤或工亡）做铺垫，一旦处理不慎，就可能导致相关单位处于十分被动的局面。如本案中，原告要求确认劳动关系，是为了补缴社保办理退休。但是按照现行法律规定，一旦确认了劳动关系，补缴社保的法定义务就在供电分公司一方，如果供电分公司迟延履行补缴义务，就会由此产生滞纳金，会进一步给公司造成经济损失。

2.关于是否构成事实劳动关系的问题，在司法实践中，劳动争议仲裁委员会和法院，大多会根据主张劳动关系成立一方当事人的请求事项，结合争议双方提供的证据，分析判断双方之间是否存在事实劳动关系。在用人单位与劳动者未签订任何文书的情况下，用人单位的下列常见行为，容易让法院认定其与劳动者存在事实劳动关系。例如，用人单位为劳动者支付了工资或报酬、缴纳各项社会保险费、发放了“工作证”或“服务证”等能够证明劳动者身份的证件、让劳动者保留了招聘“登记表”“报名表”等招用文件或考勤记录。用人单位为了规避因上述行为带来的法律风险，应当及时与劳动者签订劳动合同或者其他文书。本案中，虽然基于历史原因，以往档案资料不齐全的事实已经无法改变，但在现行的法律法规下，某供电分公司可以从以下几个方面着手，尽量规避法律风险：

（1）做好员工档案管理工作，及时梳理历史遗留问题

虽然基于历史原因，以往档案资料不齐全的事实已经无法改变，但是公司应当以此为戒，认真做好员工档案管理工作（包括入职、离职手续），避免出现新的纠纷。按照现行法律规定，一旦确认存在劳动关系，则入职离职时间应当由公司一方进行举证。因此用人单位在对员工管理时除了要签署劳动合同，还要做好入职信息与离职信息的记录工作。在客观上实在无法补齐档案资料的情况下，随时、及时梳理历史遗留问题，根据现行法律、法规等规定，及时与员工补充签订代管协议或劳务协议等法律文件，明确约定双方不存在隶属关系，或者不存在管理与被管理的关系。

（2）规范公司对外出具法律文件的管理制度

根据案件查明的事实，1991年至1994年，步某工作信息其实是存在缺失的，但是公司在2017年出具的法律文件中又确认了步某参加工作的时间、工作

隶属关系等，公司在对外出具法律文件的时候，没有严格的核实、审批制度，由此导致公司增加了应诉难度。当公司需要为员工对外出具文件时，例如，薪资证明、工作时间证明、岗位证明等，相关人员一定要履行审慎的核查、审批义务，否则，公司对外出具的这些证明文件，很有可能会成为员工在日后仲裁、诉讼时的证据，使公司陷入被动。

（3）保持积极学习的态度，及时更新有关法律法规的知识库

劳动类法律法规受政策影响较大、更新速度快，公司相关部门的人员应当保持积极学习的态度，及时更新有关法律法规的知识库。在确认劳动关系相关案件中向司法机关提供相应政策文件，有利于促使法院审慎认定员工一方证据是否充足。

（4）在诉讼过程中做好充足的证据、法律依据准备

本案中涉及历史问题较多，审判人员可能并无相关的经验，如果公司不能提供充足的关联证据、法律政策规定，则法院极有可能按照原劳动和社会保障部确认劳动关系三要素进行认定。公司提交了“代管”的法律及政策规定，让法院充分了解特殊工种、特殊行业的用工特点后，才促使二审法院采信了公司的陈述，进而作出了改判的决定。如果公司能进一步提交相同时期其他农村电工签署的四方协议，则能进一步证明当时的实际管理模式。

四　相关法条

《中华人民共和国劳动合同法》

第七条　用人单位自用工之日起即与劳动者建立劳动关系。用人单位应当建立职工名册备查。

劳动和社会保障部《关于确立劳动关系有关事项的通知》（劳社部发［2005］12号）

一、用人单位招用劳动者未订立书面劳动合同，但同时具备下列情形的，劳动关系成立。

（一）用人单位和劳动者符合法律、法规规定的主体资格；

（二）用人单位依法制定的各项劳动规章制度适用于劳动者，劳动者受用

人单位的劳动管理，从事用人单位安排的有报酬的劳动；

（三）劳动者提供的劳动是用人单位业务的组成部分。

二、用人单位未与劳动者签订劳动合同，认定双方存在劳动关系时可参照下列凭证：

（一）工资支付凭证或记录（职工工资发放花名册）、缴纳各项社会保险费的记录；

（二）用人单位向劳动者发放的“工作证”“服务证”等能够证明身份的证件；

（三）劳动者填写的用人单位招工招聘“登记表”“报名表”等招用记录；

（四）考勤记录；

（五）其他劳动者的证言等。

其中，（一）、（三）、（四）项的有关凭证由用人单位负举证责任。

《中华人民共和国民事诉讼法》

第六十七条 当事人对自己提出的主张，有责任提供证据。

当事人及其诉讼代理人因客观原因不能自行收集的证据，或者人民法院认为审理案件需要的证据，人民法院应当调查收集。

人民法院应当按照法定程序，全面地、客观地审查核实证据。

1.2 在员工受雇于个人，与用人单位不存在建立劳动关系的合意、未签订劳动合同、不接受用人单位管理的情况下，员工与用人单位之间形成劳务关系

案例2：袁某等与某电力工程公司、叶某确认劳动关系纠纷

一 案情简介

2013年4月1日，某电力工程公司将其承包的供电公司2010年农网改造升级10kV及以下工程，发包给叶某，双方签订了《电力工程施工合同》，合同约定，承包方式：工程所需材料由甲方某电力工程公司负责，乙方负责工程施工。合同价款：10kV及0.4kV线路每公里人民币10000元，变台人民币3600元，户表每

户人民币50元，其他按电力定额执行。叶某又雇用袁某等11名工人从事该工程的劳务。2013年10月10日，某电力工程公司将合同价款全部支付给了叶某。但袁某等11名工人劳务费未得到支付。袁某等11名工人申请仲裁，请求确认与某电力工程公司存在劳动关系，并支付工资。2015年7月21日，某市劳动人事争议仲裁委员会作出仲裁裁决书，裁决某电力工程公司与袁某等11名工人存在劳动关系，并支付袁某等11名工人工资。某电力工程公司不服，起诉至法院。

一审法院经审理认为，劳动关系是指用人单位与劳动者个人之间，依据劳动法律规范签订劳动合同，劳动者成为用人单位的成员，接受用人单位的领导和管理，从事用人单位安排工作的一种权利义务关系。在劳动关系中，劳动者与用人单位属于隶属关系并存在附随义务，用人单位应为劳动者缴纳各项社会保险。本案袁某等11名工人主张其与某电力工程公司存在劳动关系，但不能提供其与公司签订的劳动合同或工资支付凭证、缴纳社会保险的记录、用人单位发放的工作证、劳动者填写的用人单位招工招聘登记表、考勤记录等能够证明其身份的相关证据。本案袁某等11名工人到某电力工程公司承包工程的工地工作，与某电力工程公司及某供电有限公司并不存在建立劳动关系的合意，某电力工程公司也未对袁某等11名工人进行实际管理，不存在劳动关系的实质及外观要件。袁某等11名工人请求确认其与某电力工程公司存在劳动关系，并支付工资，没有合同根据及法律依据，法院不予支持。袁某等11名工人系实际施工人叶某招用的劳动者，他们与叶某形成了雇佣关系，应由叶某支付劳务报酬。另外，发包人将工程发包给承包人，承包人又转包或者分包给实际施工人，实际施工人招用的劳动者请求确认与发包人之间存在劳动关系的，不予支持。一审判决：①某电力工程公司与袁某等11名工人不存在劳动关系；②叶某支付袁某等11名工人工资；③某供电有限公司在本案中不承担民事责任。

二审法院经审理认为，一审法院认定袁某等11人与某电力工程公司之间并不存在法律意义上的劳动关系正确。袁某等11人与叶某建立雇佣关系，叶某已支付袁某等11人部分工资，对于余欠的工资应由叶某继续给付。二审判决驳回上诉，维持原判。

二　法律及事实分析

本案核心焦点问题：袁某等11人与某电力工程公司是否存在劳动关系。

劳动关系是指用人单位招用劳动者为其成员，劳动者在用人单位的管理下提供有报酬的劳动而产生的权利义务关系。判断是否存在劳动关系，应从劳动关系所具备的实质要件进行分析，即劳动者是否实际接受用人单位管理、指挥或者监督，用人单位依法制订的各项劳动规章是否适用于劳动者以及向劳动者支付报酬的方式等因素。

本案中，袁某等11人虽在某电力工程公司承包的工地从事劳动，但是他们是由叶某招到上述工地工作的，而且叶某已经向他们支付了部分款项。除此之外，某电力工程公司还向法庭提交了叶某与袁某等人的委托书，该委托书载明了叶某为第一承包人，某电力工程公司也是依据该份委托书，与叶某签署的《电力工程施工合同》，并将工程款支付给了叶某。与此同时，袁某等11人并未提供他们实际是接受某电力工程公司管理、指挥或者监督等可以证明双方存在劳动关系的有效证据。基于上述因素，两审法院均判决认定，某电力工程公司与袁某等11人，不存在劳动关系。

三 启示建议

1.充分理解与辨析“劳动关系”与“劳务关系”的区别

当劳务关系一方是用人单位，另一方是自然人时，其外在表现形式与劳动关系非常相似，从表象上看都是自然人一方提供劳动力，用人单位一方支付报酬。但是，两者之间却有着明显的不同，在法律定性上有明显的区别。首先，两者的产生依据不同。劳动关系是基于用人单位与劳动者之间生产要素的结合而产生的关系；劳务关系产生的依据是双方的约定。其次，两者适用的法律不同。劳务关系主要适用《中华人民共和国民法典》、经济法法律规定等，而劳动关系则由《中华人民共和国劳动法》《中华人民共和国劳动合同法》等相关法律法规调整。最后，主体资格不同。劳动关系的主体只能一方是法人或者组织，即用人单位，另一方必须是劳动者个人，劳动关系的主体不能同时都是自然人，也不能同时都是法人或者组织；劳务关系的主体双方当事人可以同时是法人、组织、公民（即法人与法人之间、组织与组织之间、公民与公民之间），也可以是公民与法人、组织。公司在作为发包人或承包人时，应当首先明确其与实际施工人或劳动者之间拟形成的法律关系是何种关系，并及时签订与该法律关系相对应的合同文书。在履行合同的过程中，用人单位需要严格遵守合同约定，坚持合同相对性原则，仅向合同相对方承担义务。

2.在用工过程中，避免出现容易混淆两者法律关系的情形

尽管从理论角度上可以区分劳动关系与劳务关系的差异点，但是现实用工过程中存在多样性和复杂性，容易使两者出现混淆。例如，在校生与用人单位之间的用工关系，一些待岗和内退企事业职工，在与原单位保持劳动关系的前提下，又自行到用人单位工作并形成事实劳动关系。此类劳动（劳务）关系，争议主要集中在如何辨析两者之间是劳动关系还是劳务关系。有关劳务纠纷的案例，以及更为充分的法律解析，详见本章节相关案例内容。

四 相关法条

《中华人民共和国劳动合同法》

第二条 中华人民共和国境内的企业、个体经济组织、民办非企业单位等组织（以下称用人单位）与劳动者建立劳动关系，订立、履行、变更、解除或者终止劳动合同，适用本法。

国家机关、事业单位、社会团体和与其建立劳动关系的劳动者，订立、履行、变更、解除或者终止劳动合同，依照本法执行。

《中华人民共和国民法典》

第四百六十三条 本编调整因合同产生的民事关系。

1.3 已依法享受养老保险待遇的人员不能与用人单位之间形成劳动关系

案例3：李某江等人诉某有限责任公司劳动争议纠纷

一 案情简介

某有限责任公司（以下简称某公司）成立于2010年1月12日，经营范围包括家用电器、建筑机械、建筑劳务分包、物业管理等。2019年8月7日，某

公司同第三人国网某供电分公司（以下简称“国网公司”）签订物业服务合同，约定国网公司将其公司所属基层供电所物业管理服务委托给某公司，合同履行期限为一年，自2020年1月1日至2020年12月31日，合同项下服务内容包括但不限于建筑物的维修、养护和管理，设施、设备的维修、养护和管理，公共设施和附属建筑物、构筑物的维修、养护和管理，公共秩序的管理，公共绿地的养护和管理，会务服务，公共卫生保洁、后勤保障等，物业服务费用由国网公司与某公司统一结算。2020年3月基于国网公司所属亿合公供电所物业服务需要，某公司在亿合公镇雇用当地村民纪某霞作为某公司的雇员，派驻亿合公供电所工作，纪某霞的主要工作是在亿合公供电所的食堂做饭兼收拾院落，但不受亿合公供电所的管理，月工资为1800元，由某公司按月发放，某公司未给纪某霞缴纳社会保险，但为其投保了雇主责任险，即团体意外伤害商业保险。纪某霞于2020年3月1日受雇进入某公司，2020年3月3日开始，被派驻在亿合公供电所工作，工资发放至2020年9月21日。2020年10月3日18时许，纪某霞驾驶二轮电动车在省道304线同案外人马某驾驶的小型普通客车相撞，造成纪某霞当场死亡。2020年10月22日，纪某霞近亲属向劳动人事争议仲裁委员会提出劳动仲裁申请，劳动人事争议仲裁委员会于当日作出不予受理案件通知书，以不属于劳动人事争议处理范围为由不予受理。李某江系纪某霞丈夫，纪某霞出生日期为1966年12月15日，事发时已达法定退休年龄，户口登记信息显示为农业劳动者，未参加城乡居民养老保险。李某江等人提起诉讼，请求确认纪某霞与某公司之间存在劳动关系。

一审法院经审理认为，纪某霞到某公司工作时即已达法定退休年龄，不属于法律、法规规定的劳动关系的主体范围，虽然其所从事的工作属于某公司业务组成部分，并由该公司支付相应报酬，但其与某公司之间不存在劳动关系。

二审法院经审理认为，一审法院认定纪某霞与某公司之间不存在劳动关系的处理原则是正确的，二审维持原判。

二 法律及事实分析

本案核心焦点问题：纪某霞是否具备劳动关系的主体资格，纪某霞与某公司之间是否形成劳动关系。首先，用人单位和劳动者是否符合法律、法规规定的主体资格是双方之间是否形成劳动关系的充分条件。法律规定，男职工的退休年龄为60周岁，女职工的退休年龄为50周岁。本案中，纪某霞到某公司工作时即已达到法定退休年龄，不属于法律、法规规定的劳动关系的主体范围，虽然其所从事的工作属于某公司业务组成部分，并由该公司支付相应报酬，但其与某公司之间不能形成劳动关系。劳动者达到法定退休年龄的，劳动合同终止。故此，与用人单位形成劳动关系的劳动者，在达到法定退休年龄的情况下，劳动合同终止，而且，法律规定并没有赋予未享受基本养老保险待遇情形等在内的除外情形。

其次，认定用人单位和劳动者是否存在劳动关系，除判定双方是否符合法律、法规规定的主体资格外，还应根据是否符合劳动关系的构成要件来进行判断，即用人单位是否对劳动者具有用工管理权，双方是否形成人身及经济上的从属关系等。本案中，某公司与纪某霞之间没有签订劳动合同，纪某霞系某公司为亿合公供电所食堂做饭需要而雇用的人员，通过国网公司庭审陈述可知，纪某霞的主要工作是为亿合公供电所职工做饭，正常情况下一天三顿饭，没有固定的上下班时间，到饭点了就去做饭，做完饭后就回家，特殊情况下没有人吃饭就不用做，劳务结束后剩余时间不受某公司或者亿合公供电所管理，至于收拾院落、收拾卫生等事宜属于做饭这项工作的附随义务，其工作属性具有临时性、阶段性、不稳定性、不受约束性等特征，双方未真正建立起人身管理和工作支配关系，不符合劳动关系的要件特征。虽然纪某霞每月领取固定工资，但工资标准及如何发放并不是判断劳动关系的必要条件。因此，无论从主体还是劳动关系构成要件上，本案均不具备劳动关系的特征。

三 启示建议

公司在返聘已办理退休手续的员工，或者拟聘用已达到法定退休年龄的员工时，要严格区分其是否已经享受了养老金待遇，在两者的法律定性上，有明显区别。我国法定退休年龄为男性60周岁，女性50周岁。即劳动者达到法定退休年龄可办理退休手续，依据其社会保险缴纳情况享受养老保险待遇或领取退休金。在实践中，很多劳动者已享有养老保险待遇或领取退休金，但仍然在继续工作，依据我国现行的法律规定，如果劳动者开始享有养老保险待遇或开始领取退休金，劳动合同终止，劳动者此时返聘至原单位或者到新的单位继续参加工作的，劳动者与原单位或者新单位之间，不再是劳动关系，而是按照劳务关系处理。如果劳动者达到法定退休年龄，但并未享受基本养老金，则其与用人单位建立的用工关系，法院倾向性认定为劳动关系。当然，是否最终确认为劳动关系还要综合考虑是否满足其他劳动关系构成要件。

四 相关法条

《国务院关于工人退休、退职的暂行办法》
（国发〔1978〕104号）

第一条 全民所有制企业、事业单位和党政机关、群众团体的工人，符合下列条件之一的，应该退休。

（一）男年满六十周岁，女年满五十周岁，连续工龄满十年的。

（二）从事井下、高空、高温、特别繁重体力劳动或者其他有害身体健康的工作，男年满五十五周岁、女年满四十五周岁，连续工龄满十年的。

本项规定也适用于工作条件与工人相同的基层干部。

（三）男年满五十周岁，女年满四十五周岁，连续工龄满十年，由医院证明，并经劳动鉴定委员会确认，完全丧失劳动能力的。

（四）因工致残，由医院证明，并经劳动鉴定委员会确认，完全丧失劳动能力的。

《中华人民共和国劳动合同法实施条例》

第二十一条 劳动者达到法定退休年龄的，劳动合同终止。

《中华人民共和国劳动合同法》

第四十四条 有下列情形之一的，劳动合同终止：

（一）劳动合同期满的；

（二）劳动者开始依法享受基本养老保险待遇的；

（三）劳动者死亡，或者被人民法院宣告死亡或者宣告失踪的；

（四）用人单位被依法宣告破产的；

（五）用人单位被吊销营业执照、责令关闭、撤销或者用人单位决定提前解散的；

（六）法律、行政法规规定的其他情形。

1.4　企业停薪留职、未达到法定退休年龄的内退人员因与新用人单位发生用工争议提起诉讼的，按劳动关系处理

案例4：伊春某旅游酒店有限公司诉张某劳动争议纠纷

一　案情简介

2014年5月28日，被告张某受聘于原告黑龙江省伊春市某旅游酒店有限公司，从事工程员工作。至2015年9月10日，被告以原告公司未与其签订书面劳动合同及未给其缴纳社会保险为由，离开原告公司，后于2015年9月14日向带岭区劳动人事争议仲裁委员会申请仲裁，要求解除与原告公司的劳动合同关系，并要求原告公司支付其各项损失费用66136.00元。带岭区劳动人事争议仲裁委员会于2015年11月6日作出待劳人仲字（2015）第4号仲裁裁决书，裁决如下：①由被申请人（伊春某旅游酒店有限公司）支付申请人（张某）未签订劳动合同的双倍工资27958.26元（2541.66元/月 ×11个月）；②被申请人支付申请人解除劳动关系的经济补偿金3812.49元（2541.66元/月 ×1.5个月）；③驳回申请人请求被申请人支付其加班加点报酬的仲裁请求；④驳回申请人请求被申请人支付其应当订立无固定期限劳动合同之日至工作截止日二倍工资的仲裁请求；⑤被申请人应该到社会保险经办机构为申请人办理2014年5月到2015年9月的社会保险，在办理过程中，申请人应积极配合被申请人履行相关手续；⑥被申请人应支付申请人离职前半个月未支付工资1300.00元。伊春某旅游酒店有限公司对该仲裁裁决不服，在法定期限内提起诉讼，要求确认原告无须支付被告张某各项经济损失。被告当庭明确表示放弃在仲裁机构所提出的其他请求，要求原告方按仲裁裁决书所确认的内容支付被告各项损失。另查明，被告张某系带岭林业实验局明月林场在职职工，自1999年起因单位经营不景气、生产任务少等原因允许被告等大部分职工自

谋生路，其间停发工资，但仍由原单位及被告个人按法律规定的数额分别缴纳社会保险费。2014年6月至2015年9月被告在原告公司工作期间，双方未签订书面劳动合同。

一审法院经审理认为，原、被告之间形成了事实上的劳动合同关系，但原告公司自用工之日起超过一个月不满一年未与被告签订书面劳动合同，应当按照法律规定向被告支付二倍的工资。原告方认为被告是明月林场在职职工，与原告之间只能形成劳务关系而不能形成劳动合同关系，但按照《最高人民法院关于审理劳动争议案件适用法律若干问题的解释（三）》第八条的规定：企业停薪留职、未达到法定退休年龄的内退人员、下岗待岗人员以及企业经营性停产放长假人员，因与新的用人单位发生用工争议，依法向人民法院提起诉讼的，人民法院应当按劳动关系处理。因此对原告方的此项辩解理由不予支持。

二 法律及事实分析

本案例是2016年最高人民法院发布的十大典型性案例之一，具有代表性。本案的核心焦点问题在于：被告张某系林业局在职职工，其是否能够与另一企业形成劳动合同关系。企业员工的停薪留职、未达到法定退休年龄的内退、下岗待岗以及因经营性停产放长假待岗等情形，是我国在经济体制改革以及市场经济转型进程中所出现的特有现象。实践中，上述人员只能领取很少量的生活补贴费用，该费用根本不足以维持其正常生活，所以上述人员通常都需要另寻工作机会，谋求新的工作岗位。此时，劳动者与新用人单位所建立的法律关系如何定性就出现了争议。我国的法律规定曾一度不认可双重或者多重劳动关系，换言之，劳动者在同一时期，只能与某一个用人单位建立劳动关系，如此一来，劳动者在新用人单位的权益如何定性，以及相应权益如何得到保护，就成了实践难题。基于此，《最高人民法院关于审理劳动争议案件适用法律若干问题的解释（三）》对此类问题作出了明确规定，即企业停薪留职、未达到法定退休年龄的内退人员、下岗待岗人员以及企业经营性停产放长假人员，因与新的用人单位发生用工争议，依法向人民法院提起诉讼的，人民法院应当按劳动关系处理。上述司法解释实施后，在法律上，我国正式承认了以上特殊情形的人员可建立双重劳动关系。

注：虽然《最高人民法院关于审理劳动争议案件适用法律若干问题的解释（三）》已失效，但现行有效的《最高人民法院关于审理劳动争议案件适用法律问题的解释（一）》作出了同样的规定内容。所以不影响本案例的法律结论。

三　启示建议

在员工入职前，用人单位需要做好充分的入职背景调查工作。为了规避用工风险，用人单位在员工入职前，应该从身份户籍、不良记录、工作履历、社保关系、工作表现等方面进行充分的背景调查，特别是该员工是否为以下四类特殊人员，即企业停薪留职人员、未达到法定退休年龄的内退人员、下岗待岗人员以及企业经营性停产放长假人员。如果该员工属于上述四类特殊人员，且该员工保留了与原单位的劳动关系，那么用人单位在聘用该员工时，同样会被认定为与该员工建立了劳动关系。法律之所以如此规定，是为了保护员工的权益，使得该类员工的用工关系受《中华人民共和国劳动合同法》等相关法律规定调整，可以适用劳动法中的最低工资制度、工时制度、劳动保障制度、社会保险制度等相关规定。所以，用人单位一定要在入职前对员工完成充分的背景调查工作，如果在调查过程中发现员工属于上述特殊四类人群，应当与其签订书面劳动合同，按照劳动关系为劳动者办理相关手续。

四　相关法条

《最高人民法院关于审理劳动争议案件适用法律问题的解释（一）》

第三十二条　用人单位与其招用的已经依法享受养老保险待遇或者领取退休金的人员发生用工争议而提起诉讼的，人民法院应当按劳务关系处理。

企业停薪留职人员、未达到法定退休年龄的内退人员、下岗待岗人员以及企业经营性停产放长假人员，因与新的用人单位发生用工争议而提起诉讼的，人民法院应当按劳动关系处理。

1.5 企业解散且注销登记，劳动者与企业的劳动关系终止

案例5：周某与某供电公司劳动纠纷

一 案情简介

周某陈述，原某供电公司送变电安装公司（以下简称送变电安装公司）于1958年3月9日成立，某供电公司系唯一股东。周某于1983年6月被送变电安装公司录用并一直工作，但双方未签订劳动合同。2014年，某供电公司进行改革，注销了送变电安装公司。某供电公司作为送变电安装公司的唯一股东，注销送变电安装公司，应当承担送变电安装公司的相关义务。周某在送变电安装公司工作31年，依照《中华人民共和国劳动合同法》的规定，某供电公司应当为周某安排工作并签订无固定期限劳动合同。故此，周某向一审法院起诉，请求：依法确认其与某供电公司之间存在事实劳动关系，判令某供电公司为其安置工作，并依照《中华人民共和国劳动合同法》签订无固定期限劳动合同。

一审法院认定事实：周某原为送变电安装公司的员工。2014年5月送变电安装公司决议解散。同年8月12日，送变电安装公司办理注销登记。同年9月16日，送变电安装公司登报通知周某于2014年9月30日前到单位办理解除劳动合同的相关手续。周某不同意解除劳动关系。向劳动争议仲裁委员会申请仲裁，该委作出同劳仲裁字（2015）第2××号裁决书，认为原告周某与被告送变电安装公司不存在劳动关系，驳回了原告周某的仲裁申请。原告周某不服仲裁裁决诉至法院，要求确认其与被告送变电安装公司之间存在事实劳动关系，并要求为其安置工作，依照《中华人民共和国劳动合同法》签订无固定期限劳动合同。

一审法院经审理认为，周某原为送变电安装公司员工。2014年8月12日送变电安装公司办理注销登记后，原告周某与送变电安装公司的劳动合同关系自公司注销登记时终止。周某提供的工资表、养老保险手册等证据不能证明某供电公司为周某发放了工资，或某供电公司对其进行了管理和监督，因此周某与某供电公司之间不存在事实劳动关系。判决驳回周某的诉讼请求。

二审法院经审理认为，周某提交的原送变电安装公司的工商企业信息登记表，能够证实送变电安装公司系独立法人，具有《中华人民共和国劳动法》上的用工主体资格，而且周某亦陈述其被送变电安装公司录用并在该公司工作，由送变电安装公司为其支付工资、缴纳社会保险，故周某与送变电安装公司存在劳动关系。送变电安装公司经决议决定解散，且依法进行了清算并注销，故周某与送变电安装公司之间的劳动合同关系终止。因送变电安装公司系解散，并非与某供电公司合并、分立，故依照《中华人民共和国劳动合同法》的规定，某供电公司并无安置周某的义务。判决驳回上诉，维持原判。

二　法律及事实分析

本案核心焦点问题：周某与某供电公司是否存在劳动关系。首先，根据《中华人民共和国劳动合同法》第四十四条第（五）项的规定，用人单位决定提前解散的，用人单位与劳动者的劳动合同终止。公司的权利能力从公司营业执照签发之日开始，至公司注销登记并公告之日终止。在公司完成了注销登记手续后，公司在法律上就丧失了权利能力，公司因此丧失了用工的主体资格。劳动合同是劳动者与公司之间确立双方权利、义务的协议，在公司丧失了法人资格的情况下，自然也就失去了继续履行劳动合同的能力，劳动关系因一方失去了主体资格而无法存续。因此，当公司已经完成了注销登记手续时，根据《中华人民共和国劳动合同法》的规定，公司与员工之间的劳动合同自动终止。本案中，某供电公司在企业改制的过程中，注销了送变电安装公司。送变电安装公司经决议作出了解散的决定，且依法进行了清算、注销，所以周某与送变电安装公司之间的劳动合同符合法律规定的终止情形，该劳动合同自动终止。

在公司与员工劳动合同自动终止后，送变电安装公司的股东是否有义务继续替送变电安装公司履行劳动合同，或者承担公司作为用工单位的法律责任呢？需要从以下两个方面分析：

首先，公司股东是否存在需要承担连带责任的法定情形。根据《中华人民共和国公司法》第三条、第二十条的规定，公司作为有独立法人财产的企业法人，以其全部财产对公司的债务承担责任。即公司的债务由公司的全部财产承担。而公司的股东，仅以其认缴的出资额（认购的股份）为限对有限责任（股份有限）公司承担责任。换言之，通常情况下，公司的股东与公司之间是彼此独立的关系，公司的债务、法律责任等均应由公司自行承担。但是在下列特殊情形下，股东需要对公司的债务承担连带责任。例如，公司股东滥用公司法人独立地位和股东有限责任，逃避债务，严重损害公司债权人利益的；再如，有限责任公司成立后，发现作为设立公司出资的非货币财产的实际价额显著低于公司章程所定价额的，应当由交付该出资的股东补足其差额；公司设立时的其他股东承担连带责任等。如果公司股东不存在法定承担责任之情形，则无须承担连带责任。

其次，公司是否存在合并、分立的情形。根据《中华人民共和国公司法》第一百七十二条和第一百七十四条的规定，公司合并可以采取吸收合并或者新设合并。一个公司吸收其他公司为吸收合并，被吸收的公司解散。两个以上公司合并设立一个新的公司为新设合并，合并各方解散。公司合并时，合并各方的债权、债务，应当由合并后存续的公司或者新设的公司承继。《中华人民共和国公司法》第一百七十六条规定，公司分立前的债务由分立后的公司承担连带责任。本案中，某供电公司既没有合并送变电安装公司，更不可能成为送变电安装公司分立后的公司，所以没有某供电公司代替送变电安装公司继续履行劳动合同、承担法律义务的法律依据。某供电公司没有安置周某的法定义务。

三 启示建议

1.在公司注销过程中，厘清解散原因、合理策划解散方案

根据《中华人民共和国公司法》第一百八十条的规定，公司解散的原因包括：公司章程规定的营业期限届满或者公司章程规定的其他解散事由出现；股东会或者股东大会决议解散；因公司合并或者分立需要解散；依法被吊销营业执照、责令关闭或者被撤销；人民法院依法予以解散等情形。不同解散原因导致公司的解散方案、解散后的法律性质、适用的法律关系均不相同。为了避免日后产生纠纷，建议公司在解散之初，就要根据实际情况，以法律为依据，确定有法可依的解散原因。确定解散原因后，再据此制定合法、合理的解散方案。

2.公司解散过程中，厘清与员工的劳动关系，制订相应的解散方案

公司解散，往往涉及群体性员工的利益。公司一定要在决定解散之初厘清在职员工的用工关系，针对不同员工的不同情形、不同需求、不同个性等，制定有针对性的解散方案，方案的内容包括但不限于支付或不支付经济补偿、如何支付经济补偿金、支付金额的多少、是否安排再就业等一系列问题。同时，还建议公司与已经达成一致意见的员工签订保密协议，避免员工之间因发现彼此的解散方案不同，产生心理落差，而产生仲裁纠纷。

3.做好员工工作，降低员工预期利益

公司决定解散，往往是因为已无力继续经营，或者盈利能力出现了问题。在公司开始出现问题之初，就需要尽量处理好与员工的关系，做好员工工作。此点是公司在注销之前必须完成的重要工作。即使公司即将注销，此环节也不容忽视。员工的预期利益往往很高，公司的解散方案一般难以满足员工的预期，此时，公司一方面要降低员工的预期，另一方面要制定略优于法定补偿标准的方案，如此妥善安置员工，才能避免群体性劳动争议发生。

四　相关法条

《中华人民共和国劳动合同法》

第四十四条　【劳动合同的终止】有下列情形之一的，劳动合同终止：

（一）劳动合同期满的；

（二）劳动者开始依法享受基本养老保险待遇的；

（三）劳动者死亡，或者被人民法院宣告死亡或者宣告失踪的；

（四）用人单位被依法宣告破产的；

（五）用人单位被吊销营业执照、责令关闭、撤销或者用人单位决定提前解散的；

（六）法律、行政法规规定的其他情形。

《中华人民共和国公司法》

第三条　公司是企业法人，有独立的法人财产，享有法人财产权。公司以其全部财产对公司的债务承担责任。

有限责任公司的股东以其认缴的出资额为限对公司承担责任；股份有限公司的股东以其认购的股份为限对公司承担责任。

第二十条 公司股东应当遵守法律、行政法规和公司章程，依法行使股东权利，不得滥用股东权利损害公司或者其他股东的利益；不得滥用公司法人独立地位和股东有限责任损害公司债权人的利益。

公司股东滥用股东权利给公司或者其他股东造成损失的，应当依法承担赔偿责任。

公司股东滥用公司法人独立地位和股东有限责任，逃避债务，严重损害公司债权人利益的，应当对公司债务承担连带责任。

第一百七十二条 公司合并可以采取吸收合并或者新设合并。

一个公司吸收其他公司为吸收合并，被吸收的公司解散。两个以上公司合并设立一个新的公司为新设合并，合并各方解散。

第一百七十四条 公司合并时，合并各方的债权、债务，应当由合并后存续的公司或者新设的公司承继。

第一百七十六条 公司分立前的债务由分立后的公司承担连带责任。但是，公司在分立前与债权人就债务清偿达成的书面协议另有约定的除外。

《劳动人事争议仲裁办案规则》

第二条 本规则适用下列争议的仲裁：

（一）企业、个体经济组织、民办非企业单位等组织与劳动者之间，以及机关、事业单位、社会团体与其建立劳动关系的劳动者之间，因确认劳动关系，订立、履行、变更、解除和终止劳动合同，工作时间、休息休假、社会保险、福利、培训以及劳动保护，劳动报酬、工伤医疗费、经济补偿或者赔偿金等发生的争议；

（二）实施公务员法的机关与聘任制公务员之间、参照公务员法管理的机关（单位）与聘任工作人员之间因履行聘任合同发生的争议；

（三）事业单位与其建立人事关系的工作人员之间因终止人事关系以及履行聘用合同发生的争议；

（四）社会团体与其建立人事关系的工作人员之间因终止人事关系以及履行聘用合同发生的争议；

（五）军队文职人员用人单位与聘用制文职人员之间因履行聘用合同发生的争议；

（六）法律、法规规定由劳动人事争议仲裁委员会（以下简称仲裁委员会）处理的其他争议。

1.6　非全日制用工的认定，须严格符合法律规定情形

案例6：某电力通信公司与党某劳动争议案

一　案情简介

党某于1996年4月入职某电力通信公司从事打扫卫生和门卫工作，双方未签订劳动合同，某电力通信公司未给党某缴纳社会保险。2018年9月30日，某电力通信公司将党某辞退。党某向劳动人事争议仲裁委员会申请仲裁，该仲裁委员会作出了不予受理通知书。党某不服，诉至一审法院。某电力通信公司认为，党某在工作期间，主要职责是看守小区，日常工作是在公司提供的房屋内进行的，日常生活也在该房屋内，工作、生活没有严格的区分，自然为一体。党某在房屋内工作、生活是由其工作性质决定的，这种用工形式是同全日制用工形式完全不同的用工形式。党某则认为，自己的工作形式属于全日制工作形式。一审的判决结果，采纳了党某的观点。某电力通信公司对一审判决结果不服，认为若按照一审法院的逻辑，某电力通信公司是否可以向党某主张非工作期间的房屋租金，本案一审法院脱离实际用工情况，脱离法律适用范围，判令某电力通信公司严格按照最低工资标准向党某支付劳动报酬显然是不公平的，更没有法律依据。党某辩称，1996年4月，自己到某电力通信公司工作的事实，在一审中已提供证人证言予以证明，属客观真实情况。自己入职时间长达22年，由于年代久远，工资发放形式几经变更，因此不能单凭银行工资流水来证明自己的入职时间。法院二审期间，当事人围绕上诉请求依法提交了证据。法院组织当事人进行了证据交换和质证。二审经审理查明的事实与一审法院认定的事实一致，最终二审法院也以某电力通信公司虽主张党某的工作形式为非全日制用工，但未就该事实提供证据予

以证明为由，不支持某电力通信公司的观点，维持了一审判决结果。

注：本案的争议焦点问题还包括公司是否应当支付违法解除劳动关系赔偿金、是否支付社会保险待遇损失等问题，本章节内只选取了与确认劳动关系有关的内容和结论。

二 法律及事实分析

本案的争议焦点：非全日制用工的认定标准。非全日制用工是指以小时计酬为主，劳动者在同一用人单位一般平均每日工作时间不超过四小时，每周工作时间累计不超过二十四小时的用工形式。而全日制用工则实行每天工作时间不超过八小时，每周工作不超过四十小时的工时制度。非全日制用工可以由用人单位灵活安排劳动者的工作时间，劳动者与用人单位之间的关系比较松散。工作时间是判断是否为非全日制用工的主要标准，如果用人单位安排劳动者的工作时间超过了上述标准时间，一般就会被认定为双方建立了全日制劳动关系。

本案中，党某的主要职责是看守小区，日常工作就是在公司提供的房屋内进行，日常生活也在该房屋内，在工作和生活无法严格区分且公司无法充分提供证据的情况下，法院有理由认定党某的工作时间不符合非全日制用工的规定。

三 启示建议

1.及时签订非全日制用工劳动合同，确定双方的用工形式

非全日制用工虽然是一种特殊的用工形式，但员工与公司之间仍然是劳动关系，而非民事合同关系。根据《中华人民共和国劳动合同法》的规定，在非全日制用工的情况下，不存在公司未与劳动者订立书面劳动合同，而向劳动者支付未签订劳动合同二倍工资的问题。虽然法律规定，非全日制用工双方可以订立口头协议，但是空口无凭，在发生劳动争议纠纷时，公司无法充分证明双方的用工性质是非全日制用工，法院的认定往往倾向保护劳动者。

2.严格按照非全日制用工的标准计酬和发放工资

全日制用工劳动关系要求公司按月向劳动者支付工资。而非全日制用工

是按小时计酬，最长支付周期不超过15日。即使公司与员工签订了书面的非全日制用工劳动合同，在该合同的履行过程中，公司也要严格按照法律规定，按小时计酬、最长支付周期不超过15日，否则法院有可能认为，双方虽然签订了非全日制用工劳动合同，但是在实际履行过程中，双方通过实际履行过程，改变了最初的书面合同约定，使公司陷入被动局面。

3.非全日制用工不得约定试用期

劳动合同的试用期是指包括劳动合同期限在内，公司对劳动者是否适合自己的要求进行了解的期限。一般而言，劳动者在试用期内的工资标准往往低于劳动合同中约定对同一岗位的工资标准，因此一些公司把试用期劳动者当作廉价劳动力，甚至利用试用期解除劳动合同相对条件宽松的特点，频繁更换试用期的劳动者，使劳动关系处于不稳定的状态。因为非全日制用工属于灵活用工形式，劳动关系本身就自带很强的不稳定性，而且非全日制用工的劳动者工资收入不高，所以法律为了保护劳动者的利益，明确规定了非全日制用工不得约定试用期。故此，公司在与劳动者实际履行非全日制用工劳动合同时，一定不得约定试用期，否则法院会据此认定公司与劳动者之间是全日制用工。

四　相关法条

《中华人民共和国劳动合同法》

第六十八条　非全日制用工，是指以小时计酬为主，劳动者在同一用人单位一般平均每日工作时间不超过四小时，每周工作时间累计不超过二十四小时的用工形式。

第六十九条　非全日制用工双方当事人可以订立口头协议。

从事非全日制用工的劳动者可以与一个或者一个以上用人单位订立劳动合同；但是，后订立的劳动合同不得影响先订立的劳动合同的履行

第七十条　非全日制用工双方当事人不得约定试用期。

1.7 临时用工不直接等同于非全日制用工

案例7：某供电公司与刘某劳动争议案

一 案情简介

刘某系某（集团）有限责任公司的内退人员，2008年5月到某供电局从事抄表员工作，工资由某供电局以现金方式按月发放。某供电局后更名为某供电公司。2019年9月底，某供电公司开始规范用工标准，给所有职工都缴纳社会保险，因刘某已经由某（集团）有限责任公司为其缴纳社会保险，某供电公司无法为刘某缴纳社会保险，所以，某供电公司与刘某解除劳动合同。刘某向劳动人事争议仲裁委员会提出劳动仲裁申请。劳动仲裁委认为，某供电局作为本案的被申请人主体不适格，裁决驳回刘某的仲裁申请。法院一审查明，某供电公司是本案的适格被告。本案系劳动合同纠纷，某供电公司对与刘某之间存在事实上的劳动关系没有异议，所以一审法院对刘某与某供电公司存在劳动关系予以确认，某供电公司与刘某对双方于2019年9月底解除劳动关系均无异议。本案的争议焦点为：某供电公司与刘某之间的用工关系是全日制用工合同关系还是非全日制用工合同关系。

一审判决认为，某供电公司证人出庭作证，称刘某是某供电公司的临时用工。但临时用工是指临时招聘的工人，与正式工相对应。非全日制用工，是指以小时计酬为主，劳动者在同一用人单位一般平均每日工作时间不超过四小时，每周工作时间累计不超过二十四小时的用工形式，与全日制用工相对应。临时用工和非全日制用工的内涵和外延均不相同，临时用工并不直接等同于非全日制用工。某供电公司提供刘某的基本养老保险账户一份，证明刘某于1995年至2019年年末，一直由某（集团）有限责任公司（原单位）为其缴纳社保，即刘某一直在该期间内与原单位之间存在劳动关系，刘某不可能同时与两个单位均建立全日制用工关系。《最高人民法院关于审理劳动争议案件适用法律若干问题的解释（三）》第八条规定，企业停薪留职人员、未达到法定退休年龄的内退人员、下岗、待岗人员以及企业经营性停产放长假人员，因与新的用人单位发生用工争议，依法向人民法院提起诉讼的，人民法院应当按照劳动关系处理。该规定肯定了双重劳动关系的合法性，刘某系原单位的内退人员，实际上已不在原单位工作，原单位为其缴纳养老保险，并不影响其与其他用工单位形成全日制劳动合同关系，某供电公司认为刘某不可能同时与两个单位均建立全日制用工关系的主张，法院未予采信。某供电公司提供通讯录、岗位统计表，证明这两份证据中的名单系某供电公司全日制正式职工名单，刘某的姓名不在其中。刘某对上述两份证据的真实性和证明目的均有异议，认为该证据是某供电公司单方制作的，不符合证据的客观性、真实性、合法性，通讯录中没有一个抄表员电话号码。一审法院采纳了刘某的质证意见。据此认定某供电公司虽然主张其与刘某之间的用工关系是非全日制用工关系，但没有提供相应的证据证明，应当承担举证不能的不利法律后果。

二审法院认定，刘某到某供电局从事抄表员工作，可以证明刘某担任抄表员系某供电局为其安排的工作，是该单位的业务组成部分。一审认定刘某与某供电局（即更名后的某供电公司）之间符合原劳动和社会保障部《关于确立劳动关系有关事项的通知》第一条的规定，刘某与某供电局（即更名后的某供电公司）之间应属于劳动关系并无不当。

二　法律及事实分析

本案的争议焦点为：刘某与某供电公司之间的用工关系是全日制用工合同关系还是非全日制用工合同关系。某供电公司主张刘某是临时用工，进而认为刘某与某供电公司之间是非全日制用工合同关系。某供电公司明显混淆了临时用工与非全日制用工的概念。临时用工并非法律概念。在《中华人民共和国劳动合同法》等相关法律里，没有临时用工的概念。临时用工泛指在工作场所里非正式雇佣的劳工，无试用期标准直接上岗入职，临时用工是在计划经济时代耳熟能详，但在法律意义上却并不存在的用工形态。“临时工”曾是我国计划经济体制下区别于当时的长期固定工而言的一种用工形式，一般是指企事业单位临时聘用的短期工人，也包含事业单位、国有企业里的非在编人员。《中华人民共和国劳动合同法》实施后，法律意义上已无临时工、正式工之区分，只有合同期限长短之分。而非全日制用工在《中华人民共和国劳动合同法》第六十八条明确规定了用工形式，即指以小时计酬为主，劳动者在同一用人单位一般平均每日工作时间不超过四小时，每周工作时间累计不超过二十四小时。

本案中，某供电公司在自己尚未搞清楚刘某用工性质的情况下，更无法就刘某的劳动关系进一步承担举证责任。而且临时用工虽不是法律概念，但究其根本还是具有短期劳动合同期限的属性，所以用人单位在无法充分证明刘某是非全日制用工的情形下，为了保护劳动者的利益，两审法院均认定双方是全日制用工的劳动关系。

三 启示建议

用人单位自身对用工形态不清楚，管理混乱，必然给自己造成用工风险。用人单位要清楚法律的最新规定，严格依法操作。过去用人单位为了规避法律风险，往往采用的是尽量不与劳动者签订劳动合同的方式，而且用工形式多样且法律性质模糊。但随着法治建设越来越完善，特别是《中华人民共和国劳动合同法》实施之后，为了打击用人单位这种不良行为，从立法层面加大了对用人单位不签劳动合同的惩罚力度，法律环境发生了变化，变得更倾向保护劳动者的利益，所以，用人单位也要与时俱进，及时更新自己的知识库，及时调整管理方式以及用工形式。对于非全日制用工的形式，用人单位一定要及时与劳动者签订书面劳动合同。

四 相关法条

《全民所有制企业临时工管理暂行规定》
［已失效］

第二条 全民所有制企业（以下简称企业）招用的临时工，是指使用期限不超过一年的临时性、季节性用工。

《中华人民共和国劳动合同法》

第六十八条 非全日制用工，是指以小时计酬为主，劳动者在同一用人单位一般平均每日工作时间不超过四小时，每周工作时间累计不超过二十四小时的用工形式。

1.8 主要职业是农民的群众护线员，与供电公司之间不存在劳动关系

案例8：梁某与某供电分公司劳动争议案

一 案情简介

梁某的主要职业是农民，1996年5月8日开始担任某供电分公司的群众护线员，从事线路巡视和巡线道的修复工作到2007年止，2011年梁某再次从事群众护线员工作直至2015年。梁某工作责任区段为110kV峒古线（原城古线）1–71号杆，责任线路为21.743公里。每月工作时间为一周左右。某供电分公司未为梁某办理社会保险手续。

梁某认为，双方是劳动关系，其在工作期间的任务不仅包括巡线，还包括修巡线道、砍树、加固螺丝、紧拉线和恶劣天气的巡检，每月工作时间在半月之久，且25日前必须将巡线记录邮寄给公司。虽然工作时间由公司安排，但工作量是随时变化的，只可能增加不可能减少，并且需要在恶劣天气巡线。而且某供电分公司对梁某进行了考勤管理，有奖惩制度，梁某受规章制度的约束，公司将巡线考核牌挂于电杆和塔材上，梁某巡线后取下该牌，将详细情况填写于报表上汇报，通过这种方式考核，不合格的扣工资、开会通报，优秀的有奖励。

某供电分公司认为，双方是劳务关系而不是劳动关系，梁某在工作期间只需要按约定完成巡线及修巡线道工作量，工作时间由梁某自行确定，公司只根据劳务合同约定的标准和要求对梁某提供的成果进行审核，而不对梁某工作情况进行考勤管理。公司的全部规章制度并不适用于梁某，双方不存在隶属关系，公司是按劳务费方式向梁某支付报酬，梁某的工作任务包括两方面，一是巡线，二是修巡线道，两方面的工作任务分别签订劳务合同，分别约定劳务报酬，工作量是确定的，工作时间完全由梁某自行安排。双方发生纠纷后，梁某向劳动人事争议仲裁委员会、法院提出了请求。

一审判决认为，劳动关系是指用人单位与劳动者之间依法订立合同，劳动者接受用人单位管理，从事用人单位安排的工作，成为用人单位的成员，

从用人单位领取报酬和受劳动保护所产生的法律关系。对原告主张的原、被告之间存在劳动关系的诉求，本案中，首先，梁某但任某供电分公司护线员期间，只需要按约定完成工作量，工作时间由梁某自行决定，具有相对的独立性和自主性，且每月的工作时间为一周左右。其次，巡线和修巡线道并非梁某的主业，梁某主要经济来源是务农务工。再次，某供电分公司不对梁某进行迟到旷工等考勤管理，不设相关奖惩制度，梁某不受某供电分公司规章制度的约束，只需要按照合同约定定期向某供电分公司报告工作情况。最后，梁某的工作报酬按年计算，采取分期或一次性的方式支付。综上所述，梁某与某供电分公司之间不具备劳动关系的法律特征，不存在事实上的劳动关系。对梁某主张与某供电分公司存在劳动关系，该院不予支持。

二审法院认为，劳动关系是指机关、企事业单位、社会团体和个体经济组织与劳动者个人之间，依法签订劳动合同，劳动者接受用人单位的管理，从事用人单位安排的工作，成为用人单位的成员，从用人单位领取报酬和受劳动保护所产生的法律关系。用人单位没有与劳动者签订劳动合同，但只要双方实际履行了上述的权利义务，即形成事实上的劳动关系。劳务关系是劳动者与用工者根据口头或书面约定，由劳动者向用工者提供一次性或者特定的劳动服务，用工者依约向劳动者支付报酬的一种有偿服务的法律关系。劳动关系的双方主体间不仅存在着财产关系，还存在着人身关系，即行政隶属关系，劳动者除提供劳动之外，还要接受用人单位的管理，服从其安排，遵守其规章制度等，而劳务关系的双方主体之间只存在财产关系，即经济关系，彼此之间无从属性，不存在行政隶属关系，没有管理和被管理、支配与被支配的权利和义务，劳动者提供劳务服务，用工者支付劳务报酬，各自独立，地位平等。在劳动关系中，劳动者获取的报酬表现为工资，劳动者除获得工资报酬外，还有保险、福利待遇等，而在劳务关系中，劳务提供者获取的报酬只能为劳务费。本案中，梁某与某供电分公司之间符合劳务关系的成立要件，属于劳务关系。对双方是否存在劳动关系，从《中华人民共和国劳动法》规定的实质来看，双方未签订劳动合同，某供电分公司既没有管理梁某，其亦未受某供电分公司的考勤等各项规章的约束，因此双方之间不具备劳动关系的成立要件。故梁某请求确认其与某供电分公司之间存在劳动关系，法院不予支持。二审判决驳回了梁某的上诉，维持原判。

二 法律及事实分析

本案的核心争议焦点为：梁某与某供电分公司双方之间是否存在劳动关系。梁某在担任群众护线员期间，以务农务工为主要收入来源，只是利用农闲时间向供电分公司提供部分巡线、修巡线道等简单劳务。就梁某的工作任务，双方也分别签订了劳务合同。工作量是确定的，工作时间完全由梁某自行安排，具有相对的独立性和自主性。而且，某供电分公司对梁某没有考勤制度的约束，只需要梁某定期报告巡护线任务完成情况。综合梁某与某供电分公司之间的实际工作内容、时间、工作量等情况来看，双方之间不具备劳动关系的法律特征，不存在事实上的劳动关系。所以，梁某基于劳动关系提出的其他劳动报酬和待遇，缺乏事实依据和法律依据，故而法院未支持梁某的诉讼请求。

三 启示建议

1. 防控灵活用工形式中的法律风险

在社会主义市场经济条件下，就业形式的多样化致使劳动关系呈现出复杂化、多元化和分层化的特点。由此产生了许多新的法律问题，给用人单位的人员管理带来了新的挑战，实践中因特殊用工引发的法律纠纷也越来越多，因此就特殊用工问题，应当做好管理工作。常见的特殊用工从形式上可以分为：劳务派遣员工、借调员工、非全日制用工、劳务工；从身份类别上可以分为：实习生、退休返聘、内退、协保、停薪留职员工、应征入伍的员工、军队转业的员工等。用人单位在管理上述特殊员工时，应及时了解相关法律法规，降低用工法律风险。

2. 录用前严格审查劳动者身份，录用后及时签订相应文书

“兼职”只是一个俗称，从《中华人民共和国劳动法》的角度来说，一般是指劳动者在某一时期内，同时受雇于两个以上用人单位而从事双重或多重的有报酬的职业劳动。本案中，梁某虽然没有另一个雇主，但其主要身份是农民，主要经济来源是务农务工，从事某供电分公司巡线和修巡线道并不是梁某的主业，可以说梁某在某供电分公司从事的工作也是兼职。此时，为了防范和降低用工风险，用人单位在录用前，需要严格审查兼职人员的身份，

因为很多兼职人员可能在多处兼职工作。录用后，需要及时与兼职人员签订雇佣协议（劳务协议），明确双方的权利义务。

3.用人单位可以考虑为这类兼职人员办理商业雇主责任险，从而减少雇主的责任

根据《中华人民共和国民法典》的规定，用人单位与兼职人员形成劳务关系，如果该类兼职人员因劳务造成他人损害的，需要由用人单位承担侵权责任。用人单位承担侵权责任后，可以向有故意或者重大过失的兼职人员一方追偿。兼职人员因劳务受到损害的，用人单位和兼职人员根据双方各自的过错承担相应的责任。此外，兼职人员在提供劳务期间，因第三人的行为造成兼职人员受到损害的，兼职人员有权请求第三人承担侵权责任，但是，也有权请求用人单位给予补偿。用人单位给兼职人员补偿后，可以向第三人追偿。所以，因为用人单位不存在为该类兼职人员缴纳社保的问题，用人单位为了降低在用工期间因意外损害造成的经济损失，可以考虑为这类兼职人员办理商业雇主责任险。

四 相关法条

劳动和社会保障部《关于确立劳动关系有关事项的通知》（劳社部发［2005］12号）

一、用人单位招用劳动者未订立书面劳动合同，但同时具备下列情形的，劳动关系成立。

（一）用人单位和劳动者符合法律、法规规定的主体资格；

（二）用人单位依法制定的各项劳动规章制度适用于劳动者，劳动者受用人单位的劳动管理，从事用人单位安排的有报酬的劳动；

（三）劳动者提供的劳动是用人单位业务的组成部分。

二、用人单位未与劳动者签订劳动合同，认定双方存在劳动关系时可参照下列凭证：

（一）工资支付凭证或记录（职工工资发放花名册）、缴纳各项社会保险费的记录；

（二）用人单位向劳动者发放的“工作证”“服务证”等能够证明身份的

证件；

（三）劳动者填写的用人单位招工招聘“登记表”“报名表”等招用记录；

（四）考勤记录；

（五）其他劳动者的证言等。

其中，（一）、（三）、（四）项的有关凭证由用人单位负举证责任。

《中华人民共和国民法典》

第一千一百九十二条 个人之间形成劳务关系，提供劳务一方因劳务造成他人损害的，由接受劳务一方承担侵权责任。接受劳务一方承担侵权责任后，可以向有故意或者重大过失的提供劳务一方追偿。提供劳务一方因劳务受到损害的，根据双方各自的过错承担相应的责任。

提供劳务期间，因第三人的行为造成提供劳务一方损害的，提供劳务一方有权请求第三人承担侵权责任，也有权请求接受劳务一方给予补偿。接受劳务一方补偿后，可以向第三人追偿。

第二章 劳动规章制度

2.1 用人单位的规章制度需向劳动者公示或者告知才能发生法律效力

案例1：丁某与某电力有限责任公司劳动争议纠纷案

一 案情简介

2005年8月26日，丁某入职某电力有限责任公司任会计，2008年某电力有限责任公司安排丁某待岗，每月发放待岗生活费720元至丁某的工资卡中。2015年8月21日，某电力有限责任公司召开2015年度一届二次职工代表大会，决议通过《某电力有限责任公司待岗人员管理办法》，并组织全体职工学习该办法。2015年10月14日，某电力有限责任公司人力资源部张某与丁某的父亲通话，告知某电力有限责任公司已印发《某电力有限责任公司待岗人员管理办法》，要求丁某回公司签收文件并办理待岗协议或停薪留职手续，逾期办理有可能停发工资或者解除劳动合同。2015年10月15日，丁某的叔叔代丁某在学习文件签名表中签名。2015年11月13日，某电力有限责任公司人力资源部张某与丁某的母亲通话，告知丁某待岗申请未获批准，通知丁某返岗工作或者办理停薪留职手续。2015年11月27日，某电力有限责任公司人力资源部张某与丁某本人通话，丁某咨询《某电力有限责任公司待岗人员管理办法》的相关规定，张某告知丁某返岗上班或者办理停薪留职手续以及有关解除劳动关系的相关规定，要求丁某在当月30日回复是上岗还是办理停薪留职。2015年12月9日，张某以国内挂号信函方式向丁某送达《返回企业报到通知书》，邮寄地址为包头市某某区丁某收，邮件被退回。某电力有限责任公司在2016年9月3日《包头日报》发布公告，通知包括丁某在内的人员于公告之日起30日内回公司办理停薪留职或上岗等手续，否则公司将与以上人员解除劳动合同。2017年4月24日某电力有限责任公司印发《关于解除丁某等十四名同志劳动合同的通知》，内容为：丁某等14名同志连续旷工达15天以上，严重违反了我公司的规章制度。根据《中华人民共和国劳动合同法》第三十九条第二款的规定，经公司研究并报请公司工会同意，决定与以上14名同志解除劳动合同。张某以国内挂号信函方式向丁某送达未妥投。某电力有限责任公司在2017年5月26日《包头日报》发布公告，内容为：丁某等，我公司已通知你们来公司办理重新上岗等相关手续，但在规定时限内你们均未回应，根据相关法律规定，我公司与你们于2017年4月24日解除了劳动合同。现公告通知你们于30日内来我公司办理相关手续，逾期未办理，后果由你们自己承担。丁某认为，某电力有限责任公司单方面违法解除了劳动合同，应当向自己支付经济补偿金。

一审法院认为，为维护公司正常的生产秩序和工作秩序，某电力有限责任公司制定并下发了《某电力有限责任公司待岗人员管理办法》。按照该办法的相关规定，公司通过电话、信函、报纸公告的方式通知丁某返岗工作而丁某未到岗。2017年4月24日，公司以丁某连续旷工达15天以上，严重违反公司的规章制度为由，作出了解除与丁某劳动合同关系的通知。在以邮寄方式为丁某送达通知未妥投的情况下，在《包头日报》发布公告告知丁某，已于2017年4月24日与其解除了劳动合同关系。公司的上述行为不违反相关法律的规定。因劳动者严重违反用人单位的规章制度，用人单位可以解除劳动合同。故丁某要求公司支付经济补偿的诉讼请求于法无据，一审法院不予支持。

二审法院认为，2015年11月27日，公司人力资源部张某通过电话的方式告知丁某《某电力有限责任公司待岗人员管理办法》的相关规定，要求丁某在当月30日前回复是上岗还是办理停薪留职，但是丁某仍未按照要求及时返岗或办理相关手续，丁某长期不上班的行为已经严重违反了劳动纪律和公司的规章制度，公司作为用人单位，可以按照《中华人民共和国劳动合同法》和相关规定解除与丁某的劳动合同关系。丁某要求公司支付解除劳动合同的经济赔偿金于法无据，法院不予支持。

二　法律及事实分析

本案的争议焦点之一，是某电力有限责任公司是否可以依据《某电力有限责任公司待岗人员管理办法》，以丁某长期不上班的行为已经严重违反了劳动纪律和公司规章制度为由，解除公司与丁某的劳动合同。

根据《中华人民共和国劳动合同法》第四条的规定，用人单位在制定、修改或者决定直接涉及劳动者切身利益的规章制度或者重大事项时，应当经职工代表大会或者全体职工讨论，并将直接涉及劳动者切身利益的规章制度和重大事项决定公示，或者告知劳动者。因此，用人单位规章制度的效力判断主要基于三个方面：①规章制度是否经过民主程序；②该规章制度是否向劳动者公示或者告知；③该规章制度的内容是否合法。本案中，某电力有限责任公司的《某电力有限责任公司待岗人员管理办法》是2015年度一届二次职工代表大会决议通过的，已经经过了民主程序。而且，该管理办法已经由公司人力资源部张某多次通过向丁某母亲、父亲、叔叔、丁某本人，以及邮寄、登报公告等多种方式进行送达。再者，该管理办法的内容不违反法律规定。故此，法院据此认定该管理办法内容合法、送达程序合法，可以作为某电力有限责任公司与丁某解除劳动关系的依据，公司解除劳动关系是合法解除。

三 启示建议

1. 制定规章制度的主体必须合法

有权以用人单位名义制定规章制度的，应当是该单位有权对用人单位的各个组成部分和全体劳动者进行全面和统一管理的机构。用人单位的内部职能部门如车间、班组、党组织虽然可参与用人单位规章制度的制定，或者直接负责拟定制度的人力资源管理部门，都不能直接制定规章制度，必须经过用人单位审批并以用人单位名义发布，否则该规章制度无效。

2. 规章制度的内容必须经过民主程序确定

所谓的民主程序一般包括：职工代表大会或者全体职工讨论；提出方案和意见；与工会或者职工代表等协商确定。

3. 规章制度制定后必须经过公示公告程序

涉及员工切身利益的规章制度要让员工遵照执行，首先得让员工知道，因此公示是规章制度生效的必要条件之一。司法实践中，对规章制度公示方式的审查比较严格，若没有员工签字确认的已经收到或知悉规章制度内容等能够直接证明用人单位已经履行规章制度的公示程序的证据，劳动仲裁机构、法院很难认可用人单位已经向员工履行了公示义务。关于规章制度的公示方式，实践操作中大概有如下几种方式：公告栏张贴、电子邮件通知、官网公布、规章制度培训、规章制度考试、规章制度传阅、发放员工手册等，让劳动者知悉规章制度。

4.用人单位对规章制度合法性负有证明责任

在实践中，用人单位需要证明规章制度的制定和公示程序具有合法性，所以，用人单位在上述有关制定规章制度以及向劳动者公示或者告知规章制度的过程中，需要强化证据留存意识，避免因举证不能，影响规章制度程序合法性的证明，最终影响用人单位依据规章制度对劳动者实行管理行为的法律效力。

四　相关法条

《中华人民共和国劳动法》

第四条　用人单位应当依法建立和完善规章制度，保障劳动者享有劳动权利和履行劳动义务。

《最高人民法院关于审理劳动争议案件适用法律问题的解释（一）》

第五十条　用人单位根据劳动合同法第四条规定，通过民主程序制定的规章制度，不违反国家法律、行政法规及政策规定，并已向劳动者公示的，可以作为确定双方权利义务的依据。

用人单位制定的内部规章制度与集体合同或者劳动合同约定的内容不一致，劳动者请求优先适用合同约定的，人民法院应予支持。

2.2　用人单位与员工解除劳动合同依据的规章制度，既需要具备合法性又需要具备合理性

案例2：王某与上海安盛物业有限公司劳动纠纷案

一　案情简介

王某于2008年进入上海安盛物业有限公司（以下简称安盛物业公司），岗

位为保安，上二休一。安盛物业公司规定，员工请事假或公休需填写请假申请单，写明请假类别、时间、事由等，申请单落款签字栏分别为申请人主管部门负责人及经理等。安盛物业公司考勤管理细则规定，员工请事假一天由主管领导审批，连续两天由行政事务部（办公室）审批，连续三天以上（含三天）由公司总裁（总经理）审批；累计旷工三天以上（含三天）者，视为严重违反公司规章制度和劳动纪律，公司有权辞退，提前解除劳动合同并依法不予支付经济补偿。王某签收并学习了上述规定文件。2020年1月6日，王某因父亲生病向主管提交请假单后回乡，请假时间为1月6日至1月13日。次日，王某因公司告知未准假而返回，途中得知父亲去世，王某向主管汇报，主管让其安心回家料理后事，王某便再次回家。之后公司未再联系王某。王某于1月14日返回上海，次日开始上班。2020年1月6日至14日，王某应出勤日期为6日、8日、9日、11日、12日、14日。2020年1月31日，安盛物业公司向王某出具《解除劳动合同通知书》，以王某未经审批同意擅自离职回安徽老家，按照公司考勤管理规定应视为旷工，即使扣除3天丧假，旷工天数也已累计达到三天以上（含三天），严重违反公司的规章制度和劳动纪律为由解除劳动合同。法院另查明，王某2019年应享受10天年休假，已休7天。王某所处保安岗位在2019年8月1日至2020年7月31日实行以季为周期的综合计算工时工作制。王某于2020年3月27日申请仲裁，要求安盛物业公司支付2020年1月1日至2月29日工资11190.53元、违法解除劳动合同赔偿金人民币104069.06元（以下币种皆为人民币）及2019年未休年休假工资差额2464.38元。仲裁裁决安盛物业公司支付王某2020年1月工资3419.3元、违法解除劳动合同赔偿金75269.04元及2019年未休年休假工资差额865.16元，对王某的其余请求不予支持。安盛物业公司不服，诉至法院。法院生效判决认为，王某的行为尚不构成严重违反公司规章制度的情形，安盛物业公司进行解除劳动合同缺乏合法性和合理性，系违法解除。

二 法律及事实分析

本案的争议焦点在于：安盛物业公司以王某旷工为由解除劳动合同是否构成违法解除。在劳动合同存续期间，用人单位及劳动者均应切实、充分、妥善地履行合同。劳动者有自觉维护用人单位劳动秩序，遵守用人单位规章制度的义务；用人单位依法享有用工管理自主权，但行使管理权的边界和行使方式应善意、宽容及合理。

安盛物业公司虽享有对员工请假的审批权，但亦应考虑事件背景缘由，尊重公序良俗，以恰当、合理的方式行使权力。本案中，安盛物业公司是否构成违法解除，应审视王某是否存在公司主张的违纪事实。根据在案证据及查明事实，王某工作上二休一，2020年1月6日至14日期间，其请假日期为1月6日至13日，应出勤日期分别为6日、8日、9日、11日、12日、14日。关于2020年1月6日至13日，王某于1月6日早上提交了请假手续，其上级主管李某和吴某予以签字同意，然而其领导迟至下午才报集团公司审批，次日才告知王某请假未获批准，故一审法院认定王某1月6日缺勤系因安盛物业公司未及时行使审批权所致，不应认定为旷工，并无不当。1月7日王某因公司未准假，返回上海途中得知父亲去世便再次回家办理丧事，至此，事假性质发生改变，转化为丧假事假并存，扣除3天丧假，王某实际事假天数为2天。公司享有对事假的审批权，但王某请假事出有因，其回老家为父亲操办丧事，符合中华民族传统人伦道德和善良风俗，且相关村委会证明显示，王某父亲从去世到火化下葬所耗时间尚在合理范围内，尊重民俗，体恤员工的具体困难与不幸，亦是用人单位应有之义，故法院对安盛物业公司的主张不予采纳。至于1月14日，该日不在请假期间范围内，王某未出勤，安盛物业公司可认定该日为旷工。据此王某仅旷工1日，并未达到安盛物业公司考勤管理细则规定的可解除劳动合同的条件。用人单位对劳动者违反规章制度和劳动纪律的行为有权进行惩戒，但解除劳动合同系最严厉的惩戒措施，用人单位应审慎为之。本案中，王某1月6日因父亲生病向主管提交请假单后回乡，次日因公司告知未准假而回沪，难以体现其有旷工的主观故意。王某回程途中得知父亲去世，随即向主管汇报，主管答复让其安心回家料理后事。事后，公司未再联系王某。王某与其主管并未明确请假天数，请假过程的确存在一定瑕疵。安盛物业公司虽始终强调王某应依规请假，但当王某主管的表态与公司意见不一致时，公司应另行通知王某并及时与之协商，此亦是及时合理行使用工管理权的体现。

三　启示建议

1.即使公司的规章制度合法，也不能机械适用，需要结合具体情况分析

本案例是2020年度上海发布的参考性案例第110号，具有典型代表意义。

在公司的规章制度制定和公示程序均合法的情况下，也需要结合具体案情具体分析，不能机械适用。本案中，员工是因为直系亲属死亡向用人单位请假奔丧，符合公序良俗，用人单位应当予以理解和尊重。劳动者请假时间未超过合理期间且已按用人单位规定履行申报程序，用人单位未予准假，事后以劳动者擅自离岗、严重违反规章制度为由解除劳动合同的，属于违法解除。

2.在设计或制定规章制度时，要合理合法

公司设计或制定规章制度涉及“三个严重”即严重违纪、严重失职、严重影响时，应当合理、合法。一般来说，不得违背诚实信用、合理合法、公序良俗和常规判断标准。同时，建议人力资源部门在设计或制定员工手册或者其他规章制度时，应当要求法务部、法律顾问或者专业律师对上述制度的内容进行合法性审查，保证员工手册等制度不存在法律上的“硬伤”。用人单位在制定管理制度和进行违纪尺度的把握时，一定要结合公司性质、岗位特点、危害程度、影响结果等因素。

四 相关法条

《中华人民共和国劳动法》

第四条 用人单位应当依法建立和完善规章制度，保障劳动者享有劳动权利和履行劳动义务。

第八条 劳动者依照法律规定，通过职工大会、职工代表大会或者其他形式，参与民主管理或者就保护劳动者合法权益与用人单位进行平等协商。

《最高人民法院关于审理劳动争议案件适用法律问题的解释（一）》

第五十条 用人单位根据劳动合同法第四条规定，通过民主程序制定的规章制度，不违反国家法律、行政法规及政策规定，并已向劳动者公示的，可以作为确定双方权利义务的依据。

用人单位制定的内部规章制度与集体合同或者劳动合同约定的内容不一致，劳动者请求优先适用合同约定的，人民法院应予支持。

2.3 用人单位制定的内部规章制度与集体合同或者劳动合同约定的内容不一致，合同效力优先

案例3：某通信有限公司与郭某劳动合同纠纷案

一 案情简介

郭某于1991年8月开始在某市邮电局工作，从事技术维护工作（在运维岗位）。后某市邮电局改革，郭某被并到某通信有限公司工作。2007年1月1日，郭某与某通信有限公司签订了书面劳动合同，该合同未对劳动合同期限、工作内容、工作地点、劳动报酬等进行约定，且未交与郭某。2018年10月，某通信有限公司按照上级公司下发的《某市分公司营业部2018年网运划小承包实施方案》要求，发布了《关于某市分公司开展网运划小承包的通知》进行内部承包改革，要求职工自愿参加，双向选择。郭某未参与承包人竞聘，而是参加了运维团队成员的竞聘，在承包人选择运维成员的过程中落选。2018年10月16日，某通信有限公司将郭某纳入单位内部人力市场进行管理。某通信有限公司在未与郭某就变更工作岗位问题协商一致的情形下，先后两次将郭某分配至送卡岗位工作，郭某就分配工作的问题向单位内部相关机构进行过申诉。某通信有限公司按照集团公司发布的《关于印发〈集团公司某分公司员工岗位聘任与退出管理办法〉的通知》规定，在郭某落聘运维岗位后按照待岗进行管理，并在郭某待岗期间下调了其工资职级。郭某对此不服，认为，2018年10月，某通信有限公司以企业改革之机，将本由郭某和某通信有限公司双方作为签约主体所签订的劳动合同交由第三方（承包人）来处理，明显违反《中华人民共和国劳动合同法》。而且，根据《最高人民法院关于审理劳动争议案件适用法律若干问题的解释（二）》第十六条的规定，用人单位制定的内部规章制度与集体合同或者劳动合同约定的内容不一致，劳动者请求优先适用合同约定的，人民法院应予支持。

一审法院判决认为，郭某于1991年8月开始在某市邮电局工作，从事技术维护工作（在运维岗位）。2007年1月1日因改革，郭某被并到某通信有限公司工作，至2018年10月某通信有限公司改革，工龄已经超过10年，且一直

从事技术维护工作（在运维岗位），单位考核均为称职。某通信有限公司作为国有企业，即使在改革的前提下，仍然应当遵守国家法律规定，考虑员工的具体情况进行工作安排。在改革过程中，某通信有限公司在郭某没有聘任成功后，两次安排甚至没有休息日的岗位，违反法律规定，郭某予以拒绝并无不当。某通信有限公司在此情况下下调郭某的工资实为不当。因此，判决郭某的工作岗位为某通信有限公司运维岗位，某通信有限公司应在双方协商一致的前提下恢复郭某原工资标准。某通信有限公司为郭某支付2018年10月至2019年2月绩效工资差额部分。自2019年3月起至双方就变更工作岗位协商达成一致前，某通信有限公司按2018年9月前的工资标准向郭某计发工资。

二 法律及事实分析

在规章制度、集体合同、劳动合同中的相关约定相冲突时，效力原则可以简单表述为：集体合同>劳动合同>规章制度。本案中，某通信有限公司虽然在后期下发了《关于某市分公司开展网运划小承包的通知》并作出了《关于印发〈集团公司某分公司员工岗位聘任与退出管理办法〉的通知》，但根据相关劳动法律法规的规定，在劳动者主张优先适用劳动合同约定时，应优先适用劳动合同条款。郭某与某通信有限公司签订了书面劳动合同，虽然该合同未对劳动合同期限、工作内容、工作地点、劳动报酬等进行约定，但是不能因此否定书面劳动合同较规章制度的优先效力。故此，在郭某请求优先适用合同约定时，人民法院应予支持。

三 启示建议

1. 书面劳动合同的信息应完整、准确

在签订书面劳动合同时，有关内容应当填写完整，有空白处没有内容填写的，可以用斜线划掉，并尽量采取面签的方式，避免在空白合同上签字。根据《中华人民共和国劳动合同法》第十七条的规定，书面劳动合同应当包括用人单位的名称、住所和法定代表人或者主要负责人；劳动者的姓名、住址和居民身份证或者其他有效身份证件号码；劳动合同期限；工作内容和工作地点；工作时间和休息休假；劳动报酬；社会保险；劳动保护、劳动条件和职业危害防护；法律、法规规定应当纳入劳动合同的其他事项九个方面的内容。实践中，工资问题往往是容易引发纠纷的重点，建议在签订书面劳动合同时，对工资问题进行细化，将工资细分为基本工资、绩效工资，以及各类津贴、补贴、奖金等，并在劳动合同或规章制度中规定加班费、各类假期工资的计算基数，以此降低法律风险。

2.规章制度合同化

用人单位发布规章制度的内容可以作为劳动合同的补充协议或者条款，用人单位及时与员工签订。既然法律已经明确规定，书面劳动合同较用人单位规章制度具有优先效力，用人单位为了规避由此带来的法律风险，可以在规章制度发生变动时，及时与员工签订劳动合同的补充协议。

四 相关法条

《中华人民共和国劳动合同法》

第十七条 劳动合同应当具备以下条款：

（一）用人单位的名称、住所和法定代表人或者主要负责人；

（二）劳动者的姓名、住址和居民身份证或者其他有效身份证件号码；

（三）劳动合同期限；

（四）工作内容和工作地点；

（五）工作时间和休息休假；

（六）劳动报酬；

（七）社会保险；

（八）劳动保护、劳动条件和职业危害防护；

（九）法律、法规规定应当纳入劳动合同的其他事项。

劳动合同除前款规定的必备条款外，用人单位与劳动者可以约定试用期、培训、保守秘密、补充保险和福利待遇等其他事项。

《最高人民法院关于审理劳动争议案件适用法律问题的解释（一）》

第五十条 用人单位根据劳动合同法第四条规定，通过民主程序制定的规章制度，不违反国家法律、行政法规及政策规定，并已向劳动者公示的，可以作为确定双方权利义务的依据。

用人单位制定的内部规章制度与集体合同或者劳动合同约定的内容不一致，劳动者请求优先适用合同约定的，人民法院应予支持。

2.4 用人单位通过合法程序制定的规章制度对劳动者具有约束力，用人单位依据规章制度对劳动者作出处分，并无不当

案例4：孟某与某供电公司劳动纠纷案

一 案情简介

孟某系某供电公司职工，原任该公司供电所副所长。2017年11月29日下午，孟某等4人于工作时间在供电所三楼活动室打麻将，被市纪委暗访发现。某供电公司向孟某出具员工惩处通知单，惩处原因为工作时间在供电所三楼活动室打麻将，被市纪委暗访组工作人员发现。孟某的行为违反了工作纪律，破坏了公司的良好形象，在社会上造成了不良影响。《某供电公司员工奖惩规定》第十三条规定，对员工的惩处主要包括纪律处分、经济处罚和组织处理三种方式。《某供电公司员工违规违纪行为惩处细则》第十二条规定，其他违反劳动纪律的行为，对于直接责任人和相关责任人，视情节轻重，进行通报批评或给予警告直至解除劳动合同处分。第四十四条规定，其他损害企业形象、影响队伍稳定的，对于直接责任人和相关责任人，视情节轻重，进行通报批评或给予警告至解除劳动合同处分。《纪律处分对应的经济处罚标准》规定，撤职处分相对应的经济处罚为薪酬待遇按撤销职务后聘用的岗位计发。某供电公司据此对孟某作出了撤职及扣发工资的处罚决定，孟某不服，双方产生争议。

一审判决认为，我国相应的劳动法律和行政法规规定了用人单位有权制定劳动纪律和规章制度，孟某在工作时间打麻将，违反工作纪律，严重损害公司形象，某供电公司根据《某供电公司员工奖惩规定》《某供电公司员工违规违纪行为惩处细则》《纪律处分对应的经济处罚标准》的规定，对孟某作出处分，是用人单位对违纪的劳动者作出的一种惩戒，也是用人单位维持企业正常生产经营常用的手段，《中华人民共和国劳动法》规定用人单位有权制定劳动纪律和规章制度，对于违反这些劳动纪律和规章制度的劳动者，单位应当有权作出

相应处理，人民法院原则上不应干预企业内部的生产经营管理，结合本案实际情况，某供电公司作出的处分适当合理，未违反法律规定及单位规章制度。

二审判决认为，孟某作为单位领导本应做好表率，为员工树立榜样，却在工作时间带头打麻将，严重违反了工作纪律。孟某的行为被当地纪委在网络上通报后，进一步损害了领导干部及公司的形象。另外，用人单位通过合法程序制定的规章制度对劳动者具有约束力。本案中，某供电公司依据《某供电公司员工奖惩规定》《某供电公司员工违规违纪行为惩处细则》《纪律处分对应的经济处罚标准》的规定对孟某作出处分，未违反法律及其单位规章制度，并无不当。

二　法律及事实分析

本案的核心焦点问题在于，用人单位是否可以依据《某供电公司员工奖惩规定》《某供电公司员工违规违纪行为惩处细则》《纪律处分对应的经济处罚标准》的规定对孟某作出撤职及罚款的处分决定。这个问题需要从两方面分析。

首先，关于作出撤职的决定。该撤职决定是依据规章制度作出的，关于规章制度是否具有效力，需要从规章制度的实体问题以及公示送达的程序问题两个方面着手判断。先说规章制度的实体问题，所谓的实体问题就是指规章制度内容中相关权利义务的规定是否合法、合理。实体问题是相对于程序问题而言的。用人单位劳动规章制度在内容上最基本的要求必须是具有合法性、合理性，即“双合原则”。否则，该制度即使程序上经过了民主程序、协商确定、公示公告，如内容不合法、不合理仍然不是有效的制度。本案中，《某供电公司员工奖惩规定》第十三条规定，对员工的惩处主要包括纪律处分、经济处罚和组织处理三种方式；纪律处分包括警告、记过、记大过、降级（降职）、撤职、留用察看、解除劳动合同。《某供电公司员工违规违纪行为惩处细则》第十二条规定，其他违反劳动纪律的行为，对于直接责任人和相关责任人，视情节轻重，进行通报批评或给予警告直至解除劳动合同处分。第四十四条规定，其他损害企业形象、影响队伍稳定的，对于直接责任人和相关责任人，视情节轻重，进行通报批评或给予警告直至解除劳动合同处分。可以明显看出，纪律处分视情节轻重作出了不同级别的划分，具有合法性、合理性。两审法院的判决观点也认为，公司据此对孟某作出的处分决定，并无不妥。再说规章制度的公示送达程序，本章案例1中已经介绍过，“用人单位的规章制度需向劳动者公示或者告知才能发生法律效力”。从判决书载明的内容来看，关于公司的规章制度是否已公示送达，双方并未产生争议。所以可以暂时推定，该规章制定的公示、送达程序符合法律规定。综上，在规章制度内容合法、程序合法的情况下，两审法院认为该规章制度对孟某具有约束力，公司依据有效的规章制度对孟某作出撤职的处分决定，并无不妥。

其次，关于作出罚款的决定。用人单位是否具有处罚权、罚款权。处罚权，从劳动法学的角度来看，用人单位的处罚权主要是指在劳动者违反单位相关规章制度时，用人单位对劳动者进行相应惩处的权力，如警告、批评、调岗、降薪、辞退等。罚款权，则是指用人单位对劳动者违反规章制度，进行经济上处分的权力，如迟到罚款或者扣发工资。我国现行的劳动法律，对单位是否具有“罚款权”没有明确的规定。一般来说，用人单位享有处罚权，但是是否具有罚款权，理论界存在对立、争议的观点：观点一，主张单位享有罚款权，理由是《中华人民共和国劳动法》《中华人民共和国劳动合同法》中均没有禁止单位“罚款权”，依据法无禁止即允许的原则，用人单位可以设立“罚款权”。观点二，主张单位没有罚款权，理由是用人单位不是行政机关，无权制定对员工进行罚款的规定和进行罚款，因此对员工进行罚款是违法的。如果劳动者给用人单位造成损失的，应当承担赔偿责任，即用人单位可以进行索赔，但不能罚款。因此观点二主张单位不具有罚款权。本案中，在案件的审理过程中，公司将依据处理决定扣发孟某的绩效薪金补发给了孟某。所以在法院判决结果中没有涉及对罚款权的法律认定，有关用人单位是否具有合法的“罚款权”的问题，在实践中目前仍然存在争议，主流观点支持观点二的看法。

三 启示建议

1. 在制定规章制度实体内容时，一定要把握“三性”要求

三性要求是指内容合法性、内容合理性、内容适用性。①内容要合法。符合法律、法规规定是劳动规章制度的第一原则。②内容要合理。合法不一定合理，比如，有的单位规定员工在上班时间去厕所的次数、时长。这些问题在法律上并不禁止，但有违自然生理习惯、善良风俗，虽然合法但不符合

公众的正常评价标准。因此，在合法的前提下，制度的内容还要符合大众的正常评价标准。③内容要适用。避免一些模糊的词语，如“下不为例”“很严重”“迟到多次”等，内容应当尽量具体化、量化，具有可操作性或评判性。所以，用人单位在制定规章制度的时候，需要充分理解三者之间的作用、影响、联系，再结合自身和地域特点等，制定更适用于用人单位的规章制度。

2.“严重违纪”“严重失职”“严重影响”要量化

按照上述“三性”要求，对员工的违纪行为可以设计为三级处理模式，即可分为一般违纪/失职/影响、中等违纪/失职/影响、严重违纪/失职/影响。具体方式可以参考：①列举式。如把一般违纪的情形全都列举出来，中等和严重的情形也相应列出。②数量式。就是把各种失职、影响尽量量化表示。比如，如无正当理由迟到连续三次或者累计五次为一般违纪；连续五次或者累计八次为中等违纪；连续十次或者累计十五次为严重违纪。③累进式。就是对某个等级累积到多少次，按高一级的规定处理。

四 相关法条

《中华人民共和国劳动合同法》

第四条　用人单位应当依法建立和完善劳动规章制度，保障劳动者享有劳动权利、履行劳动义务。

用人单位在制定、修改或者决定有关劳动报酬、工作时间、休息休假、劳动安全卫生、保险福利、职工培训、劳动纪律以及劳动定额管理等直接涉及劳动者切身利益的规章制度或者重大事项时，应当经职工代表大会或者全体职工讨论，提出方案和意见，与工会或者职工代表平等协商确定。

在规章制度和重大事项决定实施过程中，工会或者职工认为不适当的，有权向用人单位提出，通过协商予以修改完善。

用人单位应当将直接涉及劳动者切身利益的规章制度和重大事项决定公示，或者告知劳动者。

第三十九条　劳动者有下列情形之一的，用人单位可以解除劳动合同：

（一）在试用期间被证明不符合录用条件的；

（二）严重违反用人单位的规章制度的；

（三）严重失职，营私舞弊，给用人单位造成重大损害的；

（四）劳动者同时与其他用人单位建立劳动关系，对完成本单位的工作任务造成严重影响，或者经用人单位提出，拒不改正的；

（五）因本法第二十六条第一款第一项规定的情形致使劳动合同无效的；

（六）被依法追究刑事责任的。

2.5 用人单位以严重违反规章制度为由解除劳动合同时，需要综合考量所依据规章制度的制定程序、规定内容是否违反法律规定或者劳动合同约定

案例5：喜某与某公汽公司劳动纠纷案

一 案情简介

2008年7月，某公汽公司与喜某签订为期一年的劳动合同，约定了喜某所在专线车队的营运时间。在此期间，由两名乘务员实行轮班制在同一辆公共汽车上售票。2008年7月，某公汽公司与喜某签订《公汽乘务员承诺书》。该承诺书第三条规定："乘务员收款不给票、少给票或给废旧票及其他公司车票，均属贪污票款行为，扣除当月文明服务奖300元，以及按额扣发当月奖金100倍并解除劳动合同。"该第三条规定内容，后写入某公汽公司《乘务员工作要求与违章处理》第B27条。2009年6月，喜某所值班公交车在某公交站点停靠时，其将在上一个行程中已售出的价值6元的车票在下一个行程中再次出售给乘客。该重复售票行为被公汽公司稽查员暗访时现场查获，稽查人员当场在《纠正员工违章记录表》和行车记录上对该重复售票行为作出记载并要求喜某签名予以确认。随后，某公汽公司以喜某违反《乘务员工作要求与违章处理》第B27条的规定为由，对喜某作出扣罚工资并予以辞退的处理。喜某在表示不满后，领取了工资并办理了离职手续。后喜某向某市劳动争议仲裁委员会提起劳动仲裁，认为某公汽公司解除其劳动合同和扣发其工资的行为没有法律依据，要求某公汽公司支付加班费、赔偿金和返还罚款。

某市劳动争议仲裁委员会没有认定某公汽公司是违法解除劳动合同，喜

某不服，诉至法院。一审判决认为，喜某在某公汽公司的稽查行动中，虽然被稽查出侵占票款的面值只有6元，数额很小，但由于公共交通行业的职业特点决定售票和收取票款的行为均由乘务员一人在用人单位的经营场所以外的公共汽车上独自完成，用人单位在客观上无法对乘务员的收取票款行为进行有效的监管。因此，就公共交通行业而言，乘务员的诚信尤为重要。喜某的行为主观上具有利用工作之便谋取不当利益的故意，已经违背了其在《公汽乘务员承诺书》中所作出的有关承诺，并严重违反了公汽公司规章制度的规定。在此情况下，某公汽公司将喜某予以辞退，并没有违反我国劳动法律法规的规定。喜某以违法解除劳动合同为由，要求某公汽公司支付赔偿金的诉讼请求缺乏依据，不予支持。

二审判决认为，喜某将车票重复销售，造成公汽公司收入的不当减少，严重违反公汽公司的规章制度，并很明显违反了其对某公汽公司基本的忠实义务，足以构成某公汽公司合法解除其劳动合同的正当理由。判决驳回了喜某的上诉，维持原判。

二　法律及事实分析

本案中，双方主要争议的焦点之一：喜某的违章行为是否符合解除劳动合同的条件。虽然喜某主张，其仅有一次违章行为，不足以达到被解除劳动合同的标准。但是，法院并未采纳喜某的观点，而是支持了某公汽公司的观点，即喜某的行为已经严重违反了规章制度，公司依据该规章制度与喜某解除劳动合同，系合法解除。主要理由如下。

首先，《公汽乘务员承诺书》第三项规定："乘务员收款不给票，少给票或给废旧票及其他公司车票，均属贪污票款行为；扣除当月文明服务奖300元，以及按额扣发当月奖金100倍并解除劳动合同。"对该承诺书的内容，喜某并无异议，并在该《公汽乘务员承诺书》上签名确认。事后，某公汽公司又将《公汽乘务员承诺书》第三项转化为《乘务员工作要求与违章处理》第B27条，并且该条规定已经在公汽公司职工代表大会上表决通过。故此，该规章制度即对喜某具有约束力。本案中，喜某有违反《公汽乘务员承诺书》第三项及《乘务员工作要求与违章处理》第B27条规定的行为，某公汽公司可主张依据该条款解除与喜某的劳动合同。

其次，从工作性质而言，喜某作为某公汽公司的售票员负责保管公司的票款收入，与公司财务人员职能类似，应对公司承担更高程度的注意义务和忠实义务。特别是其代收车票款的行为多发生在公共汽车行驶过程中，很难被某公汽公司实时监管。所以，喜某的特定职权要求其在车票款代收事项上不能有任何的过错行为。而本案中，喜某将车票重复销售，造成公司收入的不当减少，严重违反了某公汽公司的规章制度，并很明显违反了其对公汽公司基本的忠实义务，足以构成公汽公司合法解除其劳动合同的正当理由。所以，两审法院都采纳了某公汽公司的观点，未支持喜某的诉讼请求。

三 启示建议

本案例是最高人民法院劳动案例参考和指导案例之一。在二审法院审理本案的过程中，关于某公汽公司解除与喜某劳动合同是否合法的问题，合议庭内部曾有两种不同处理意见。

一种意见认为，喜某的行为不构成严重违反某公汽公司规章制度，某公汽公司以严重违反规章制度为由解除与喜某劳动合同的行为属于违法解除劳动合同，应当向喜某支付赔偿金。其主要理由：①《公汽乘务员承诺书》第三项中规定内容明显不利于劳动者喜某，该承诺书属于被胁迫签订，应当无效。从本案查明的事实来看，《公汽乘务员承诺书》是对喜某与某公汽公司劳动关系内容的补充，属于劳动合同组成部分。根据《中华人民共和国劳动合同法》第二十六条第一款“下列劳动合同无效或者部分无效：（一）以欺诈、胁迫的手段或者乘人之危，使对方在违背真实意思的情况下订立或者变更劳动合同的”之规定，该《公汽乘务员承诺书》第三项属于无效内容，不能约束喜某。②虽然某公汽公司规章制度将乘务员收款不给票、少给票或给废旧票及其他公司车票等侵吞票款行为作为解除劳动合同的依据，但该规定没有区分侵吞票款数额的多少和主观恶性大小。喜某重复售票所得仅6元，给某公汽公司造成的损失微乎其微。可见，该行为的性质并不恶劣。在某公汽公司损失十分轻微的情形下，其以严重违反规章制度为由解除喜某劳动合同缺乏合理性。这种不区分损失大小，一律解除劳动合同的做法与《中华人民共和国劳动合同法》第三十九条明确规定的只有在劳动者严重违反规章制度情形下才可解除劳动合同的强制性规定明显违背，应当属于无效条款。相应的，某公汽公司依据该规章解除与喜某的劳动合同行为应属无效。

另一种意见认为，某公汽公司以喜某侵吞公司财产为由解除与其的劳动合同并不违法。主要理由是，喜某重复售票侵占公司财产的数额虽然不多，但其售票员的特定工作岗位与公司财务人员工作岗位性质类似，应当在涉及公司财产的问题上尽到更高的注意义务和忠诚义务。故喜某侵吞票款的行为已与其基本工作职责相违背。某公汽公司在该公司规章制度中将喜某上述行为规定为严重违反规章制度可以解除劳动合同的行为具有合理性，且该规章制度的制定程序和内容均不违反法律法规及其司法解释的规定，可以作为认定某公汽公司依法解除与喜某劳动合同的依据。退一步而言，即便某公汽公司规章制度中未将该行为认定为严重违反规章制度的行为，公汽公司也有权解除与喜某之间的劳动合同。

最高人民法院民一庭在现阶段赞同上述第二种意见。对劳动者违规行为是否达到严重程度的判断不能单纯依据用人单位在规章制度中规定的严重标准，还要考虑规章制度制定程序及其内容是否合法合理。这是因为，现实中不少用人单位为加强对劳动者的劳动用工管理，在规章制度有关处罚的部分中将劳动者劳动过程中的大量行为表现都列入可以解除劳动合同的范畴并规定一旦劳动者实施规章制度中列明的行为，可单方解除与劳动者的劳动合同，并不用支付经济补偿金。对此应一分为二看待。一方面，当劳动者行为严重破坏正常生产经营秩序时，用人单位基于生产经营自主权，可以对劳动者作出解除劳动合同的处罚，这也为《中华人民共和国劳动合同法》第三十九条所确认；另一方面，究竟劳动者哪些行为对生产经营秩序会造成严重影响，不应由用人单位单方认定，以防止用人单位借制定规章制度之机，恶意扩大单方解除合同的范围，损害劳动者合法权益。虽然《中华人民共和国劳动合同法》第四条规定用人单位在制定、修改或者决定有关劳动报酬、工作时间、休息休假、劳动安全卫生、保险福利、职工培训、劳动纪律以及劳动定额管理等直接涉及劳动者切身利益的规章制度或者重大事项时，应当经职工代表大会或者全体职工讨论，提出方案和意见，与工会或者职工代表平等协商确定，但劳资谈判地位实质不对等的现实决定了部分对劳动者切身利益不利的规章条款也可能出现。此时，如果机械地以规章制度已通过平等协商确定为由，直接依据规章中认定严重违反规章制度行为的标准，一律解除劳动者劳动合同未免草率，也不符合劳动法优先保护劳动者利益的理念。

综上，用人单位在以严重违反规章制度为由与劳动者解除劳动合同时，需要结合每个案件的具体情况，综合考量用人单位用以解除劳动关系所依据的规章制度及其制定程序、规定内容是否违反法律规定或者劳动合同约定，用人单位认定劳动者行为达到严重程度的理由和证据是否充分，以防止用人单位因解除依据不合法而构成违法解除，如果法院认定用人单位是违法解除，则用人单位需要依照经济补偿金二倍的标准向劳动者支付赔偿金。

四 相关法条

《中华人民共和国劳动合同法》

第二十六条 下列劳动合同无效或者部分无效：

（一）以欺诈、胁迫的手段或者乘人之危，使对方在违背真实意思的情况下订立或者变更劳动合同的；

（二）用人单位免除自己的法定责任、排除劳动者权利的；

（三）违反法律、行政法规强制性规定的。

对劳动合同的无效或者部分无效有争议的，由劳动争议仲裁机构或者人民法院确认。

第三十九条 劳动者有下列情形之一的，用人单位可以解除劳动合同：

（一）在试用期间被证明不符合录用条件的；

（二）严重违反用人单位的规章制度的；

（三）严重失职，营私舞弊，给用人单位造成重大损害的；

（四）劳动者同时与其他用人单位建立劳动关系，对完成本单位的工作任务造成严重影响，或者经用人单位提出，拒不改正的；

（五）因本法第二十六条第一款第一项规定的情形致使劳动合同无效的；

（六）被依法追究刑事责任的。

第八十七条 用人单位违反本法规定解除或者终止劳动合同的，应当依照本法第四十七条规定的经济补偿标准的二倍向劳动者支付赔偿金。

2.6　用人单位制定劳动规章制度和单方面作出解除劳动合同决定时须经民主程序

案例6：戴某诉北京某轻工业品公司违反民主程序解除劳动关系案

一　案情简介

2008年10月，戴某入职北京某轻工业品公司担任操作员，双方签订期限为2008年10月1日至2010年9月30日的劳动合同。2010年7月1日，戴某因私事在工作中走神，出现重大错误，给北京某轻工业品公司造成重大损失，之后戴某未再到北京某轻工业品公司工作。2010年7月5日，北京某轻工业品公司向戴某邮寄送达《解除劳动合同通知书》，载明："戴某，因你于2010年7月1日严重违纪，给公司造成重大损失，已经违反《员工手册》的相关规定，符合解除劳动合同的情形，公司现决定与你解除劳动关系，请你于收到本通知之日起三日内到公司人事部办理工作交接。"2010年7月8日，戴某本人签收了该《解除劳动合同通知书》。次日戴某和北京某轻工业品公司人事部工作人员办理了工作交接，北京某轻工业品公司向戴某支付了在职期间的工资。之后戴某和男朋友在闲逛书店时，偶然发现我国法律规定用人单位在解除劳动合同时必须将理由通知工会。戴某想起北京某轻工业品公司在单方作出与自己解除劳动合同决定时并没有履行通知工会的手续。随后戴某又找到某法律咨询服务所咨询，该服务所工作人员告知戴某北京某轻工业品公司未履行告知工会程序，构成违法解除劳动合同。于是戴某在向该法律咨询服务所交纳代理费并办理委托手续后，向劳动争议仲裁委员会提起劳动争议仲裁，要求确认北京某轻工业品公司单方解除劳动合同行为不成立，并要求裁决撤销北京某轻工业品公司解除劳动合同决定并恢复双方之间的劳动关系。劳动争议仲裁委员会在审理此案过程中，北京某轻工业品公司提交了工会的意见：同意北京某轻工业品公司作出的与戴某解除劳动合同的决定。劳动争议仲裁委员会随即作出裁决：驳回戴某的全部申诉请求。戴某不服，以《员工手册》未经民主程序讨论以及工会意见系事后补办为由起诉至人民法院。

一审判决认为，用人单位在制定直接涉及劳动者切身利益的规章制度或者重大事项时，应当经职工代表大会或者全体职工讨论，提出方案和意见，与工会或者职工代表平等协商确定。根据本案查明的事实，北京某轻工业品公司制定的《员工手册》系经过职工代表大会讨论研究制定，符合法定程序，且已履行公示程序，内容不违反法律法规的强制性规定。《中华人民共和国劳动合同法》明确规定用人单位单方解除劳动合同，应当事先将理由通知工会。北京某轻工业品公司在本案审理中提交了工会的意见，该工会同意北京某轻工业品公司作出的与戴某解除劳动合同的决定。戴某主张《员工手册》未经民主程序讨论及工会意见系事后补办，缺乏证据支持，不予采信。戴某要求撤销解除劳动合同决定并恢复双方之间劳动关系的诉讼请求，依据不足，不予支持。一审法院据此作出判决：驳回戴某的诉讼请求。

二审判决认为，北京某轻工业品公司就《员工手册》的全部内容、制定程序及公示情况提交了充分证据。上述证据显示北京某轻工业品公司制定的《员工手册》内容不违反法律法规的强制性规定；北京某轻工业品公司召开职工代表大会讨论《员工手册》的全部内容，工会对《员工手册》的制定也充分发表了相关意见；北京某轻工业品公司就《员工手册》的全部内容亦履行了公示程序。因此，《员工手册》应认定为合法有效，对双方当事人均具有约束力。就解除劳动合同的程序问题，北京某轻工业品公司提交的证据足以证明其在与戴某解除劳动合同前通知了工会，工会同意北京某轻工业品公司解除劳动合同的理由和决定，故北京某轻工业品公司作出的解除劳动合同决定符合法定程序。戴某虽主张工会意见系事后补办，但未就此提供充分证据，难以采信。故二审法院据此作出判决：驳回上诉，维持原判。

二 法律及事实分析

本案争议的焦点之一在于，两个民主程序的问题，即用人单位制定劳动规章制度的民主程序和用人单位单方解除劳动合同时的民主程序。《中华人民共和国劳动合同法》第四条规定：用人单位应当依法建立和完善劳动规章制度，保障劳动者享有劳动权利、履行劳动义务。用人单位在制定、修改或者决定有关劳动报酬、工作时间、休息休假、劳动安全卫生、保险福利、职工培训、劳动纪律以及劳动定额管理等直接涉及劳动者切身利益的规章制度或者重大事项时，应当经职工代表大会或者全体职工讨论，提出方案和意见，与工会或者职工代表平等协商确定。在规章制度和重大事项决定实施过程中，工会或者职工认为不适当的，有权向用人单位提出，通过协商予以修改完善。用人单位应当将直接涉及劳动者切身利益的规章制度和重大事项决定公示，或者告知劳动者。第四十三条规定：用人单位单方解除劳动合同，应当事先将理由通知工会。可见，法律已经明确规定了用人单位在制定劳动规章和在单方面解除劳动合同时，均要经过民主程序。本案中，北京某轻工业品公司制定《员工手册》时，通过召开职工代表大会的方式，讨论了《员工手册》的全部内容，足见北京某轻工业品公司制定《员工手册》已经履行了民主程序。此外，北京某轻工业品公司单方面作出解除劳动合同的决定时，也提供了工会的书面意见，由此证明，北京某轻工业品公司在作此决定时，也已经履行了法定的民主程序。故此，两审法院未支持戴某的诉讼请求。

三 启示建议

1.要明确两个民主程序的优势和必要性

两个民主程序的优势和必要性在于：有利于保障劳动者的核心利益；有利于促进劳资关系的和谐稳定；有利于用人单位的可持续发展和实现长远利益；有利于保障工会和职工监督权的行使。考虑到用人单位制定劳动规章制度和作出单方解除劳动合同决定的行为涉及劳动者的核心利益，从长远来看也关系到用人单位劳资关系的和谐稳定和用人单位的可持续发展和长远利益，我国法律才要求用人单位实施上述行为时必须履行民主程序，保障工会及职工监督权的行使。因此为了构建和发展和谐稳定的劳资关系，两个民主程序也是具有必要性的，用人单位不能忽略该程序。

2.用人单位单方解除劳动合同时必须通知工会

人民法院在个案中审查用人单位单方解除劳动合同的行为是否合法时，不仅会审查实体方面，还会审查程序方面。在审查单方解除劳动合同程序是否合法时，法院有时候会向用人单位释明必须提交证据证明已将单方解除劳动合同的理由通知了工会，如果不能提交，则视为单方解除行为不能成立，人民法院有权撤销用人单位的单方解除行为。此外如果劳动者提交证据证明工会行使了异议权的，用人单位则必须提供证据证明其已将处理结果通知了工会，否则仍应视为解除行为不能成立。

四 相关法条

《中华人民共和国劳动合同法》

第四条 用人单位应当依法建立和完善劳动规章制度，保障劳动者享有劳动权利、履行劳动义务。

用人单位在制定、修改或者决定有关劳动报酬、工作时间、休息休假、劳动安全卫生、保险福利、职工培训、劳动纪律以及劳动定额管理等直接涉及劳动者切身利益的规章制度或者重大事项时，应当经职工代表大会或者全体职工讨论，提出方案和意见，与工会或者职工代表平等协商确定。

在规章制度和重大事项决定实施过程中，工会或者职工认为不适当的，有权向用人单位提出，通过协商予以修改完善。

用人单位应当将直接涉及劳动者切身利益的规章制度和重大事项决定公示，或者告知劳动者。

第四十三条 用人单位单方解除劳动合同，应当事先将理由通知工会。用人单位违反法律、行政法规规定或者劳动合同约定的，工会有权要求用人单位纠正。用人单位应当研究工会的意见，并将处理结果书面通知工会。

第三章 劳动合同的成立与生效

3.1 劳动合同的成立

3.1.1 有证据证明系代缴社保，则劳动关系不成立

案例1：张某栋诉内蒙古某旅游业集团有限责任公司劳动争议案

一 案情简介

2019年，张某栋向呼和浩特市劳动人事争议仲裁委员会提起劳动仲裁，要求裁决内蒙古某旅游业集团有限责任公司（以下简称某旅游公司）支付违法解除劳动合同的赔偿金。主要理由为：张某栋自1997年4月6日至2019年2月27日与某旅游公司存在劳动合同关系。双方协商一致签署待岗留职协议，明确约定保留劳动关系。劳动者不在单位上班不代表双方劳动关系解除，而是基于协商一致的情形下劳动关系保留至某旅游公司出具《解除劳动通知书》之日。因此双方系协商一致保留劳动关系，张某栋不属于自愿离职，更不等同于自愿解除或终止劳动关系。

某旅游公司认为：2013年4月27日双方签订了为期一年的书面协议，该协议书约定从2013年5月1日开始，张某栋长期离开某旅游公司，不再到岗上班，保留劳动关系，停发工资、各项补贴和奖金，所有社会保险费用由张某栋自己承担，由张某栋交至某旅游公司，某旅游公司为其办理缴纳事宜。其间双方没有实际上的劳动权利义务，某旅游公司与张某栋解除劳动合同的时间为2019年2月27日。

一审法院经审理认为：张某栋自1997年4月6日开始在某旅游公司从事

国宴部面点大厨工作，2004年5月起某旅游公司开始为张某栋参加社会保险。2013年双方签订书面协议以后，张某栋不再去某旅游公司上班。2019年2月27日，某旅游公司以张某栋长期旷工达2121日，违反某旅游公司的《员工手册》相关规定为由，解除与张某栋的劳动关系并向张某栋送达了《解除劳动合同通知书》。某旅游公司应当向劳动者支付经济补偿金，但双方劳动关系中止期间用人单位与劳动者不存在劳动法上的权利义务关系，也不计算经济补偿工作年限，故某旅游公司支付张某栋经济补偿金系数应为12+4.5，而不是22。

二审中，当事人均没有提交新证据。二审法院认为，张某栋与某旅游公司于1997年4月6日建立劳动关系。张某栋自2013年5月1日起未向某旅游公司提供劳动，某旅游公司亦未向其支付劳动报酬，双方劳动关系一直处于中止履行状态，直至2019年2月27日某旅游公司提出解除劳动关系。一审法院对于经济补偿金的计算正确，予以确认。

二 法律及事实分析

在很多情况下，劳动者个人无法自行缴纳社保，或者工作单位愿意为劳动者代缴社保同时保留劳动关系，因此会出现劳动者依据社保缴纳记录向用人单位主张确认劳动关系、要求支付工资及要求按照缴纳时间计算赔偿金的情况。缴纳社保属于劳动关系的一种表现形式，但是并不代表缴纳了社保就存在劳动关系。

代缴社保过程中所产生的缴纳社保的记录会成为员工主张劳动关系等的证据。用人单位只能通过更多的证据证明劳动关系的不存在，给人力资源管理工作带来了很大的不确定性。一旦出现工作交割不畅、文件丢失的情况，就容易被已经离职或者根本没有劳动关系的劳动者钻空子，造成用人单位的损失。

三 启示建议

用人单位对劳资纠纷的处理，不应采用搁置争议的方式，否则会给发生劳动争议时自身收集证据增加障碍。如果是员工不能胜任工作，应按照《中华人民共和国劳动合同法》第四十条第二款的规定执行，如果未发生用人单位可以单方解除劳动合同的情形，可以利用其他的客观条件跟劳动者进行协商，争取协商一致解除。要尽量避免出现劳动关系“暂停”或中止的状态。确需中止履行劳动合同的全部或部分内容时，双方当事人要签订书面协议，依法履行劳动合同中止告知义务，保留双方沟通协商的证据，在劳动合同中止后重返工作岗位时明确约定劳动合同的起止时间、中止的起止时间和重返工作岗位的权利和义务。但现行《中华人民共和国劳动合同法》未采用劳动合同中止的概念。

不建议为已经离职的员工或者根本没有劳动关系的人代缴社会保险，否则很可能导致用人单位的经济损失。

四　相关法条

《中华人民共和国劳动合同法》

第四十条　有下列情形之一的，用人单位提前三十日以书面形式通知劳动者本人或者额外支付劳动者一个月工资后，可以解除劳动合同：

（一）劳动者患病或者非因工负伤，在规定的医疗期满后不能从事原工作，也不能从事由用人单位另行安排的工作的；

（二）劳动者不能胜任工作，经过培训或者调整工作岗位，仍不能胜任工作的；

（三）劳动合同订立时所依据的客观情况发生重大变化，致使劳动合同无法履行，经用人单位与劳动者协商，未能就变更劳动合同内容达成协议的。

《中华人民共和国社会保险法》

第十条　职工应当参加基本养老保险，由用人单位和职工共同缴纳基本养老保险费。

无雇工的个体工商户、未在用人单位参加基本养老保险的非全日制从业人员以及其他灵活就业人员可以参加基本养老保险，由个人缴纳基本养老保险费。

公务员和参照公务员法管理的工作人员养老保险的办法由国务院规定。

3.1.2 用人单位与劳动者未订立书面劳动合同，但双方签署的其他有效书面文件内容若已具备劳动合同的要件，该类文件具有劳动合同的性质

案例2：单某晶诉某物流有限公司劳动争议案

一 案情简介

单某晶于2011年6月30日入职某物流有限公司，担任人力行政部员工，其月工资标准为税前4000元，税后实发金额3652.94元，某物流有限公司支付单某晶工资至2011年7月31日。单某晶提起劳动仲裁，要求赔偿未签订劳动合同的二倍工资差额。

在劳动仲裁以及一、二审的过程中，双方争议的焦点是关于未签订劳动合同的二倍工资差额。单某晶主张：某物流有限公司未与其签订书面劳动合同，某物流有限公司提出单某晶入职后该公司与其签订了3年期的劳动合同，因单某晶负责保管员工档案，其离职时擅自将劳动合同等材料带走。对此，某物流有限公司提供了单某晶的《工作职责》为证，上述材料载明："2011年7月7日经理分配给我的工作如下：员工投诉；……；员工档案管理：档案转我处后，审表格、审手续……"上述内容下方有单某晶签字，并写明2011年7月7日；单某晶否认自己负责员工档案管理，亦否认《工作职责》中的签字系自己书写。经法院释明，单某晶不申请对上述签名是否为自己书写进行司法鉴定。本案审理中另查明，单某晶提交了《员工录用审批表》及《公司物品申请表》原件，其中《员工录用审批表》载明：姓名单某晶、性别女、部门人力行政部、工作地点北京……；聘用期限自2011年7月1日起至2014年7月1日止共三年，试用期自2011年7月1日起至2011年9月30日止，共三个月；试用期待遇为基本工资1500元、岗位工资1500元、各项补贴500元、加班工资500元，合计4000元；转正后待遇……合计5000元；审批表下方"人力资源部意见"以及"总经理批示"栏分别有相关负责人及法定代表人苏某的签字。

对此法院认为：依据某物流有限公司提供的《工作职责》的内容，单某晶负责公司员工的档案管理工作，其虽否认负责上述工作，且否认《工作职

责》中自己签字的真实性，但经法院释明，其未申请对上述签字的真伪进行鉴定，应当承担上述事实不能查明的不利法律后果，即法院对《工作职责》的证明力予以确认，采信某物流有限公司关于单某晶负责员工档案管理的主张，但仅凭借单某晶负责保管档案以及其持有部分某物流有限公司文件的事实并不足以证实某物流有限公司曾与单某晶签订书面劳动合同书。反而，单某晶持有的《员工录用审批表》中明确约定了其工作部门、工作地点、聘用期限、试用期、工资待遇等，并附有某物流有限公司法定代表人苏某的签字，上述审批表内容已经具备劳动合同的要件，特别是上述《员工录用审批表》现由单某晶持有并由其作为证据提供，即其认可上述审批表的内容，因此，法院认为该审批表具有劳动合同的性质。故单某晶要求某物流有限公司支付2011年7月30日至2011年8月30日期间未签订劳动合同的二倍工资差额，其中2011年7月30日至2011年8月17日系包含在上述审批表所载明的合同期限内，其中2011年8月17日后双方已经解除劳动合同关系，故某物流有限公司无须支付上述期间二倍工资差额。

二　法律及事实分析

对于是否签订书面劳动合同，双方各执一词，该案争议的核心即是否能对某物流有限公司予以二倍工资惩罚。由于双方均认可填有《员工录用审批表》，且该表为单某晶持有和提举，所以，该案争议的实质就演变为该《员工录用审批表》能否视为双方的书面劳动合同。

对此，应结合《中华人民共和国劳动合同法》未签订书面劳动合同予以二倍工资惩罚的立法目的予以分析。首先，《中华人民共和国劳动合同法》第八十二条针对实践中劳动合同签订率低，以及《中华人民共和国劳动法》第十六条仅规定“建立劳动关系应当订立劳动合同”，而没有规定违法后果的立法缺陷，增设了二倍工资的惩罚，其性质并非劳动者的劳动所得而是对用人单位违反法律规定的一种惩戒。二倍工资的立法目的在于提高书面劳动合同签订率、明晰劳动关系中的权利义务而非劳动者可以从中谋取超出劳动报酬的额外利益。其次，结合单某晶持有的《员工录用审批表》分析，该表已基本实现了书面劳动合同的功能。表中明确约定了单某晶的工作部门、工作地点、聘用期限、试用期、工资待遇等，并附有某物流有限公司法定代表人苏某的签字，该审批表内容已经具备劳动合同的要件，能够既明确双方的劳动关系又规定双方的权利义务，实现了书面劳动合同的功能。据此认定，该审批表具有劳动合同的性质。

三 启示建议

用人单位对劳动关系管理应当尽量采取书面形式，有条件的应当多方备案或者建立电子数据库。对于从事人力资源工作的员工，用人单位应当建立工作范围清单和负责制度，以避免在此类员工离职时出现书面文件缺失的情况。即使出现劳动合同被人力资源部门员工刻意隐匿的情况，如果可以利用其他部门留存的其他种类文件，间接证明该员工的劳动关系及劳动合同的存在，用人单位也不会过于被动。

实践中，对于任职于人力资源部门员工或者是享有劳动人事管理职权的高级管理人员，属于劳动者的特殊群体，该类员工有可能利用自身职务之便，不与用人单位签订劳动合同或者擅自修改劳动合同等情形，对于此类员工的管理，用人单位需要制定相应的管理制度。例如，用人单位可以在该类员工入职初期，就与其签订岗位职责确认书、录用表格等文件，以此证明该等员工的管理职权或身份，以减少用人单位管理风险。

四 相关法条

《中华人民共和国劳动合同法》

第十条 建立劳动关系，应当订立书面劳动合同。

已建立劳动关系，未同时订立书面劳动合同的，应当自用工之日起一个月内订立书面劳动合同。

用人单位与劳动者在用工前订立劳动合同的，劳动关系自用工之日起建立。

第四十八条 用人单位违反本法规定解除或者终止劳动合同，劳动者要求继续履行劳动合同的，用人单位应当继续履行；劳动者不要求继续履行劳动合同或者劳动合同已经不能继续履行的，用人单位应当依照本法第八十七条规定支付赔偿金。

3.2　劳动合同的期限

3.2.1　试用期期限属于法律强制性规定，不得以约定方式延长

案例3：骆某波诉某智能系统有限公司劳动合同纠纷案

一　案情简介

骆某波于2011年9月27日入职某智能系统有限公司（以下简称某系统公司），担任高级硬件工程师职务，双方签订了书面劳动合同，该合同约定合同期限自2011年9月27日起至2013年9月26日止，试用期三个月，骆某波在职期间平均实际工资为10000元。2011年12月27日，某系统公司向骆某波发送邮件，内容为“公司决定，在三个月试用期基础上延长一个月观察期，观察期内工资不进行调整”。

2012年2月2日，某系统公司向骆某波发出《解除劳动合同通知书》，该通知书中载明，经双方协商达成一致，某系统公司给予骆某波0.5个月工资作为经济补偿，工资结算至2012年1月31日。在该通知书中载明的关于劳动合同解除时间及理由骆某波、某系统公司主张不一。某系统公司主张其作出的《解除劳动合同通知书》中“公司现依法解除劳动合同，解除时间为2012年1月27日，解除劳动合同理由为，劳动者在试用期间被证明不符合录用条件。”骆某波主张其收到的《解除劳动合同通知书》内容确实跟某系统公司提交的《解除劳动合同通知书》内容一致，但收到当时就向某系统公司说明，解除劳动合同的时间应该为2012年2月2日，且已过了试用期，解除理由不应该是某系统公司所称的劳动者在试用期间被证明不符合录用条件，因此骆某波收到后当面自行更正。骆某波提交的《解除劳动合同通知书》中解除时间1月27日用笔画掉后更改为“实为2月2日通知本人”，在解除理由选项中，其用涂改液将原选择“劳动者在试用期间被证明不符合录用条件”涂掉后选择为“用人单位提出的协商一致解除劳动合同”。之后骆某波办理了离职手续，并签收了员工离职通知单、离职工资核发明细表。2012年2月2日，骆某波向某系统公司出具离职承诺书，称因骆某波提出辞职，已与某系

统公司结清所有的工资报酬及相关费用，并在平等自愿、协商一致的基础上解除了劳动合同关系。2012年2月6日，某系统公司向骆某波的华夏银行账号内转款14284.94元，该款项包括2012年1月的工资及0.5个月工资的离职补偿。

2012年2月17日，骆某波曾就涉案劳动合同向深圳市福田区劳动争议仲裁委员会申请仲裁，请求：某系统公司应支付提前三十日以书面形式通知而解除劳动合同的代通知金10000元及2012年2月2日的工资476元。2012年6月15日，深圳市福田区劳动争议仲裁委员会作出深福劳仲案字（2012）第299号仲裁裁决书，裁决：某系统公司向骆某波支付2012年2月2日的工资460元，并驳回骆某波的其他仲裁请求。骆某波不服该裁决起诉至法院。深圳市福田区人民法院亦于2012年9月24日判决驳回骆某波的诉讼请求。

二 法律及事实分析

本案所涉的劳动合同，双方约定合同期限自2011年9月27日起至2013年9月26日止（即期限两年），试用期为3个月，即自2011年9月27日起至2011年12月27日止。但因法律规定劳动合同期限一年以上不满三年的，试用期不得超过二个月；且同一用人单位与同一劳动者只能约定一次试用期。因此双方在劳动合同中约定的试用期不应超过二个月，即自2011年11月28日起的劳动期限不应作为试用期。而根据某系统公司于2011年12月27日作出的《解除劳动合同通知书》及骆某波于2012年2月2日向某系统公司出具离职承诺书的内容显示，骆某波与某系统公司双方已在劳动合同约定的劳动期限内协商一致解除合同。因此某系统公司应依法支付骆某波半个月工资的经济补偿。鉴于某系统公司在双方合同解除后已向骆某波支付了上述经济补偿金，故法院驳回骆某波诉请某系统公司支付违法解除劳动合同赔偿金未足额部分4679元的请求。该案属于用人单位不得私自延长试用期限的情况。

三 启示建议

《中华人民共和国劳动合同法》关于试用期的规定属于明确的法定条款，即劳动合同期限三个月以上不满一年的，试用期不得超过一个月；劳动合同期限一年以上不满三年的，试用期不得超过二个月；三年以上固定期限和无固定期限的劳动合同，试用期不得超过六个月。同一用人单位与同一劳动者只能约定一次试用期。

上述法律规定意味着三层含义：第一，用人单位在约定试用期期间时，只能在法定区间内进行约定。用人单位与劳动者之间的约定期间不得超过法定区间的最高值。第二，即使用人单位第一次约定的试用期期间少于法定区间的最高值，用人单位也不可以再次延长试用期。第三，用人单位与劳动者解除劳动合同后，劳动者再次入职的，用人单位也不得再次与劳动者约定试用期。如此规定，立法本意是为了保护劳动者的利益，防止用人单位采用各种方式变相延长试用期。所以当劳动者的入职时间超过试用期时，用人单位就需要格外注意以下问题：其一，自试用期届满之日起，用人单位应当按照劳动者“转正”后的工资标准向其支付工资，如果用人单位仍然按照试用期期间的薪资标准支付工资，劳动者有权向用人单位主张工资差额；其二，劳动者开始享有与正式员工一样的福利待遇、法律权利等；其三，用人单位不能再以“在试用期间被证明不符合录用条件”为由解除劳动合同，换而言之，用人单位在解除劳动合同时，有可能需要向劳动者支付经济补偿金。

四　相关法条

《中华人民共和国劳动合同法》

第十九条　劳动合同期限三个月以上不满一年的，试用期不得超过一个月；劳动合同期限一年以上不满三年的，试用期不得超过二个月；三年以上固定期限和无固定期限的劳动合同，试用期不得超过六个月。

同一用人单位与同一劳动者只能约定一次试用期。

以完成一定工作任务为期限的劳动合同或者劳动合同期限不满三个月的，不得约定试用期。

试用期包含在劳动合同期限内。劳动合同仅约定试用期的，试用期不成立，该期限为劳动合同期限。

第三十九条　劳动者有下列情形之一的，用人单位可以解除劳动合同：

（一）在试用期间被证明不符合录用条件的；

（二）严重违反用人单位的规章制度的；

（三）严重失职，营私舞弊，给用人单位造成重大损害的；

（四）劳动者同时与其他用人单位建立劳动关系，对完成本单位的工作任务造成严重影响，或者经用人单位提出，拒不改正的；

（五）因本法第二十六条第一款第一项规定的情形致使劳动合同无效的；

（六）被依法追究刑事责任的。

3.2.2 超过一个月未签订书面劳动合同的，劳动者可以主张二倍工资，最长不超过十一个月

案例4：张某慧诉包头市某商贸有限责任公司要求支付未签劳动合同二倍工资差额纠纷

一 案情简介

张某慧于2020年9月1日正式入职某商贸有限责任公司（以下简称某商贸公司），签署《入职协议书》《保证书》，从事销售工作，约定工资为底薪2000元（300元夜班补助+1700元工资）加上绩效考核工资。张某慧工作至2021年1月4日离职。某商贸公司未为张某慧缴纳社保。在职期间某商贸公司为张某慧发放2020年9月工资2952元、2020年10月工资3910元、2020年11月工资4130元、2020年12月工资3408元，2021年1月1日—4日工资926元。庭审中某商贸公司提交张某慧入职之时签订的《入职协议书》，其中内容包含上岗时间、工作地点、试岗学习期、试用期工资、转正条件等内容。某商贸公司称该《入职协议书》为劳动合同，张某慧对此不予认可。另查明在2021年2月19日劳动争议仲裁委员会开庭笔录第4页第8行中某商贸公司陈述未与张某慧签订劳动合同。

一审法院认为，建立劳动关系，应当订立书面劳动合同，张某慧自2020年9月1日在某商贸公司工作至2021年1月4日离职，某商贸公司未与张某慧

订立书面劳动合同，主张《入职协议书》为劳动合同，但该入职协议书缺少法律规定的劳动合同必备的劳动合同期限、社会保险、劳动报酬等条款，不符合劳动合同的格式要件，且在仲裁开庭之时，某商贸公司认可未签订过书面劳动合同，因此某商贸公司的抗辩意见法院不予采信。某商贸公司未按照法律规定与张某慧签订书面劳动合同，违反了《中华人民共和国劳动合同法》的相关规定，依据《中华人民共和国劳动合同法》第八十二条第一款的规定：用人单位自用工之日起超过一个月不满一年未与劳动者订立书面劳动合同的，应当向劳动者每月支付二倍的工资。依据国家统计局发布的《关于工资总额组成的规定》第四条，奖金、津贴、补贴、加班加点工资等劳动报酬均属于工资的一部分。某商贸公司向张某慧支付的未签书面劳动合同二倍工资标准应以相应时间段实际发放的工资为准，故某商贸公司应支付张某慧从2020年10月1日至2021年1月4日未签订书面劳动合同二倍工资差额12374元（3910元+4130元+3408元+926元）。根据《中华人民共和国社会保险法》第六十三条“用人单位未按时足额缴纳社会保险费的，由社会保险费征收机构责令其限期缴纳或者补足”之规定，社会保险征收机构对于用人单位欠缴社会保险费负有征缴义务，劳动者与用人单位就欠缴社会保险费发生的争议是征收与缴纳之间的纠纷，属于行政管理范畴，不是单一的劳动者与用人单位之间的社会保险争议，故张某慧要求某商贸公司向其支付社保金的主张不属于人民法院审理劳动争议案件范围，张某慧的该项请求法院不予审理。

二审法院认为，首先，某商贸公司在仲裁期间已经自认其未与张某慧签订书面劳动合同，故某商贸公司现主张其与张某慧签订的《入职协议书》即为双方签订的书面劳动合同没有事实及法律依据，法院不予支持。其次，当事人对自己所提出的主张，有责任提供证据。当事人未能提供证据或者证据不足以证明其事实主张的，由负有举证责任的当事人承担不利的后果。某商贸公司主张其通过银行转账向张某慧支付的并非全部是工资，还包括报销费用、福利、劳动保护支出费用，但是其在二审期间并未就其主张提供相应证据予以证明，故对于某商贸公司的该项上诉请求，法院不予支持。

二审法院驳回了某商贸公司的上诉，维持原判。

二 法律及事实分析

对于未签订劳动合同导致的二倍工资，首先，如果已经正常支付了工资，需要主张的是二倍工资的差额。其次，未签订劳动合同导致的二倍工资差额最多只有十一个月。其计算方式及法律依据为：《中华人民共和国劳动合同法》第十条规定的签订劳动合同的缓冲期为一个月，因此，第一个月无论用人单位是否有主观恶意不订立劳动合同，都不计算双倍赔偿期间；至劳动关系成立一年时，根据《中华人民共和国劳动合同法》第十四条，用人单位和劳动者自动成立已订立无固定期限劳动合同。因此，只有在最理想的状态，最多能主张十一个月，从第十二个月开始，双倍工资的月份计算由于诉讼时效的存在，逐月减少，直至归零。

此外，固定期限劳动合同到期后续签固定期限劳动合同，连续两次签订固定期限劳动合同需要签订无固定期限劳动合同，也适用这一法律规定。

三 启示建议

未签订劳动合同导致的二倍工资属于劳动法对用人单位不签订劳动合同的惩罚性赔偿。目的是督促用人单位签订书面的、正式的劳动合同。

但是需要注意的是，临时性工作的工种，如果有公司对其管理或者指挥一定要走正规的劳务派遣程序，或者走服务承包合同关系，否则可能会因为被认定为劳动关系从而要求赔偿未签订劳动合同导致的双倍赔偿。

续签劳动合同也应在劳动合同到期日前及时完成续签手续，否则同样会导致这类风险。

四 相关法条

《中华人民共和国劳动合同法》

第十条 建立劳动关系，应当订立书面劳动合同。

已建立劳动关系，未同时订立书面劳动合同的，应当自用工之日起一个月内订立书面劳动合同。

用人单位与劳动者在用工前订立劳动合同的，劳动关系自用工之日起建立。

第十四条　无固定期限劳动合同，是指用人单位与劳动者约定无确定终止时间的劳动合同。

用人单位与劳动者协商一致，可以订立无固定期限劳动合同。有下列情形之一，劳动者提出或者同意续订、订立劳动合同的，除劳动者提出订立固定期限劳动合同外，应当订立无固定期限劳动合同：

（一）劳动者在该用人单位连续工作满十年的；

（二）用人单位初次实行劳动合同制度或者国有企业改制重新订立劳动合同时，劳动者在该用人单位连续工作满十年且距法定退休年龄不足十年的；

（三）连续订立二次固定期限劳动合同，且劳动者没有本法第三十九条和第四十条第一项、第二项规定的情形，续订劳动合同的。

用人单位自用工之日起满一年不与劳动者订立书面劳动合同的，视为用人单位与劳动者已订立无固定期限劳动合同。

第八十二条　用人单位自用工之日起超过一个月不满一年未与劳动者订立书面劳动合同的，应当向劳动者每月支付二倍的工资。

用人单位违反本法规定不与劳动者订立无固定期限劳动合同的，自应当订立无固定期限劳动合同之日起向劳动者每月支付二倍的工资。

3.2.3　用人单位维持或者提高劳动合同约定条件续订劳动合同，劳动者不同意续订的，用人单位无须支付经济补偿金

案例5：何某诉某供电公司劳动争议案

一　案情简介

何某与劳务派遣公司订立劳动合同并被派遣至某供电公司工作，何某与劳务派遣公司共订立了两份劳动合同，第一份劳动合同的期限是2010年3月11日至2014年10月31日，工作内容是协助电费抄收及催费；第二份劳动合同的期限是2014年11月1日至2016年10月31日，工作内容是抄表催费辅助工。合同到期后，何某认为劳务派遣公司提出续签劳动合同的条件明显低于原劳动合同，故不同意续签，其劳动合同到期前12个月的平均工资为4807.84元。

2016年12月26日，何某向劳动人事争议仲裁委员会申请仲裁，该委超过五日未作出受理决定。根据《中华人民共和国劳动争议调解仲裁法》的规定，何某依法提起诉讼：要求判令劳务派遣公司向其支付经济补偿33654.91元。法院经审理认为，不存在原告何某所诉称的其劳动合同到期时续签劳动合同的条件明显低于原劳动合同的情形，在此情况下，劳资双方未对续签劳动合同达成一致意见，原告何某要求劳务派遣公司支付其终止劳动合同的经济补偿缺乏法律依据。法院判决：驳回原告何某要求劳务派遣公司支付经济补偿的诉讼请求。

二 法律及事实分析

本案争议的焦点在于，是否存在何某劳动合同到期时续签条件明显低于原劳动合同的情形。

1. 关于工作量

首先，何某的工作项目已经减少，由原来的抄表和催费两项变更为主要负责催费工作；其次，抄表实现智能化后，何某的工作量相应大幅减少。虽然何某负责催费的用户数量有所增加，但减少抄表的用户数量远远大于增加的催费用户数量，同时增加的用户并不必然都需要原告催费，催费的方式有上门贴催费单或电话催收，在大幅减少抄表工作的情况下，无充分证据证明何某的工作量增加。此外，何某工作量的调整，是在抄表实现智能化后作出的较为适当的调整，并未损害劳动者的合法权益。因此，不存在劳动合同到期时，续签劳动合同的条件明显低于原劳动合同的情形。

2. 用人单位是否应当支付经济补偿

根据《中华人民共和国劳动合同法》第四十四条第一项、第四十六条第五项的规定，除用人单位维持或提高劳动合同约定的条件续订劳动合同，劳动者不同意续订的情形外，固定期限劳动合同期满终止的，用人单位应当向劳动者支付经济补偿。

何某与劳务派遣公司的合同于2016年10月31日到期，劳务派遣公司已向何某提出续签劳动合同，是何某不同意续签，认为其工作量无故增加，续订劳动合同的条件明显低于原劳动合同。而实际情况则并非如此，劳务派遣公司并未损害劳动者的合法权益，因此何某不同意续签劳动合同，要求劳务派遣公司支付其终止劳动合同的经济补偿缺乏法律依据。

三　启示建议

随着生产技术的广泛革新与进步，新技术、新设备投入使用后会对劳动者的工作内容、工作强度和工作量等产生较大影响，本案中何某的工作调整就是在抄表实现智能化的客观情况下引发的。企业应高度重视技术革新对员工劳动合同订立条件变化的影响，及时作出是否存在员工劳动条件、劳动保护、工作内容、工作量等事项低于原劳动合同约定条件的客观判断。

关于技术革新后劳动者不续签劳动合同的问题，是基于技术革新进行的工作调整，属于企业用工自主权的体现。一般而言，新技术、新设备的投入有利于提高劳动效率、减轻员工工作强度和工作量。业务调整后，用人单位应重新研究确定岗位工作职责、内容以及绩效考核和薪酬标准，并与员工及时平等协商，协商一致后办理员工劳动合同续签、岗位变更或终止劳动合同等手续。终止员工劳动合同符合企业应当支付经济补偿金情形的，应当依法支付其经济补偿。

四　相关法条

《中华人民共和国劳动合同法》

第四十六条　有下列情形之一的，用人单位应当向劳动者支付经济补偿：

（一）劳动者依照本法第三十八条规定解除劳动合同的；

（二）用人单位依照本法第三十六条规定向劳动者提出解除劳动合同并与劳动者协商一致解除劳动合同的；

（三）用人单位依照本法第四十条规定解除劳动合同的；

（四）用人单位依照本法第四十一条第一款规定解除劳动合同的；

（五）除用人单位维持或者提高劳动合同约定条件续订劳动合同，劳动者不同意续订的情形外，依照本法第四十四条第一项规定终止固定期限劳动合同的；

（六）依照本法第四十四条第四项、第五项规定终止劳动合同的；

（七）法律、行政法规规定的其他情形。

3.2.4 固定期限劳动合同转为无固定期限劳动合同的期限为应当签订合同后的一个月内，且条件不应低于固定期限劳动合同

案例6：王某诉某汽车有限公司劳动争议案

一 案情简介

王某于1986年1月至某汽车有限公司（以下简称某汽车公司）工作，双方当时未签订劳动合同。1989年12月20日，王某向某汽车公司提交报告，申请停薪留职半年。此后，双方就劳动关系存续期间产生争议。北京市第二中级人民法院于2010年3月15日作出（2010）二中民终字第01337号民事判决书，认定王某与某汽车公司的劳动关系自1991年之后仍然存续但处于中止状态。2012年6月26日，某汽车公司与王某恢复劳动关系时，双方是2008年《中华人民共和国劳动合同法》实施后第一次签订劳动合同，某汽车公司认为王某的情况不符合签订无固定期限劳动合同的情形，因此提出签订一年固定期限劳动合同，王某要求签订无固定期限劳动合同，双方对劳动合同签约期限发生争议。2013年6月8日，某汽车公司向王某发出终止劳动合同通知书，告知双方劳动合同将于2013年6月24日届满，某汽车公司拟终止劳动合同。王某主张确认某汽车公司作出的终止劳动合同通知书无效，某汽车公司支付王某2013年6月25日至仲裁裁决之日的生活费等。2012年7月26日，双方就劳动合同期限，商定了“劳动合同（终止时间）待仲裁及人民法院作出判决后双方遵照执行，但是至2013年6月24日人民法院未作出终审判决，本合同终止”的合同内容。

2013年6月8日，朝阳仲裁委对双方是否应签订无固定期限劳动合同尚未作出仲裁裁决，距离双方约定2013年6月24日人民法院作出终审判决仅剩16天，从审理期限上，2013年6月24日前，不可能再有法院作出终审判决的情况，在此情况下，某汽车公司向王某送达了终止劳动合同通知书。

王某收到终止劳动合同通知书后，向朝阳仲裁委又提起了劳动仲裁，请求某汽车公司支付自2013年6月26日至裁决生效期间的工资，即王某自2013年6月26日至2014年8月12日工资。朝阳仲裁委支持了王某要求某汽车公司

支付自2013年6月26日至2014年8月12日工资，对于王某的其他请求予以驳回。

一审法院及二审法院依法判决撤销某汽车公司作出的终止劳动合同通知书，与王某继续履行签订的劳动合同，并支持了王某2013年6月26日至2014年8月12日的工资主张。

2017年王某再次起诉后，法院又支持了王某2014年8月13日至2016年8月31日的工资和2016年9月1日至2017年3月31日的工资主张。

二 法律及事实分析

本案的主要争议焦点在于，在劳动合同中止后，恢复劳动关系时，是否应当订立无固定期限劳动合同。因为《中华人民共和国劳动合同法》并没有对劳动关系的中止进行专门的规定，用人单位和劳动者之间的关系也并没有符合签订无固定期限劳动合同的情形。但是在此时，某汽车公司犯了一个想当然的错误，其与王某签订书面劳动合同，载明合同生效日期为2012年6月26日，试用期及终止日期均未填写数字而是直接划掉，同时在合同第二十一条书写“本劳动合同期限已进入司法程序（终止时间），待仲裁及人民法院作出判决后双方遵照执行。但是至2013年6月24日人民法院未作出终审判决，本合同终止。”其中，“但是至2013年6月24日人民法院未作出终审判决，本合同终止”一句被用横线划掉，某汽车公司所持有的劳动合同中，此句下书写有“恢复划除”，并有王某签字，王某所持有的劳动合同中未有其他字迹。

针对书写字迹，双方均就此作出了解释，但这一条是否生效无法查明。《中华人民共和国劳动合同法》第十二条规定：劳动合同分为固定期限劳动合同、无固定期限劳动合同和以完成一定工作任务为期限的劳动合同。现劳动合同第二十一条所争议的语句与上述法律规定的可以约定的劳动合同期限形式均不一致。而《劳动合同法实施条例》第十三条规定：用人单位与劳动者不得在劳动合同法第四十四条规定的劳动合同终止情形之外约定其他的劳动合同终止条件。因此，即便双方所签订的劳动合同第二十一条中所划掉的语句属于劳动合同的组成部分，其约定内容因不符合法律法规之规定而不能发生法律效力，故某汽车公司不能以此条内容为依据以劳动合同到期终止为由终止双方的劳动合同，某汽车公司作出的终止劳动合同通知书应予撤销，双方应继续履行劳动合同。因某汽车公司违法终止劳动合同，应继续向王某支付工资。

三 启示建议

本案的案情比较特殊，主要问题在于申请停薪留职，中止劳动关系后，国家才出台2008年的《中华人民共和国劳动合同法》，对无固定期限劳动合同的内容进行了明确规定。过往的劳动关系仍然要使用最新的劳动法律条文。部分经营期限较长的企业应当对自己过往的劳动关系进行梳理，避免出现历史遗留问题，导致企业的损失。

一旦出现原来中止的劳动关系现在需要恢复的情况，如果劳动者还有劳动价值，那么用人单位应按照劳动关系的流程，为劳动者重新办理入职。如果劳动者已经没有劳动价值了，那么用人单位就需要尽快和劳动者协商解除劳动合同，避免损失。不建议用人单位采用搁置争议的处理方式，因为在搁置争议的期间，即用人单位与劳动者正式解除劳动关系以前，用人单位大概率是要向劳动者持续支付工资的，且劳动者在此期间，仍享有其作为劳动者而享有的法定权利和福利待遇等。所以，用人单位采取搁置争议的处理方式，很可能会给自身造成损失扩大的后果。

四 相关法条

《中华人民共和国劳动合同法》

第十二条 劳动合同分为固定期限劳动合同、无固定期限劳动合同和以完成一定工作任务为期限的劳动合同。

第十三条 固定期限劳动合同，是指用人单位与劳动者约定合同终止时间的劳动合同。

用人单位与劳动者协商一致，可以订立固定期限劳动合同。

第十四条 无固定期限劳动合同，是指用人单位与劳动者约定无确定终止时间的劳动合同。

用人单位与劳动者协商一致，可以订立无固定期限劳动合同。有下列情形之一，劳动者提出或者同意续订、订立劳动合同的，除劳动者提出订立固定期限劳动合同外，应当订立无固定期限劳动合同：

（一）劳动者在该用人单位连续工作满十年的；

（二）用人单位初次实行劳动合同制度或者国有企业改制重新订立劳动合同时，劳动者在该用人单位连续工作满十年且距法定退休年龄不足十年的；

（三）连续订立二次固定期限劳动合同，且劳动者没有本法第三十九条和第四十条第一项、第二项规定的情形，续订劳动合同的。

用人单位自用工之日起满一年不与劳动者订立书面劳动合同的，视为用人单位与劳动者已订立无固定期限劳动合同。

第十五条　以完成一定工作任务为期限的劳动合同，是指用人单位与劳动者约定以某项工作的完成为合同期限的劳动合同。

用人单位与劳动者协商一致，可以订立以完成一定工作任务为期限的劳动合同。

3.2.5　对劳动者出生时间的认定，实行居民身份证与员工档案相结合的方法

案例7：李某诉某电力工程公司劳动争议案

一　案情简介

李某，女，出生于1950年8月13日，1970年参加工作。1985年1月到某供电局工作，该供电局后更名为某电力工程公司。1999年，李某通过山东省某派出所（出生地派出所）出具证明材料，证明其出生于1952年8月13日，但李某本人在填写公司的员工履历表时出生日期有多次不同，其人事档案最先记载的出生时间为1950年8月（资料为1970年12月的《招收新工人登记表》）。2005年8月13日，该公司按照国家规定为李某办理了退休手续，且办理退休时李某身份证上的出生日期为1950年8月13日。劳动行政部门也作出了准予退休的决定。李某自2005年9月开始享受退休待遇，领取养老金。

李某认为公司违法提前给自己办理退休，造成其自2005年8月14日至2007年8月15日的工资损失以及企业年金损失共计303559.20元。李某十多年来经常到公司上访，公司多次与其协商未果后，李某于2018年1月向当地即西城区劳动人事争议仲裁委员会申请仲裁，西城仲裁以不属于受理范围为由驳回。李某不服仲裁裁决向北京市西城区法院提起诉讼，并于2018年3月19日在西城法院开庭，西城法院以李某享受基本养老待遇、劳动合同已经终止为由全部驳回其诉讼请求。李某不服西城法院判决结果，向北京市第二中级人民法院提起上诉，终审判决结果为驳回上诉，维持原判。

李某认为，其已通过山东省某派出所（出生地派出所）出具证明材料，证明其出生于1952年8月13日，所以某电力工程公司应该按照1952年的出生日期在2007年8月31日为其办理退休。某电力工程公司认为在为职工办理退休时，当职工本人身份证与档案记载的出生时间不一致时，以本人档案最先记载的出生时间为准，李某人事档案最先记载的出生时间为1950年8月（资料为1970年12月的《招收新工人登记表》），所以按照国家规定应于2005年8月为李某办理退休手续，且劳动行政部门也作出了准予退休的决定。即李某已于2005年8月13日达到退休年龄，且经劳动保障行政部门审批办理完成退休手续。李某于2005年9月开始领取基本养老保险待遇。

根据《中华人民共和国劳动合同法》第四十四条的规定，劳动者开始享受基本养老保险待遇，则劳动合同终止。

李某请求事项依据相关法律规定已超过诉讼时效。

二 法律及事实分析

本案例涉及员工劳动关系终止的期限。李某认为，其已通过山东省某派出所（出生地派出所）出具证明材料，证明其出生于1952年8月13日，所以单位应该按照1952年的出生日期，在2007年8月31日为其办理退休。单位认为，在为职工办理退休时，当职工本人身份证与档案记载的出生时间不一致时，以本人档案最先记载的出生时间为准，李某人事档案最先记载的出生时间为1950年8月（资料为1970年12月的《招收新工人登记表》），所以按照国家规定应于2005年8月为李某办理退休手续，且劳动行政部门也作出了准予退休的决定。

李某已于2005年8月13日达到退休年龄，且经劳动保障行政部门审批办理完成退休手续。李某已于2005年9月开始领取基本养老保险待遇。

根据《中华人民共和国劳动合同法》第四十四条的规定，劳动者开始享受基本养老保险待遇，则劳动合同终止。

同时本案也存在超过诉讼时效的问题，但不在本章进行讨论。

三 启示建议

对于涉访案件，用人单位应当积极引导劳动者通过法律途径解决。通常会认为，在劳资关系中，劳动者较用人单位是处于弱势地位的。所以，在发生分歧后，还是建议用人单位积极地寻求法律途径解决问题。如果生效的法律文书支持了用人单位的意见，从法律的角度来说，用人单位与劳动者之间的纠纷已经“盖棺定论”，劳动者的上访行为既不合法，也没意义。即使生效的法律文书没有支持用人单位的意见，也有利于用人单位及时发现自身存在的问题、风险或漏洞，除了可以解决现存问题外，还可以让用人单位及时地查漏补缺，完善管理。相反地，如果双方的纠纷一直停留在涉访层面，事情得不到解决，矛盾会被不断激化，最后所造成的扩大损失或是极端结果，反而是用人单位无法预判的。本案中，劳动者在公司档案登记的前后年龄存在不一致的问题，公司未来应当加强人事档案的管理，对于员工出具的前后不一致的材料，应当重点审查，提前审核材料真实性，避免出现同类事件。

用人单位积极地向员工宣传退休有关法律和政策，介绍退休办理流程等，使员工明白退休审批是劳动行政部门的具体行政行为，单位只是配合办理，此举可以降低用工风险，避免员工在不懂法的情况下，误将矛头指向用人单位。

四 相关法条

《中华人民共和国劳动合同法》

第四十四条 有下列情形之一的，劳动合同终止：

（一）劳动合同期满的；

（二）劳动者开始依法享受基本养老保险待遇的；

（三）劳动者死亡，或者被人民法院宣告死亡或者宣告失踪的；

（四）用人单位被依法宣告破产的；

（五）用人单位被吊销营业执照、责令关闭、撤销或者用人单位决定提前解散的；

（六）法律、行政法规规定的其他情形。

《关于制止和纠正违反国家规定办理企业职工提前退休有关问题的通知》（劳社部发［1999］8号）

二、规范退休审批程序，健全审批制度

（二）对职工出生时间的认定，实行居民身份证与职工档案相结合的办法。当本人身份证与档案记载的出生时间不一致时，以本人档案最先记载的出生时间为准。要加强对居民身份证和职工档案的管理，严禁随意更改职工出生时间和编造档案。

3.2.6 医疗期限时长受实际工作年限影响

案例8：梁某树诉某餐饮管理有限公司劳动争议案

一 案情简介

梁某树于2009年11月18日入职某餐饮管理有限公司（以下简称某餐饮公司）工作，双方签订了劳动合同。梁某树于2010年5月初生病，经当地医院诊断为足细胞病，其后一直休病假，某餐饮公司向梁某树支付病假工资至2011年2月。2011年3月7日，某餐饮公司以其已经将劳动合同期限顺延至医疗期满为由，通知梁某树终止双方的劳动合同关系。2011年6月7日，梁某树向当地劳动争议仲裁委员会申请仲裁。2011年7月11日，当地仲裁委作出裁决，后梁某树不服前述裁决，于法定期限内向当地人民法院提起诉讼。

法院另查明：梁某树所患足细胞病为肾病综合征的一种，是肾脏足细胞病变。尿毒症是慢性肾功能不全（又称慢性肾功能衰竭）第四期（也即最后阶段），慢性肾功能不全是各种进展性肾病的最终结局。足细胞病是导致慢性肾功能不全的病因之一。2011年11月，梁某树因病情复发至当地医院治疗，当地医院向梁某树出具病重通知单。治疗中，病程记录亦多次提及梁某树病情严重，随时可能出现猝死，危及生命。

法院又查明：2011年2月起当地最低工资标准为每月1140元。审理中，某餐饮公司未能提供双方签订的劳动合同原件，亦未能提供证据证明梁某树持有所签合同原件。某餐饮公司提供的劳动合同复印件中，关于劳动合同期限处载明的期限为2009年12月1日至2010年11月30日，“2010年”处有改动的痕迹。另某餐饮公司提供于2010年10月22日在当地劳动就业管理中心备案的录用备案花名册及职工录用登记表，录用备案花名册及职工录用登记表记载梁某树的劳动合同期限为2009年12月1日至2010年11月30日。

本案一审的争议焦点是：梁某树应当享受的医疗期的期限。一审法院认为，劳动者患病或者非因工负伤停止劳动，且在国家规定医疗期内的，用人单位应当按照工资分配制度的规定，按不低于当地最低工资标准的80%，向劳动者支付病假工资。

本案二审的争议焦点仍是：被上诉人梁某树应当享受的医疗期的期限。二审维持了原判。

二　法律及事实分析

法院的主要观点认为，劳动者患病或者非因工负伤，在规定的医疗期内劳动合同期满，劳动合同应当延续至医疗期满时终止。关于梁某树应当享受的医疗期问题，因其所患疾病病情严重，难以治疗，随时可能出现生命危险，应属特殊疾病，不受实际工作年限的限制，故梁某树应当享受的医疗期为24个月。关于本案中双方签订的劳动合同的终止日期问题，因某餐饮公司未能提供劳动合同原件，提供的复印件截止日期“2010年”处有改动痕迹，且录用备案花名册及职工录用登记表备案时间又在梁某树生病之后，故法院对某餐饮公司陈述双方劳动合同期限至2010年11月30日终止的主张不予采信，对梁某树陈述双方劳动合同终止日期为2011年11月30日的主张予以采信。梁某树与某餐饮公司之间的劳动合同在2011年11月30日期满，但该日期仍在梁某树享有的医疗期内，故劳动合同应当延续至医疗期满。在医疗期内某餐饮公司终止与梁某树的劳动合同，违反了法律规定，因此，某餐饮公司于2011年3月7日作出的《劳动合同终止告知书》无效，应予撤销。

三 启示建议

关于劳动者的医疗期限，根据《企业职工患病或非因工负伤医疗期规定》第三条的规定，实际工作年限十年以下的，在本单位工作年限五年以下的为三个月；五年以上的为六个月。实际工作年限十年以上的，在本单位工作年限五年以下的为六个月；五年以上十年以下的为九个月；十年以上十五年以下的为十二个月；十五年以上二十年以下的为十八个月；二十年以上的为二十四个月。

劳动者的医疗期需要以医院出具的医嘱为准，在年限范围内进行计算。在医疗期内，用人单位不能解除劳动关系。但是在医疗期终结后，如果出现仍未治愈或者已经致残等符合《中华人民共和国劳动合同法》第四十条第一款“劳动者患病或者非因工负伤，在规定的医疗期满后不能从事原工作，也不能从事由用人单位另行安排的工作的”之规定情形的，用人单位可以在提前三十日通知或者额外支付一个月工资后解除劳动关系。用人单位在与此类员工解除劳动合同的过程中，需严格执行相关法律规定。此外，与此类员工签订劳动合同时一定要谨慎，不要随意增减项目，并且严格保存，避免遗失。

四 相关法条

《企业职工患病或非因工负伤医疗期规定》

第三条 企业职工因患病或非因工负伤，需要停止工作医疗时，根据本人实际参加工作年限和在本单位工作年限，给予三个月到二十四个月的医疗期：

（一）实际工作年限十年以下的，在本单位工作年限五年以下的为三个月；五年以上的为六个月。

（二）实际工作年限十年以上的，在本单位工作年限五年以下的为六个月；五年以上十年以下的为九个月；十年以上十五年以下的为十二个月；十五年以上二十年以下的为十八个月；二十年以上的为二十四个月。

《中华人民共和国劳动合同法》

第四十条 有下列情形之一的，用人单位提前三十日以书面形式通知劳动者本人或者额外支付劳动者一个月工资后，可以解除劳动合同：

（一）劳动者患病或者非因工负伤，在规定的医疗期满后不能从事原工作，也不能从事由用人单位另行安排的工作的；

（二）劳动者不能胜任工作，经过培训或者调整工作岗位，仍不能胜任工作的；

（三）劳动合同订立时所依据的客观情况发生重大变化，致使劳动合同无法履行，经用人单位与劳动者协商，未能就变更劳动合同内容达成协议的。

第四十二条　劳动者有下列情形之一的，用人单位不得依照本法第四十条、第四十一条的规定解除劳动合同：

（一）从事接触职业病危害作业的劳动者未进行离岗前职业健康检查，或者疑似职业病病人在诊断或者医学观察期间的；

（二）在本单位患职业病或者因工负伤并被确认丧失或者部分丧失劳动能力的；

（三）患病或者非因工负伤，在规定的医疗期内的；

（四）女职工在孕期、产期、哺乳期的；

（五）在本单位连续工作满十五年，且距法定退休年龄不足五年的；

（六）法律、行政法规规定的其他情形。

3.3　劳动合同的无效

3.3.1　应聘者提供虚假学历证明并与用人单位签订劳动合同的，该劳动合同无效

案例9：唐某林诉某阀门机械有限公司劳动合同纠纷案

一　案情简介

2002年3月1日，唐某林进入某阀门机械有限公司（以下简称某阀门公司）从事销售工作。入职时，唐某林向某阀门公司人事部门提交了其于2000年7月毕业于西安工业学院材料工程系的学历证明复印件，双方签订了期限为2002年3月1日至2002年12月31日的劳动合同，合同约定2002年3月1日至

2002年8月1日为试用期，此后双方每年续签期限为一年的劳动合同。2007年12月25日，唐某林签署《任职承诺书》一份，内容为“本人作为某阀门机械有限公司之员工，特作如下承诺：……本人以往提供给公司的个人材料均是真实有效的，如有做假，愿意无条件被解除合同……”2008年12月23日，某阀门公司、唐某林双方签订《劳动合同补充协议》，约定原劳动合同有效期限顺延至2011年12月31日。2010年6月28日，某阀门公司以学历做假为由向唐某林出具退工证明，但唐某林不接受，2010年7月2日唐某林收到某阀门公司的律师函，解除了双方的劳动关系。

一审法院认为案件的争议焦点是：唐某林在入职时向某阀门公司提交虚假学历证明的行为，是否构成某阀门公司合法解除劳动合同的理由之一。上海市嘉定区人民法院一审认为：欺诈的认定标准之一为相对方是否知晓真实情况。某阀门公司的马某新系管理公司华东地区所有办事处的业务部经理，其对所辖办事处员工招聘、解聘等工作系其代表公司的职务行为。2008年12月，在马某新知晓唐某林提供虚假学历的情况下，仍然作出与其续签劳动合同的决定，表明某阀门公司已经知晓唐某林学历造假仍继续予以聘用，即不予追究唐某林提供虚假学历的行为。且某阀门公司对销售人员的学历设置准入资格应是为了保证销售人员的工作能力，唐某林于2002年进入某阀门公司后双方一直续签劳动合同的事实从侧面证实某阀门公司对唐某林的工作能力予以认可，故某阀门公司主张唐某林欺诈的理由不能成立，其与唐某林解除劳动合同系违法。

二审法院认为案件的争议焦点是关于上诉人某阀门公司解除与被上诉人唐某林的劳动合同是否合法，某阀门公司应否支付唐某林违法解除合同赔偿金。

二审法院认为：被上诉人唐某林在入职时提供虚假学历并作虚假陈述的行为显然已经构成了欺诈，但唐某林于2008年12月底与上诉人某阀门公司续签劳动合同时是否构成欺诈存有争议，此问题关键在于续签劳动合同时某阀门公司是否知晓唐某林学历造假一事并作出了错误的意思表示。第一，唐某林提供了马某新的录音资料，欲证明续签合同时公司已知道其提供虚假学历一事，但上述录音有许多语意模糊的地方，并不足以证明马某新已经将唐某林伪造学历之事告知某阀门公司。第二，某阀门公司提供的马某新的书面证言称，因工作调动未将唐某林学历造假之事上报公司，亦未对此事作出处理。虽马某新系某阀门公司管理人员，与公司方有一定利害关系，但该证据不是唯一证据，其证明力可以结合其他证据综合判断。第三，某阀门公司提供的调令显示，某阀门公司与唐某林续签劳动合同之前，马某新确实已调任他处。第四，唐某林2009年填写的人事资料卡“教育程度”一栏仍填写为西安工业学院材料工程系。综合双方当事人举证情况分析，可认定唐某林对其入职时提供虚假学历一事一直采取隐瞒的态度，唐某林亦无证据证明其提供虚假学历之行为已为某阀门公司知悉并已获得了谅解，故唐某林在2008年12月续签劳动合同时仍然构成欺诈，《中华人民共和国劳动合同法》第二十六条、第三十九条明确规定，以欺诈的手段使对方在违背真实意思的情况下订立的劳动合同是无效的，用人单位可以据此解除劳动合同。故某阀门公司与唐某林解除劳动合同有法律依据，不应支付违法解除劳动合同赔偿金。

二　法律及事实分析

《中华人民共和国劳动合同法》第三条规定了诚实信用的原则，劳动者提供了虚假的学历证明属于违反诚信的行为，该行为同时也违反了公司的规章制度，违背了自己入职时签署的相关承诺。

同时，《中华人民共和国劳动合同法》第二十六条第一款也规定了劳动合同无效的情形，即“以欺诈、胁迫的手段或者乘人之危，使对方在违背真实意思的情况下订立或者变更劳动合同的”劳动合同无效。这种无效属于自始无效。一审法院没有理解这种自始无效的合同效力，因此认为公司继续安排工作是对这种行为的认可，放弃了撤销或者解除劳动关系的权利，这种认定从保护劳动者，维持劳动关系稳定的角度来看是有一定意义的。或者是由于一审中用人单位的反驳没有抓住重点从而导致败诉。但是复盘整个诉讼过程，一旦用人单位明确了劳动合同无效这一点，那么法院应当依照《中华人民共和国劳动合同法》第二十六条、第三十九条的明确规定，以欺诈的手段使对方在违背真实意思的情况下订立的劳动合同是无效的，用人单位据此解除劳动合同应该得到法院的支持。

三　启示建议

在聘用劳动者与劳动者签订劳动合同时，一定要对劳动者的工作能力，学历，有无违法犯罪、行业处罚等因素进行背景调查，并要求劳动者对提供的证明材料和填报的信息进行书面的承诺保证，留存好相应的证据材料。

如果用人单位发现劳动者在订立劳动合同时存在欺诈等行为，一定要对劳动者进行书面的说明告知，列出相应的解决方案；如果因为欺诈行为导致劳动者不能胜任相关的工作，要及时对劳动关系进行处理；如果需要继续留用员工，也需要劳动者对欺诈行为有明确的认可记录，避免以后的劳动争议中，用人单位因举证不能导致经济损失。

在诉讼和仲裁的过程中，对于劳动者的欺诈行为，用人单位应当向仲裁人员进行说明并举证予以证明，根据法律规定，如果劳动者是以欺诈的手段使用人单位在违背真实意思的情况下订立或者变更劳动合同，该劳动合同是无效的，且是自始无效。如果用人单位与劳动者签订了无效的劳动合同，且双方没有重新签署新的劳动合同，或者用人单位明确表示已知晓并接受了劳动者的欺诈事实、行为的，用人单位与劳动者签订的劳动合同，依然是无效的，用人单位可以据此为由与劳动者合法解除劳动合同。

四 相关法条

《中华人民共和国劳动合同法》

第三条 订立劳动合同，应当遵循合法、公平、平等自愿、协商一致、诚实信用的原则。

依法订立的劳动合同具有约束力，用人单位与劳动者应当履行劳动合同约定的义务。

第二十六条 下列劳动合同无效或者部分无效：

（一）以欺诈、胁迫的手段或者乘人之危，使对方在违背真实意思的情况下订立或者变更劳动合同的；

（二）用人单位免除自己的法定责任、排除劳动者权利的；

（三）违反法律、行政法规强制性规定的。

对劳动合同的无效或者部分无效有争议的，由劳动争议仲裁机构或者人民法院确认。

第三十九条 劳动者有下列情形之一的，用人单位可以解除劳动合同：

（一）在试用期间被证明不符合录用条件的；

（二）严重违反用人单位的规章制度的；

（三）严重失职，营私舞弊，给用人单位造成重大损害的；

（四）劳动者同时与其他用人单位建立劳动关系，对完成本单位的工作任务造成严重影响，或者经用人单位提出，拒不改正的；

（五）因本法第二十六条第一款第一项规定的情形致使劳动合同无效的；

（六）被依法追究刑事责任的。

3.3.2　书面劳动合同被判定无效，用人单位应向劳动者支付二倍工资差额

案例10：龚某诉某微电子有限公司追索劳动报酬、经济补偿金纠纷案

一　案情简介

龚某于2008年入职某微电子有限公司。2010年，某微电子有限公司以龚某严重违纪、给公司造成重大损失为由单方解除了与龚某的劳动关系，龚某遂向劳动仲裁委提起劳动仲裁，追索劳动报酬，要求支付违法解除劳动合同的经济补偿金。双方随后起诉至法院。由于在劳动合同签署的过程中，某微电子有限公司使用的主体名称不一致，因此以双方不具有劳动关系为由进行抗辩。但是龚某通过劳动地点打卡、工资条等一系列证据证明了双方存在劳动关系，法院也认为“双方之间的权利义务应受劳动法律法规的调整”。

关于是否签订劳动合同的问题。某微电子有限公司主张已与龚某订立劳动合同并提交了一份有龚某签名、其在合同“签署日期”栏加盖公章的劳动合同。法院认为，劳动合同系用人单位与劳动者建立劳动关系，约定双方权利义务的协议。但某微电子有限公司提交的劳动合同存在严重瑕疵。首先，合同文本显示，合同主体用人单位为某微电子有限公司，而合同尾部的签章处则为第三方“深圳康×科技电子有限公司”，缺乏劳动合同订立主体的一致性；其次，该份合同经拆装后二次装订，某微电子有限公司辩称二次装订系复印需要，但该辩称并不能排除该合同后期修改的可能性，且其提交的

2008年6月、7月的工资条不足以证明系其向龚某发放工资，也不能对该份劳动合同的真实性予以佐证，故对提交的劳动合同，法院未予采信。由于某微电子有限公司未能提供形式完备、合法有效的劳动合同，依法应向龚某支付未签订劳动合同的二倍工资差额25718元。

某微电子有限公司以龚某在员工信息登记表上填写信息不实为由，解除其与龚某的劳动关系，法院认为，虽然龚某对其工作经历的陈述有不实之处，但该行为并未构成严重违纪，亦未对公司造成重大损失，故某微电子有限公司解除与龚某的劳动关系缺乏法律依据，属违法解除。某微电子有限公司应向龚某支付违法解除劳动关系的赔偿金5240元（2620元/月 ×1×2）。

二 法律及事实分析

本案中，劳动者通过举证证明了劳动关系，同时通过质证证明了劳动合同存在不实的可能性。一旦法院认为用人单位提供的劳动合同存在修改等虚假的情况，就会作出有利于劳动者的判决。

由于用人单位无法排除对合同造假、修改的怀疑，就会导致法院认为劳动合同无效。最终法院判决用人单位因未能提供形式完备、合法有效的劳动合同向劳动者支付了未签署劳动合同的二倍工资差额。

至于劳动者提供的虚假工作陈述，以及给用人单位造成的损失，法院的判断标准是非常严格的，尤其是对“欺诈”法院会进行必要性判断，如果劳动者的陈述没有超过必要限度，就不会被认定为欺诈。

三 启示建议

除了劳动合同以外，法律上还有多种方式能够认定劳动者与用人单位之间的劳动关系，这个问题在本书第一章及第三章均有论述。本案中，在劳动者证明了与用人单位的劳动关系后，用人单位如果拿不出合法有效的劳动合同就会面临被认定为未签署劳动合同的窘境。

作为用人单位的人力资源部门，需要认真负责对待每一份劳动合同，多份保存，如果对劳动合同有修改，用人单位在与劳动者协商一致后，应重新制作劳动合同并要求劳动者签字或者签署补充协议。不建议用人单位在原来的劳动合同中直接作出增改，因为劳动合同存在增改、勾画等情形时，很难判断该修改是基于双方协商一致的修改，还是某一方擅自修改，所以，会影响该份劳动合同的可信度。劳动合同往往是劳动争议类案件的核心证据，该份证据可信度降低的情况下，必然增加了案件的诉讼难度和法律风险。

四 相关法条

《中华人民共和国劳动合同法》

第二十六条 下列劳动合同无效或者部分无效：

（一）以欺诈、胁迫的手段或者乘人之危，使对方在违背真实意思的情况下订立或者变更劳动合同的；

（二）用人单位免除自己的法定责任、排除劳动者权利的；

（三）违反法律、行政法规强制性规定的。

对劳动合同的无效或者部分无效有争议的，由劳动争议仲裁机构或者人民法院确认。

第八十二条 用人单位自用工之日起超过一个月不满一年未与劳动者订立书面劳动合同的，应当向劳动者每月支付二倍的工资。

用人单位违反本法规定不与劳动者订立无固定期限劳动合同的，自应当订立无固定期限劳动合同之日起向劳动者每月支付二倍的工资。

3.3.3 如用人单位要求劳动者签署含有免除责任条款的劳动合同，该劳动合同部分无效

案例11：吕某涛诉某矿泉饮料有限公司劳动争议案

一 案情简介

吕某涛于2011年2月26日起至2012年12月26日止在某矿泉饮料有限公司工作，每月收入为基本工资及销售提成等。双方至今一直未签订劳动合同。2012年12月24日，某矿泉饮料有限公司要求吕某涛与其签订含有免除自己法律责任、排除劳动者权利条款的劳动合同，吕某涛因有异议而未签订该份

劳动合同。后某矿泉饮料有限公司收回吕某涛的考勤卡、工作牌、工作手机、名片等，以致吕某涛无法返回某矿泉饮料有限公司上班。某矿泉饮料有限公司至今未给吕某涛办理正式的离职手续。某矿泉饮料有限公司没有给吕某涛支付2012年12月的工资。后吕某涛提起劳动仲裁，又诉至法院。

法院认为，用人单位和劳动者的合法权益均应得到法律保护。依据《最高人民法院关于民事诉讼证据的若干规定》（2008年）第六条，《最高人民法院关于审理劳动争议案件适用法律若干问题的解释》（2001年）第十三条，《广东省工资支付条例》（2005年）第四十四条的规定，用人单位必须向法庭提供齐全的工资支付凭证。某矿泉饮料有限公司在诉讼中未向法庭提交齐全吕某涛的相关工资支付凭证，因此原告吕某涛提出其每月工资为1900元，2012年12月工资及提成1900元的主张得到了法院的支持。

二 法律及事实分析

该案因某矿泉饮料有限公司（以下简称某饮料公司）要求吕某涛签订含有免除自己的法律责任、排除劳动者权利条款的劳动合同而发生争议。此后，在吕某涛未有明确辞职意思表示，以及双方未协商解决相关劳动争议事宜与办理正式的离职手续的情形之下，某饮料公司事实上造成吕某涛无法进行日常工作的后果，视为其有与吕某涛解除劳动合同的意思表示。且某饮料公司的行为不符合《中华人民共和国劳动合同法》中关于劳动合同的解除和终止的相关规定，属违法解除劳动合同，应当依照《中华人民共和国劳动合同法》第四十七条规定的经济补偿标准的二倍向原告支付赔偿金。

吕某涛要求某饮料公司支付2012年1月4日前未签订书面劳动合同二倍工资的仲裁请求已超过申请仲裁的法定时效，且视为某饮料公司与吕某涛从2012年2月26日起已订立无固定期限劳动合同，据此，某饮料公司向吕某涛支付2012年1月4日至2012年2月26日未订立书面劳动合同的二倍工资差额3800元。

三 启示建议

1.用人单位免除自己的法定责任、排除劳动者权利条款通常是指：用人单位不为劳动者缴纳社保、劳动者承诺自愿放弃加班工资、劳动者放弃休息权、在工作期间不得结婚生子等内容，有些条款可以明确判断出无效，但有些条款有可能涉嫌因违反了法律规定而无效，但用人单位尚未自知。所以，用人单位在起草劳动合同或者相关制度时，一定要丰富自己的知识库，或者寻求专业人士协助，以防止有些规定内容看似在履行管理权，但已经因符合“免除自己的法定责任、排除劳动者权利的”情形而无效了。

2.如果劳动合同无效，则用人单位有可能要向劳动者支付二倍工资。关于此类问题，目前在理论界和审判事务中存在争议，第一种观点认为，劳动合同无效不同于未签订书面劳动合同，用人单位无须支付二倍工资。第二种观点认为，用人单位利用强势地位，违法与劳动者签订劳动合同，导致劳动合同无效，应当承担赔偿责任，向劳动者支付二倍工资。在本案例中，法院的意见与第二种观点类似但仍有不同，因某饮料公司仅要求吕某涛签订免责条款，双方就发生了争议，并非双方已经签订了免责条款且法院已认定该条款无效的情形。故此，案例中法院的观点与第二种观点只是相似。有参考文献的倾向观点则是与第一种相似，即劳动合同无效不同于未签订书面劳动合同，用人单位无须支付二倍工资，但需要支付劳动报酬以及承担赔偿责任。关于此问题的法律探讨，本书中不宜展开论述。综合各方观点后，建议用人单位在起草劳动合同或者相关制度时，应尽量避免出现导致合同部分或者全部无效之条款，以此降低法律风险。

四 相关法条

《中华人民共和国劳动合同法》

第二十六条 下列劳动合同无效或者部分无效：

（一）以欺诈、胁迫的手段或者乘人之危，使对方在违背真实意思的情况下订立或者变更劳动合同的；

（二）用人单位免除自己的法定责任、排除劳动者权利的；

（三）违反法律、行政法规强制性规定的。

对劳动合同的无效或者部分无效有争议的，由劳动争议仲裁机构或者人民法院确认。

第八十二条 用人单位自用工之日起超过一个月不满一年未与劳动者订立书面劳动合同的，应当向劳动者每月支付二倍的工资。

用人单位违反本法规定不与劳动者订立无固定期限劳动合同的，自应当订立无固定期限劳动合同之日起向劳动者每月支付二倍的工资。

3.3.4 劳动合同被认定为无效后，劳动者已提供劳动的，劳动报酬数额参照本单位相同或者相近岗位劳动者的劳动报酬确定

案例12：高某雁诉某投资发展有限公司劳动争议案

一 案情简介

高某雁于2012年4月1日入职某投资发展有限公司，任职副总经理。高某雁提交的劳动合同显示，其与某投资发展有限公司于2012年4月1日签订该劳动合同，约定：劳动合同期限从2012年4月1日起至2013年3月31日止；实行标准工时制，即每日工作8小时，每周工作40小时，每周至少休息一日；高某雁税后年薪25万元，每月固定领取工资15000元，每月剩余部分5833元在年底全额发放，若高某雁没到年底而离职，每月剩余部分5833元在离职时全额发放。某投资发展有限公司称该劳动合同系高某雁利用职务便利私自在上面加盖了某投资发展有限公司公章。某投资发展有限公司按15000元/月的标准支付了高某雁2012年4月至6月的工资。

高某雁称其于2012年8月10日被某投资发展有限公司辞退。某投资发展有限公司称其录用高某雁系看重高某雁在深圳市某公司的工程管理经验，但高某雁在不具备工程管理经验、未在深圳市某公司工作过的情况下，在简历中虚构工作经历，致使某投资发展有限公司作出错误的意思表示（聘请高某雁为副总经理），双方因此签订的劳动合同无效，某投资发展有限公司据此口头通知高某雁解除双方的劳动关系。某投资发展有限公司向法院提交了高某雁应聘时通过电子邮件向其递交的简历，该简历的内容包括：高某雁2008年2月至2012年3月在深圳市某公司某项目部任副总经理兼董事长助理，其直接上司为总经理，其下属包括项目部经理6人、行政人事部8人、财务4人、采购3人、施工人员240多人；其职责包括，行使副总经理的日常管理工作职责，全面统筹本公司各部门管理的职责；代表董事长协调整个公司的工程运作、全盘运作；积

极开拓业务市场，代表公司进行各项商务谈判，争取利益最大化；各项费用支出审批等；本人保证以上所提供资料的真实可靠，如有虚假，愿意承担相应的责任。某投资发展有限公司提交了高某雁的社保清单，该社保清单显示高某雁2010年12月至2011年9月由深圳市一家科技有限公司为其缴纳社保而非简历中体现的深圳市某公司。高某雁对简历及社保清单的信息没有异议。

法院认为，高某雁的行为构成欺诈，认可某投资发展有限公司主张双方签订的劳动合同无效，由于某投资发展有限公司未能提供有效证据证明该岗位的相同或相近岗位工资，按双方约定的工资标准支付高某雁在职期间的劳动报酬。高某雁工作至2012年8月10日，故某投资发展有限公司应支付高某雁2012年4月1日至8月10日的工资差额45996元［（250000元÷12×4+250000元÷12÷21.75×8）-15000元×3］。由于高某雁未提供有效证据证明其存在加班事实，法院未能支持高某雁要求某投资发展有限公司支付其2012年4月1日至8月10日的加班工资43559.72元，也不支持高某雁关于经济补偿金的诉讼请求。

二 法律及事实分析

由于高某雁应聘的是高级管理岗位，工作经验对高某雁来说属于重要的聘用条件。高某雁虚构了自己的工作经验，其行为构成欺诈，但因其已付出劳动，某投资发展有限公司可以按照相同或相近岗位提供劳动报酬。但是某投资发展有限公司主张其相同或相近岗位劳动者的劳动报酬为月工资6000元，且未提交其他证据佐证该相近岗位劳动合同及工资的真实性，没有得到法院的采信。鉴于某投资发展有限公司未提供充分证据证明双方约定的工资标准明显高于本单位相同或相近岗位劳动者的劳动报酬，因此某投资发展有限公司仍应按双方约定的工资标准支付高某雁在职期间的劳动报酬。

三 启示建议

对于用人单位对劳动者进行背景调查的重要性，已经在前篇进行过分析，在此不再赘述。本案中的主要问题是在劳动者因欺诈导致劳动合同无效以后，劳动者的工资应当如何计算。

当劳动合同因违反《中华人民共和国劳动法》而无效时，原劳动合同关于劳动报酬的约定对双方也不再具有约束力。此时，用人单位和劳动者可以协商一个新的报酬标准，或者按照相同或相近岗位提供劳动的报酬进行计算，而这个报酬的计算需要双方进行举证。该案中用人单位只举证了一个岗位的劳动合同及工资条，建议在诉讼实践中，针对这种情况进行充分的举证，包括但不限于相近岗位与发生争议岗位相近程度的必要性说明、诉讼发生以前的工资发放银行流水、招聘时的岗位说明及不同水平劳动者工资标准、员工的证人证言等。如果举证不能，用人单位就要承担败诉的风险，很可能要按照原工资标准支付未发工资的差额。

四 相关法条

《中华人民共和国劳动合同法》

第二十六条 下列劳动合同无效或者部分无效：

（一）以欺诈、胁迫的手段或者乘人之危，使对方在违背真实意思的情况下订立或者变更劳动合同的；

（二）用人单位免除自己的法定责任、排除劳动者权利的；

（三）违反法律、行政法规强制性规定的。

对劳动合同的无效或者部分无效有争议的，由劳动争议仲裁机构或者人民法院确认。

第二十八条 劳动合同被确认无效，劳动者已付出劳动的，用人单位应当向劳动者支付劳动报酬。劳动报酬的数额，参照本单位相同或者相近岗位劳动者的劳动报酬确定。

3.3.5 外国、外地区居民工作证到期后的劳动关系无效，劳动者可以获得报酬但不能获得合法劳动关系情形下的相应待遇

案例13：陈某诉某投资有限公司追索劳动报酬及经济补偿纠纷案

一 案情简介

陈某系香港居民，其在中国内地的就业证有效期自2006年1月15日起至

2006年12月31日止，此后没有再续期或重新办理。陈某于2005年9月1日入职某投资有限公司，双方先后签订了两份劳动合同，其中第一份劳动合同约定：某投资有限公司聘用陈某在总监岗位从事管理工作；合同期限从2005年9月1日起至2006年8月31日止，试用期满后的工资为人民币12000元/月。第二份劳动合同约定：双方的合同期限从2007年9月1日起至2012年9月1日止；陈某的工作内容（岗位或工种）为副总经理（包括人事、行政、财务）；陈某的月薪为人民币12800元。2008年2月18日，某投资有限公司向陈某发出《劳动关系解除通知》和《解除劳动合同协议》，某投资有限公司提交的《劳动关系解除通知（存根）》内容为：陈某同志，鉴于公司即将迁往北京办公，为此公司决定于2008年2月28日解除与你的劳动关系。请在2008年2月25日前办理完毕全部工作交接手续，并遵守约定的保密条款。陈某确认其已经收到某投资有限公司发出的《劳动关系解除通知》。某投资有限公司自2008年3月起即停止发放陈某工资。

双方争议的焦点主要有：①双方于2007年9月1日签订的劳动合同是否有效。②双方的劳动合同关系是否已于2008年2月28日解除。③陈某从2008年3月至本案申请仲裁期间是否继续在某投资有限公司工作，某投资有限公司是否需要支付陈某2008年3月至2009年11月的工资及其他福利待遇。

一审法院认为，为台、港、澳人员办理就业证的责任方为用人单位，而不是劳动者，故本案中陈某就业证过期未办理登记备案手续的过错在某投资有限公司，而不是陈某。某投资有限公司在明知陈某就业证过期的情况下还与其签订劳动合同，而后又以陈某就业证过期为由主张合同无效，显然有违诚信、公平的法律原则。法院认为，陈某有要求某投资有限公司继续履行劳动合同的意思表示，某投资有限公司应当继续履行与陈某于2007年9月1日签订的劳动合同。

二审法院认为，台、港、澳人员在中国大陆就业，必须办理就业证，未办理就业证或者就业证期满未办理延期手续，则不属于合法的就业，不受我国劳动法律法规保护。本案中，陈某就业证于2006年12月31日到期后未办理延期手续，因此从2007年1月1日起，双方之间的劳动关系应确认为无效的劳动关系。落款日期为2007年9月1日的劳动合同，虽为双方当事人的真实意思表示，但因违反相关法律规定，属于无效的劳动合同。

由于双方之间的法律关系应为无效劳动关系，故陈某除根据双方约定取得劳动报酬外，不能获得合法劳动关系情形下的相应待遇。

二 法律及事实分析

按照原劳动和社会保障部《台湾香港澳门居民在内地就业管理规定》（2005年）第四条的规定“台、港、澳人员在内地就业实行就业许可制度”。“经认可并取得就业证的台、港、澳人员在内地就业受法律保护”。第八条规定：“劳动保障行政部门应当自收到用人单位提交的《台湾香港澳门居民就业申请表》和有关文件之日起10个工作日内作出就业许可决定。对符合本规定第六条规定条件的，准予就业认可，颁发就业证；对不符合本规定第六条规定条件不予就业认可的，应当以书面形式告知用人单位并说明理由。”从上述规定可知，台、港、澳人员在内地就业必须经劳动保障行政部门认可，如未取得就业证，则不属于合法的就业。而广东省原劳动和社会保障厅《关于贯彻执行〈台湾香港澳门居民在内地就业管理规定〉的通知》和深圳市原劳动和社会保障局《关于印发〈深圳市劳动和社会保障局行政许可实施办法〉的通知》（2005年10月9日深劳社〔2005〕144号）均明确规定，台、港、澳居民就业证期满后必须办理延期手续。从上述规定可知，台湾、香港、澳门人员在中国大陆就业，必须办理就业证，未办理就业证或者就业证期满未办理延期手续，则不属于合法的就业，不受我国劳动法律法规保护。本案中，陈某就业证于2006年12月31日到期后未办理延期手续，因此从2007年1月1日起，其与某投资有限公司之间的劳动关系应确认为无效的劳动关系。落款日期为2007年9月1日的劳动合同，虽为双方当事人的真实意思表示，但因违反相关法律规定，属于无效的劳动合同。

由于陈某已实际付出劳动，根据《中华人民共和国劳动合同法》第二十八条的规定，某投资有限公司应参照合同约定支付陈某2008年3月1日至2009年12月2日的劳动报酬。

综上，陈某与某投资有限公司虽于2007年9月1日签订了劳动合同，但由于陈某就业证于2006年12月31日到期后未办理延期手续，陈某的就业不属合法就业，其与某投资有限公司实际形成无效劳动合同关系，陈某要求继续履行劳动合同，不应得到支持。某投资有限公司于2009年12月3日以实际行为终结了双方之间的无效劳动关系，该行为并不违反法律法规的相关规定。在此之前，由于陈某实际为某投资有限公司提供了劳动，某投资有限公司应当按照双方约定支付劳动报酬。由于双方之间的法律关系应为无效劳动关系，故陈某除根据双方约定取得劳动报酬外，不能获得合法劳动关系情形下的相应待遇。

三 启示建议

本案启示主要有两点，一是本案的特殊性，即用人单位聘用外国人、港澳台地区的人作为劳动者，需要经过特定的手续，如果工作证到期，就失去了建立有效劳动关系的基础。在本案中，法院通过法理的分析论证了这种行政授权拥有设权性效力，而非登记效力。一旦出现授权超期，劳动合同无效。

二是一旦此类劳动合同被确认无效，来自外国或港澳台地区的劳动者就不再享有《中华人民共和国劳动法》所赋予的劳动保护权利，劳动者已付出劳动的，用人单位应当向劳动者支付劳动报酬，但是社会保险、违法解除赔偿金等重要的权利，都不会得到支持，即法院所述的"陈某除根据双方约定取得劳动报酬外，不能获得合法劳动关系情形下的相应待遇"。

需要注意的是，根据《国务院关于取消一批行政许可等事项的决定》（国发〔2018〕28号）中取消台港澳人员在内地就业许可的精神，为进一步便利香港澳门台湾居民在内地（大陆）工作生活，促进交往交流，人力资源社会保障部决定，《台湾香港澳门居民在内地就业管理规定》（劳动和社会保障部令第26号）已经废止。但是外国人的就业仍然适用就业许可制度。

四 相关法条

《中华人民共和国劳动合同法》

第二十六条　下列劳动合同无效或者部分无效：

（一）以欺诈、胁迫的手段或者乘人之危，使对方在违背真实意思的情况下订立或者变更劳动合同的；

（二）用人单位免除自己的法定责任、排除劳动者权利的；

（三）违反法律、行政法规强制性规定的。

对劳动合同的无效或者部分无效有争议的，由劳动争议仲裁机构或者人民法院确认。

《外国人在中国就业管理规定》

第五条 用人单位聘用外国人须为该外国人申请就业许可，经获准并取得《中华人民共和国外国人就业许可证书》（以下简称许可证书）后方可聘用。

3.3.6 劳动合同条款的效力认定，一般不适用于“格式条款”无效的规定

案例14：杜某诉某教育公司竞业限制纠纷案

一 案情简介

某教育公司提起劳动仲裁，要求杜某继续履行《企业保密协议》中约定的保密及竞业限制义务并支付违约赔偿款20万元。主要理由为：杜某是某教育公司的舞蹈老师，其与某教育公司于2017年4月22日签订了《企业保密协议》，杜某在离职后却私自开办了文化艺术服务中心经营舞蹈课程并挖走大量某教育公司的学员，该行为违反了竞业限制条款。

一审法院支持了某教育公司要求杜某继续履行《企业保密协议》的请求，并要求杜某停止经营文化艺术服务中心，同时将违约金金额调整为3万元。

杜某认为，《企业保密协议》严重限制了自己的劳动自由权，不仅没有约定对劳动者补偿还规定了20万元违约金，其竞业限制条款应为无效格式条款、《企业保密协议》为无效协议。根据《中华人民共和国民法典》第四百九十七条的规定，涉案《企业保密协议》的竞业限制条款，不仅包括某教育公司要求杜某无偿遵守该协议的要求，而且只强调杜某一旦违反竞业限制协议，就需要支付高达20万元的赔偿金，该格式条款明显有违公平原则，应属无效。

某教育公司认为，《企业保密协议》及其中的竞业限制条款均合法有效。

即使《企业保密协议》未约定竞业限制补偿金，如杜某遵守协议约定的竞业限制义务，其就有权依法请求某教育公司按照杜某劳动合同解除或者终止前十二个月平均工资的30%支付竞业限制补偿金，其法定权利并未被剥夺。

二审法院认为，一审法院判令杜某继续履行《企业保密协议》并立即停止经营文化艺术服务中心并无不当，某教育公司所提交的证据中有部分系其单方自行制作，且学员和家长选择不同的培训机构存在师资力量、时间地点、课程设置以及价格等众多因素的综合考量，上述证据并不足以证实某教育公司的学员退费等事实与杜某的违约行为之间存在法律上的因果关系，也无法证实某教育公司的具体损失数额，一审法院酌情调整违约金数额为3万元，属于一审法院自由裁量权范围。

二　法律及事实分析

关于杜某是否违反竞业限制义务以及是否需要停止经营文化艺术服务中心的问题，杜某上诉主张《企业保密协议》约定的竞业限制条款为无效格式条款且其并非承担竞业限制的主体，但杜某离职后也未收到过某教育公司支付的竞业限制补偿金，故《企业保密协议》中的竞业限制条款无效。

《最高人民法院关于审理劳动争议案件适用法律问题的解释（一）》（法释〔2020〕26号）第三十六条规定，当事人在劳动合同或者保密协议中约定了竞业限制，但未约定解除或者终止劳动合同后给予劳动者经济补偿，劳动者履行了竞业限制义务，要求用人单位按照劳动者在劳动合同解除或者终止前十二个月平均工资的30%按月支付经济补偿的，人民法院应予支持。前款规定的月平均工资的30%低于劳动合同履行地最低工资标准的，按照劳动合同履行地最低工资标准支付。

双方签订的《企业保密协议》是双方的真实意思表示，有关竞业限制条款合法有效，杜某理应遵守双方约定的竞业限制义务。本案中，杜某开设并实际经营与某教育公司具有同业竞争的文化艺术服务中心，存在违反竞业限制义务的行为。

三　启示建议

格式合同是指标准合同、定式合同，通常是指全部由格式条款组成的合同。只有部分是以格式条款的形式反映出来的，则是普通合同中的格式条款。《中华人民共和国民法典》第四百九十六条规定，格式条款是当事人为了重复使用而预先拟定，并在订立合同时未与对方协商的条款。在劳动合同、保密协议、公司章程等制定过程中，通常为用人单位单方、预先拟定的，劳动者并没有过多参与的机会。所以，很多人会觉得这与格式合同、格式条款相似。本案中，杜某也提出了其签署的《企业保密协议》属于格式合同，应当适用格式合同相关的法律规定的抗辩理由。但是，在审判实务中，劳动合同、保密协议、公司章程等通常不会被认定为格式合同、格式条款而导致无效或者部分无效。主要理由在于，劳动合同是由用人单位和劳动者之间签订的，从法学理论上来讲，两者之间不是平等的民事主体关系。《中华人民共和国劳动法》及《中华人民共和国劳动合同法》对劳动合同的制定有着更为严格的规定，用人单位不得在各个层面侵犯劳动者的权利。规章制度亦是如此，其合法有效的程序要求更为严格（相关内容可参考本书其他章节）。基于此，劳动合同、保密协议、公司章程等文件中的条款，通常不会被认定为格式条款，但是，鉴于两者之间存在高度相似之处，用人单位为了规避法律风险，还是应当在该类文件起草、制定、发布等过程中，严格遵守法律规定，避免产生法律风险。

四 相关法条

《最高人民法院关于审理劳动争议案件适用法律问题的解释（一）》

第三十六条 当事人在劳动合同或者保密协议中约定了竞业限制，但未约定解除或者终止劳动合同后给予劳动者经济补偿，劳动者履行了竞业限制义务，要求用人单位按照劳动者在劳动合同解除或者终止前十二个月平均工资的30%按月支付经济补偿的，人民法院应予支持。

前款规定的月平均工资的30%低于劳动合同履行地最低工资标准的，按照劳动合同履行地最低工资标准支付。

《中华人民共和国民法典》

第四百九十六条 格式条款是当事人为了重复使用而预先拟定，并在订立合同时未与对方协商的条款。

采用格式条款订立合同的，提供格式条款的一方应当遵循公平原则确定当事人之间的权利和义务，并采取合理的方式提示对方注意免除或者减轻其责任等与对方有重大利害关系的条款，按照对方的要求，对该条款予以说明。提供格式条款的一方未履行提示或者说明义务，致使对方没有注意或者理解与其有重大利害关系的条款的，对方可以主张该条款不成为合同的内容。

3.3.7 因刑事犯罪不得担任公司的董事、监事、高级管理人员的劳动者，用人单位与之签订的劳动合同可能无效

案例15：饶某诉某实业有限公司劳动合同纠纷案

一 案情简介

饶某于2018年5月1日入职某实业有限公司担任执行经理一职，入职约定饶某年薪50万元。2019年2月25日，某实业有限公司在饶某未参加会议不知情的情况下，将饶某免职，饶某在某实业有限公司工作10个月，某实业有限公司仅支付工资34万元，余额和提成均未发放。后饶某提起劳动仲裁，要求某实业有限公司支付欠付工资76667元、业务提成50万元、违法解除劳动关系经济补偿金33716.5元。

某实业有限公司认为，2018年5月1日饶某以某家居集团股份有限公司项目负责人身份到某实业有限公司就职，任执行经理职位。自其入职以来某实业有限公司一直在与其协商希望能尽快签订劳动合同，但其一直拒不向某实业有限公司提供身份证明原件。而且在某实业有限公司任职期间，其以饶某（实际非饶某）的身份进行签字和对外业务，但在领取工资及自行填写入职申请表时都是以饶某签字，其身份证上信息与其居住证、派出所出具的户籍证明也不一致。这导致某实业有限公司实在无法确定其真实身份、无法与其签订劳动合同并缴纳社会保险。2019年2月某实业有限公司得知饶某的身份信息是其虚构的，并且他本人于2015年犯伪造公司印章罪、受贿罪被判处

有期徒刑一年零六个月。饶某虚构身份、隐瞒刑事犯罪记录的行为，严重违反公司章程和相关法律法规。虽未签署书面劳动合同，但是该劳动关系应属无效。

法院查明，饶某原系某银行股份有限公司某支行行长。2015年10月22日因涉嫌伪造公司印章罪、受贿罪被提起公诉。该案件经四川省广元市朝天区人民法院审理后，于2016年5月17日作出刑事判决：饶某犯伪造公司印章罪，判决有期徒刑六个月，并处罚金10000元；犯受贿罪，判决有期徒刑一年，并处罚金100000元；数罪并罚，总和刑期有期徒刑一年六个月，并处罚金110000元。

法院认为，饶某明知自己不能担任高级管理人员，所以自其进入某实业有限公司后，对外一直以饶某的身份从事各种活动，不愿提供自己的真实身份信息，从而使某实业有限公司无法与其签订劳动合同，过错责任在于饶某本人。某实业有限公司比照同期相近岗位最高月工资1万元按其工作时间10个月计算，支付其10万元工资合情合理。饶某多领取的部分应当退还给某实业有限公司。

二 法律及事实分析

本案中，饶某明知自己不能担任高级管理人员，所以自入职以来，对外一直以饶某的身份从事各种活动。双方没有签订劳动合同的原因，法院将过错责任归责于饶某一方。但是法院仍判定某实业有限公司比照同期相近岗位最高月工资向饶某支付工资，一方面，双方虽然没有签订劳动合同，却已形成了事实劳动关系。基于饶某已经提供的劳动，公司需要向其支付工资。另一方面，即使饶某与公司签订了劳动合同，双方之间的劳动合同也会因为违反我国法律、行政法规的强制性规定，或者是因为饶某以欺诈手段签订而无效。在劳动合同被认定无效后，其法律后果也是劳动者已付出劳动的，用人单位应当向劳动者支付劳动报酬。劳动报酬的数额，参照本单位相同或者相近岗位劳动者的劳动报酬确定。基于此，法院判决某实业有限公司比照同期相近岗位最高月工资1万元按其工作时间10个月计算，支付其10万元工资合情合理。饶某多领取的部分应当退还给某实业有限公司。

三 启示建议

《中华人民共和国劳动合同法》第二十六条规定了劳动合同无效或者部分无效的情形，同时《中华人民共和国公司法》第一百四十六条明确规定：因贪污、贿赂、侵占财产、挪用财产或者破坏社会主义市场经济秩序，被判处刑罚，执行期满未逾五年，或者因犯罪被剥夺政治权利，执行期满未逾五年。不得担任公司的董事、监事、高级管理人员。如果用人单位与前述人员建立劳动关系，或者签订劳动合同，就有可能因违反了法律、行政法规强制性规定，或者因劳动者以欺诈手段，使用人单位在违背真实意思的情况下订立或者变更劳动合同而无效。用人单位在选聘劳动者，特别是公司的董事、监事、高级管理人员时，应当做好背景调查工作。一方面，为了用人单位自身降低劳动合同无效的法律风险。另一方面，也避免用人单位因用人不慎，给自己造成经济损失或带来社会负面影响。

四 相关法条

《中华人民共和国劳动合同法》

第二十六条　下列劳动合同无效或者部分无效：

（一）以欺诈、胁迫的手段或者乘人之危，使对方在违背真实意思的情况下订立或者变更劳动合同的；

（二）用人单位免除自己的法定责任、排除劳动者权利的；

（三）违反法律、行政法规强制性规定的。

对劳动合同的无效或者部分无效有争议的，由劳动争议仲裁机构或者人民法院确认。

《中华人民共和国公司法》

第一百四十六条　有下列情形之一的，不得担任公司的董事、监事、高级管理人员：

（一）无民事行为能力或者限制民事行为能力；

（二）因贪污、贿赂、侵占财产、挪用财产或者破坏社会主义市场经济秩序，被判处刑罚，执行期满未逾五年，或者因犯罪被剥夺政治权利，执行期满未逾五年；

（三）担任破产清算的公司、企业的董事或者厂长、经理，对该公司、企业的破产负有个人责任的，自该公司、企业破产清算完结之日起未逾三年；

（四）担任因违法被吊销营业执照、责令关闭的公司、企业的法定代表人，并负有个人责任的，自该公司、企业被吊销营业执照之日起未逾三年；

（五）个人所负数额较大的债务到期未清偿。

公司违反前款规定选举、委派董事、监事或者聘任高级管理人员的，该选举、委派或者聘任无效。

董事、监事、高级管理人员在任职期间出现本条第一款所列情形的，公司应当解除其职务。

3.3.8 竞业限制期限超过二年的部分应属无效

案例16：周某香诉某科技有限公司劳动争议案

一 案情简介

周某香2005年6月入职某科技有限公司，任研发部技术总监，2016年6月1日经周某香提出，双方协商一致解除劳动关系。在职期间该科技有限公司一直以现金签领方式向周某香支付工资。2014年12月31日，周某香与某科技有限公司签订《保密协议》，甲方为某科技有限公司，乙方为周某香。该协议第十九条约定，周某香在离职后三年内不得在与甲方生产、经营同类产品或提供同类服务的其他企业、事业单位、社会团体内担任任何职务，包括股东、合伙人、董事、监事、经理、职员、代理人、顾问等，也不得生产甲方同类产品或经营同类业务。另查，双方并未约定竞业限制补偿金。

周某香提起劳动仲裁，主张其离职后某科技有限公司一直未向其支付竞业限制补偿金。某科技有限公司认为，在周某香离职时单位向其支付了包括竞业限制补偿金在内的费用，但并未就此提交证据。

法院认为：《中华人民共和国劳动合同法》第二十四条规定，竞业限制的人员限于用人单位的高级管理人员、高级技术人员和其他负有保密义务的人员。竞业限制的范围、地域、期限由用人单位与劳动者约定，竞业限制的约定不得违反法律、法规的规定。在解除或者终止劳动合同后，前款规定的人员到与本单位生产或者经营同类产品、从事同类业务的有竞争关系的其他用人单位，或者自己开业生产或者经营同类产品、从事同类业务的竞业限制期限，不得超过二年。

二　法律及事实分析

本案中，周某香与某科技有限公司签订的《保密协议》第十九条约定周某香负有竞业限制义务，其中期限未超过两年的协议内容未违反法律的强制性规定，周某香作为完全民事行为能力人，理应知悉并须承担其在《保密协议》中签字而产生的法律后果，故法院认定该部分内容真实有效；但超过两年期限的部分因违反《中华人民共和国劳动合同法》第二十四条第二款的规定而归于无效，故《保密协议》第十九条中超过两年期限的部分，应属无效。周某香所持因某科技有限公司未支付竞业限制补偿金故而《保密协议》第十九条无效的主张缺乏法律依据。

三　启示建议

竞业限制属于法律明确规定的条款，《中华人民共和国劳动合同法》第二十四条第二款明确规定了“在解除或者终止劳动合同后，竞业限制的期限，不得超过二年。”超过的部分，属于无效条款。

用人单位在与劳动者约定竞业限制时，应当考虑竞业限制的成本与效果，对非必要岗位不需要设置竞业限制，也不要超额约定竞业限制期限。此外，还要按时支付竞业限制费用，如果停止支付，也会导致竞业限制条款失效。

四　相关法条

《中华人民共和国劳动合同法》

第二十四条　竞业限制的人员限于用人单位的高级管理人员、高级技术人员和其他负有保密义务的人员。竞业限制的范围、地域、期限由用人单位与劳动者约定，竞业限制的约定不得违反法律、法规的规定。

在解除或者终止劳动合同后，前款规定的人员到与本单位生产或者经营同类产品、从事同类业务的有竞争关系的其他用人单位，或者自己开业生产或者经营同类产品、从事同类业务的竞业限制期限，不得超过二年。

3.3.9 劳动者给用人单位造成经济损失的，用人单位不得随意扣发劳动者的工资

案例17：郑某珠诉某品牌管理咨询有限公司追索劳动报酬纠纷

一 案情简介

郑某珠于2011年8月12日入职某品牌管理咨询有限公司任物控主管，试用期满后双方于2011年12月29日订立了一份书面劳动合同。该劳动合同约定：合同期限从2011年12月1日起至2014年11月30日止。郑某珠另主张，某品牌管理咨询有限公司与其口头约定每月工资3700元，但每月实际发放的工资为3500元。

某品牌管理咨询有限公司以郑某珠采购的物料不合格，导致该公司生产的产品出现质量问题从而造成损失为由，拒绝发放郑某珠2012年3月1日至2012年5月15日的工资；郑某珠同时主张该物料系在某品牌管理咨询有限公司的主管领导同意后采购的，且郑某珠采购的物料现仍处于制造过程中。

郑某珠提交的盖有某品牌管理咨询有限公司公章的《工作交接通知单》载明："郑某珠女士……你在任职采购主管职位期间，于3月采购一批××物料时因工作操作失误及未按标准进行检测，导致采购的物料不合格，生产的产品已出现不良品……造成公司损失约604584元。为此现公司将此批产品送相关检测机构检测，在检测结果未出来之前将暂不发放你2012年3月至5月上班期间的工资……。"某品牌管理咨询有限公司于庭审时确认未发放郑某珠2012年3月1日至2012年5月15日工资8770.11元，但认为应抵消罚金，不应

该发放，同时提交了《员工手册》一份，主张其根据该手册对郑某珠处以1万元罚金。

法院认为：某品牌管理咨询有限公司与郑某珠双方存在合法有效的劳动关系，双方的权益均应受到法律的保护。但是劳动报酬与其他债权债务关系不同，是劳动者用劳动换取的赖以生存及生活的收入，某品牌管理咨询有限公司不得因过错造成损失而扣发劳动者的工资。

二　法律及事实分析

某品牌管理咨询有限公司欠发了郑某珠2012年3月1日至2012年5月15日的工资8770.11元。虽然《工作交接通知单》载述郑某珠在职期间采购的物料因质量不合格导致某品牌管理咨询有限公司损失604584元，但根据《中华人民共和国劳动法》第五十条的规定，劳动报酬应按月足额支付，《中华人民共和国劳动合同法》第二十五条规定，除本法第二十二条（服务期）和第二十三条（保密义务和竞业限制）规定的情形外，用人单位不得与劳动者约定由劳动者承担违约金。

劳动报酬与其他债权债务关系不同，是劳动者用劳动换取的赖以生存及生活的收入，且某品牌管理咨询有限公司应支付的劳动报酬与其主张的因郑某珠过错造成的公司损失并非同种类债，未经双方协商一致同意，不能抵消。某品牌管理咨询有限公司主张郑某珠因存在过错造成公司损失而扣发郑某珠工资违反法律的强制性规定，其主张不能成立。某品牌管理咨询有限公司主张郑某珠因过错造成的公司损失应另寻法律途径解决。

三　启示建议

从以上案例的判决文书来看，法院认为，劳动者的报酬属于保障性的收入，某品牌管理咨询有限公司不得因过错造成损失而扣发劳动者的工资。但此结论不具有普遍适用性，根据《工资支付暂行规定》第十六条“因劳动者本人原因给用人单位造成经济损失的，用人单位可按照劳动合同的约定要求其赔偿经济损失。经济损失的赔偿，可从劳动者本人的工资中扣除。但每月扣除的部分不得超过劳动者当月工资的20%。若扣除后的剩余工资部分低于当地月最低工资标准，则按最低工资标准支付”的规定内容，劳动者给用人单位造成的经济损失赔偿，用人单位是可以从劳动者本人的工资中扣除的，但是，用人单位要格外注意两个问题：第一，用人单位可以扣除的比例问题，即用人单位每月从劳动者当月工资中扣除的部分，不得超过劳动者当月工资的20%。第二，如果用人单位扣除后的剩余工资部分低于当地月最低工资标准，即使扣除部分符合20%的比例也是不可以的，仍需要按照最低工资标准支付工资。鉴于实践中对于此类问题的裁判尺度并不统一，如果出现这种情况，用人单位可以参考以下处理方式：第一，用人单位先行确认劳动者给公司造成了经济损失及金额的相关证据。第二，用人单位可以选择从劳动者的奖金或者绩效奖金中扣除经济赔偿金额。第三，如果用人单位是从劳动者的工资中扣除经济赔偿金额，则需要严格按照《工资支付暂行规定》第十六条的规定执行。第四，用人单位从奖金、绩效奖金或者工资中扣除了经济赔偿后，建议及时获得劳动者的书面确认。以上方式既可以使用人单位获得相应的经济损失赔偿，维护自身合法权益，也可以使用人单位避免因扣发薪酬与劳动者发生的纠纷。

四 相关法条

《中华人民共和国劳动合同法》

第二十五条 除本法第二十二条和第二十三条规定的情形外，用人单位不得与劳动者约定由劳动者承担违约金。

《工资支付暂行规定》

第十六条 因劳动者本人原因给用人单位造成经济损失的，用人单位可按照劳动合同的约定要求其赔偿经济损失。经济损失的赔偿，可从劳动者本人的工资中扣除。但每月扣除的部分不得超过劳动者当月工资的20%。若扣除后的剩余工资部分低于当地月最低工资标准，则按最低工资标准支付。

3.3.10　用人单位扣押劳动者证件和要求提供担保的行为，违反法律强制性规定

案例18：叶某华诉某房地产经纪有限公司劳动争议案

一　案情简介

叶某华于2012年提起劳动仲裁，要求某房地产经纪有限公司支付欠发工资，支付未签订劳动合同赔偿金差额，返还信誉保证金押金，支付未休年休假工资。主要理由为：叶某华于2006年5月26日入职某房地产经纪有限公司，其月工资标准为3500元。叶某华在某房地产经纪有限公司工作至2010年5月10日。

叶某华主张：某房地产经纪有限公司拖欠其2006年9月1日至12月31日、2007年1月1日至2月28日、2007年10月1日至12月31日、2008年1月1日至1月31日、2008年7月1日至2009年2月28日工资共计70000元；未支付其2006年5月至2010年5月10日带薪年休假工资6436.78元；未支付2006年5月至2010年5月住房公积金；因某房地产经纪有限公司以其房产经纪人证所作的工商备案导致其在2010年5月10日至2011年7月20日不能正常从业以及未退还其信誉保证押金18940元。

叶某华为证明其上述主张，提交了信誉保证押金收据3张、北京市房地产经纪资格考试合格证书、京朝劳仲字（2010）第06645号裁决书、（2010）朝民初字第37178号民事判决书、（2011）二中民终字第03496号调解书、京朝劳仲字（2011）第07785号裁决书。

某房地产经纪有限公司对信誉保证押金收据的真实性不予认可，并申请进行公章鉴定。案件审理中，法院依法委托中天司法鉴定中心对信誉保证金收据上加盖的印章进行司法鉴定。2013年4月1日，中天司法鉴定中心向法院出具了中天司鉴中心（2013）文鉴字第010号中天司法鉴定中心文书鉴定意见书，鉴定意见为："检材三张收据中'某房地产经纪有限公司财务专用章'印文与相同内容样本印文倾向是同一枚印章所盖印。"叶某华与某房地产经纪有限公司对该鉴定意见书的真实性均没有异议，但某房地产经纪有限公司称从来没有收取过叶某华的上述款项。

关于叶某华要求某房地产经纪有限公司退还信誉保证押金的诉讼请求，《中华人民共和国劳动合同法》第九条规定："用人单位招用劳动者，不得扣押劳动者的居民身份证和其他证件，不得要求劳动者提供担保或者以其他名义向劳动者收取财物。"叶某华向法院提交了信誉保证押金收据3张，虽然某房地产经纪有限公司对收据的真实性不予认可，并对收据上加盖的印章申请了司法鉴定，但鉴定意见为收据上加盖的印文与相同内容印本印文倾向是同一枚印章所盖印，且某房地产经纪有限公司未向法院提供充分的证据证明已经将收据中的款项退还给叶某华。现叶某华要求某房地产经纪有限公司退还信誉保证押金的诉讼请求，于法有据，故法院予以支持。关于某房地产经纪有限公司主张叶某华的诉讼请求超过诉讼时效的问题，因为此前叶某华一直向某房地产经纪有限公司主张权利，且其系在上次诉讼后才发现某房地产经纪有限公司仍有未退还的信誉保证押金，故叶某华此次的诉讼请求，因诉讼时效中断，并未超过诉讼时效，法院对某房地产经纪有限公司的抗辩不予采纳。

二 法律及事实分析

《中华人民共和国劳动法》第五十条规定，工资应当以货币形式按月支付给劳动者本人。不得克扣或者无故拖欠劳动者的工资。因叶某华未向法院提供充分的证据，证明某房地产经纪有限公司存在未足额支付其工资的情况，故法院对叶某华要求某房地产经纪有限公司支付拖欠的2006年9月1日至12月31日、2007年1月1日至2月28日、2007年10月1日至12月31日、2008年1月1日至1月31日、2008年7月1日至2009年2月28日工资共计70000元及25%的经济补偿金17500元的诉讼请求不予支持。关于叶某华要求某房地产经纪有限公司支付2008年2月至2008年12月未签订劳动合同的11个月双倍工资的25%经济补偿金的诉讼请求，因缺乏相应证据未得到法院支持。

三 启示建议

《中华人民共和国劳动合同法》第九条规定："用人单位招用劳动者，不得扣押劳动者的居民身份证和其他证件，不得要求劳动者提供担保或者以其他名义向劳动者收取财物。"该条法律规定属于劳动法的强制性规定，用人单位不得通过任何其他方式变相实施上述行为。如果用人单位已经采取不当的方式，向劳动者收取了金钱或财物，用人单位需要及时向劳动者返还，并在返还时，与劳动者做好交接手续，以避免用人单位出现已纠正了错误行为、向劳动者返还了财物，却无法举证证明的尴尬情形。

四　相关法条

《中华人民共和国劳动法》

第五十条　工资应当以货币形式按月支付给劳动者本人。不得克扣或者无故拖欠劳动者的工资。

《中华人民共和国劳动合同法》

第九条　用人单位招用劳动者，不得扣押劳动者的居民身份证和其他证件，不得要求劳动者提供担保或者以其他名义向劳动者收取财物。

3.3.11　约定工资标准低于当地最低工资标准的条款无效

案例19：万某长诉内蒙古自治区某社会保险事业管理局经济补偿金纠纷案

一　案情简介

万某长于2009年7月7日到内蒙古自治区某社会保险事业管理局（以下简称事业管理局）工作，双方签订了劳务合同，每年签订一次，直至2012年12月31日。劳务合同中约定了万某长的劳动报酬，同时约定养老保险金及医疗保险金等社会保险缴纳含在劳动报酬内，但事业管理局未给万某长缴纳养老保险及医疗保险的相关费用。2013年5月4日，万某长患脑血栓，随后一直未去事业管理局工作。另查明，2013年至今双方未续签劳务合同。

一审法院认为，万某长自2009年7月起在事业管理局从事夜间安全值守工作，但事业管理局并未同其签订劳动合同，双方仅签订了劳务合同，从合同内容上看，双方自愿签订该劳务合同，在合同中双方对于用工权利及用工报酬都作了明确约定。

二审法院认为，关于要求事业管理局赔偿万某长2013年至今住院费、医疗费、生活费、营养费、交通费等共计960000元的诉讼请求，因上诉人万某长没有提供正式的报销票据予以证实上述费用的发生，且没有提供合法有效的证据证实其住院治疗肢体残疾与在被上诉人处工作有关联性，因此根据《最高人民法院关于民事诉讼证据的若干规定》（2008年）第二条的规定，上诉人万某长应承担举证不能的责任，法院对该项请求不予支持。社会保险费的征缴单位是社会保险机构，用人单位不缴纳社会保险费，违背的是行政管理法规，应由社会保险机构行使行政权力追缴，受行政法调整，不属于人民法院民事诉讼的受案范围。双方当事人虽然签订的是劳务合同，但是自万某长到事业管理局工作后，服从事业管理局的管理，遵守事业管理局的规章制度，由事业管理局支付劳动报酬，形成了事实劳动关系，应认定双方存在劳动关系。事业管理局应支付2009年8月至2009年12月、2013年2月至2013年7月的二倍工资共计15400元。

检察院抗诉认为，即使双方之间签订的为劳务合同，但参照相关法律规定，万某长的工资金额低于当地最低工资标准，事业管理局应当支付其差额部分。法院最终认为对于上诉人万某长要求事业管理局补发最低保障工资及赔偿各项费用共计960000元的诉讼，以及要求补发2009年至今低于最低保障工资的差额及赔偿万某长2013年5月至今13个月工资10400元的诉讼请求，系二审新增诉求，法院依法不予审理。

再审法院认为，原一、二审判决认定事实清楚，适用法律正确，法院予以维持。

二 法律及事实分析

双方仅签订了劳务合同，从合同内容上看，双方自愿签订该劳务合同，在合同中双方对于用工权利及用工报酬都作了明确约定。从万某长与事业管理局形成的用工关系的背景及客观原因看，国家机关为解决公务人员人手不足的问题，聘用了社会上的其他人员到国家机关工作，有些是短期临时用工，有些则工作期限较长。类似的用工关系在我国国家机关以及事业单位曾普遍存在，该用工形式为劳务性用工，此类案件涉及我国劳动用工制度的问题，且面广量大并具有群体性，而因此产生的争议，非民事诉讼所能解决。关于万某长诉求的补发工资的问题，虽然万某长与事业管理局之间签订的为劳务合同，但参照相关法律规定，事业管理局低于当地最低工资标准支付万某长劳务报酬，应当支付其差额部分。

需要注意的是，一审法院认为，关于万某长诉求的补发工资的问题，虽然双方签订的为劳务合同，但参照相关法律规定，事业管理局低于当地最低工资标准支付万某长劳务报酬，应当支付其差额部分。在补足低于标准部分的同时，另外支付相当于低于部分25%的补偿款。25%的补偿款的规定见于已经失效的《违反和解除劳动合同的经济补偿办法》第三条，用人单位克扣或者无故拖欠劳动者工资的，以及拒不支付劳动者延长工作时间工资报酬的，除在规定的时间内全额支付劳动者工资报酬外，还需加发相当于工资报酬百分之二十五的经济补偿金。

三　启示建议

有关最低工资标准执行的问题，用人单位在日常管理中经常存在误解，在需要短期岗位的临时工作中，亦有可能因此导致劳动关系、劳务关系两者混淆不清，虽然用人单位与劳动者签订了劳务合同，但用人单位实际却按照劳动关系对劳动者进行管理，由此导致用人单位与劳动者之间的法律关系被认定为劳动关系。此时在劳务合同中规定的工资（劳务费），就有可能出现低于当地最低工资标准的问题。

在用人单位与劳动者的劳动关系中，如果约定了劳动者的工资低于最低工资标准，则该约定条款是违法的、无效的，同时还有可能产生相应的惩罚性赔偿责任。所以，用人单位在聘用短期临时性劳动者时，需要与劳动者签订劳务合同，同时，还需要注意管理模式。如果签订了劳务合同的岗位转变为长期需要的工作岗位时，用人单位一定要及时与劳动者转签劳动合同，并按照劳动合同法规定的最低工资标准进行执行。

四　相关法条

《中华人民共和国劳动合同法》

第八十五条　用人单位有下列情形之一的，由劳动行政部门责令限期支付劳动报酬、加班费或者经济补偿；劳动报酬低于当地最低工资标准的，应当支付其差额部分；逾期不支付的，责令用人单位按应付金额百分之五十以上百分之一百以下的标准向劳动者加付赔偿金：

（一）未按照劳动合同的约定或者国家规定及时足额支付劳动者劳动报酬的；

（二）低于当地最低工资标准支付劳动者工资的；

（三）安排加班不支付加班费的；

（四）解除或者终止劳动合同，未依照本法规定向劳动者支付经济补偿的。

3.3.12 约定每日工作时间超过8小时的条款无效

案例20：某能源检测有限公司诉李某劳动合同社会保险纠纷案

一 案情简介

李某于2013年提起劳动仲裁，索要加班工资、违法解除劳动合同经济补偿金及参加社保费用，理由为：李某2011年8月应聘于某能源检测有限公司工作，工作岗位为某能源检测有限公司接待收银员，双方签订有劳动合同，新近劳动合同签订起止时间为2012年8月8日至2014年8月7日。2012年9月11日李某收到公司员工彭某代收的咸阳某公司的办卡费2200元，卡号9439。

李某当时任某能源检测有限公司接待收银员，2012年9月17日某能源检测有限公司会计张某莉核查时发现营业款短少2200元。按照某能源检测有限公司财务制度规定，收银员必须将当日现金收入在次日中午前存入公司财务账户。基于李某违反财务规章制度，在确认李某私自挪用营业款的前提下，会计张某莉将此情况汇报给某能源检测有限公司经理赵某，之后某能源检测有限公司召开股东会议研究决定与李某解除劳动合同关系，并在应当支付李某的工资款中扣除此部分款项2200元。

法院认为，《中华人民共和国劳动合同法》规定，国家实行劳动者每日工作时间不超过8小时，平均每周不超过44小时的工时制度，某能源检测有限公司与李某劳动合同约定每日工作10小时不符合法律规定，应当视为无效条款。某能源检测有限公司应当支付李某2011年度、2012年度加班工资、休息日及节假日加班工资12906元。

二　法律及事实分析

公司规章制度是用人单位依法按照单位的具体情况制定的内部管理制度，是单位管理员工的重要依据，也是员工应该遵守的行为准则。若劳动者严重违反用人单位规章制度，用人单位有权解除其劳动合同并不支付任何经济补偿。本案中李某违反公司财务制度，迟延交付公司业务款，严重违反了某能源检测有限公司的财务制度，故某能源检测有限公司有权依据法律的规定与其解除劳动合同关系，基于违反公司管理制度解除劳动合同关系，经济补偿金不在应当支付之列。

依据《中华人民共和国劳动法》第七十二条的规定，用人单位和劳动者应当依法参加社会保险，缴纳社会保险费。某能源检测有限公司应当为李某办理2011年8月至2012年9月工作期间的社会保险参保手续，双方应按照政策规定补交参保费用。另，《中华人民共和国劳动合同法》规定，国家实行劳动者每日工作时间不超过8小时，平均每周不超过44小时的工时制度，某能源检测有限公司与李某劳动合同约定每日工作10小时不符合法律规定，应当为无效条款。超出工作时间的部分，用人单位应当支付加班费。

三　启示建议

关于工作时间的法律规定，《中华人民共和国劳动法》第三十六条规定："国家实行劳动者每日工作时间不超过八小时、平均每周工作时间不超过四十四小时的工时制度。"《国务院关于修改〈国务院关于职工工作时间的规定〉的决定》第一条规定，职工每日工作8小时，每周工作40小时。前者是全国人大通过的法律，而后者是国务院颁布的行政法规，从两者的效力比较，劳动法的法律效力更高。但是，从两者的立法背景来看，《国务院关于职工工作时间的规定》是根据《中华人民共和国劳动法》的内容，作出了优化和修改，两者立法目的都是保护劳动者的切身利益，两者规定的内容并不是完全冲突的。在本案例中，某能源检测有限公司与李某劳动合同约定每日工作10

小时，无论是依据《中华人民共和国劳动法》，还是依据《国务院关于职工工作时间的规定》，都已经明显违反了职工每日工作时间不超过或者8小时的法律规定。故此，某能源检测有限公司侵犯休息权约定工作时间超过8小时的条款无效。

通常来说，大多数用人单位不会在职工每日或每周工作时长的问题上出现错误，但用人单位往往会因为加班等制度的规定，导致职工的实际工作时间超过了40小时或44小时，特别是一些服务型行业或者需要外勤的岗位。这就需要用人单位在制度和管理手段上格外注意，以避免出现法律风险。一是建议职工尽量提高工作效率，鼓励职工在法定的工作时间内将工作全部完成，不要形成拖延工作、攀比加班的风气；二是用人单位设计合理的加班制度，对于劳动者的加班给予补休或者支付加班工资报酬；三是在出现工作时间的纠纷时，用人单位也要积极举证。虽然在劳动案件中，劳动者对加班费的主张负有举证责任，但如果裁判人员已经相信了劳动者存在加班或者超时工作的事实，那么就需要用人单位进一步履行举证义务，证明用人单位对于劳动者的加班已给予补休或者支付了加班工资报酬，如果用人单位无法举证或者举证不足，依然会面临承担败诉的法律风险。

四 相关法条

《中华人民共和国劳动法》

第三十六条 国家实行劳动者每日工作时间不超过八小时、平均每周工作时间不超过四十四小时的工时制度。

《中华人民共和国劳动合同法》

第八十五条 用人单位有下列情形之一的，由劳动行政部门责令限期支付劳动报酬、加班费或者经济补偿；劳动报酬低于当地最低工资标准的，应当支付其差额部分；逾期不支付的，责令用人单位按应付金额百分之五十以上百分之一百以下的标准向劳动者加付赔偿金：

（一）未按照劳动合同的约定或者国家规定及时足额支付劳动者劳动报酬的；

（二）低于当地最低工资标准支付劳动者工资的；

（三）安排加班不支付加班费的；

（四）解除或者终止劳动合同，未依照本法规定向劳动者支付经济补偿的。

《国务院关于修改〈国务院关于职工工作时间的规定〉的决定》（1995）

一、第三条修改为："职工每日工作8小时、每周工作40小时。"

第四章　劳动合同履行

4.1　劳动保护

用人单位解雇孕期女工时，理由需要更充分

案例1：史某与某交通科技咨询有限公司劳动争议纠纷案

一　案情简介

史某于2016年7月5日入职某交通科技咨询有限公司（以下简称咨询公司），在交通工程岗位工作。2019年3月20日史某去医院就诊，得知自己已经怀孕一个多月。2019年5月7日咨询公司准备与史某解除劳动合同，并向史某发送了四封函件。史某对函件进行回复，认为咨询公司没有充分考虑其怀孕且需要保胎的客观情况，也没有考虑其专业特长及身体状况。2019年7月12日、13日咨询公司安排史某参加公交站点的隐患排查工作，但考虑到史某已经怀孕，仅安排史某在酒店房间内“整理资料”。由于史某在7月11日与咨询公司的聊天记录中明确表示，最近太累需要休息，故史某与咨询公司提出其他替代工作方案，咨询公司没有采纳。2019年7月19日咨询公司安排史某参加项目业主单位组织的评审委员会，史某接到通知后即让同事朱某代替其参加，并对朱某进行了必要的指导和培训。

2019年7月26日咨询公司以史某在7月12日、13日、19日不服从工作安排、推卸责任为由与其解除了劳动关系，并且向工会进行了报备。

解除劳动合同后，史某向劳动人事争议仲裁委员会提起仲裁申请，要求咨询公司支付其违法解除劳动合同赔偿金、项目奖金。劳动人事争议仲裁委员会支持了史某部分仲裁请求后，咨询公司不服，诉至法院。

咨询公司诉称：史某两次不按照公司安排完成工作，而是自行委托其他员工替代其工作，其本人没有到岗工作，已构成旷工，属于严重违纪，公司有权解除劳动合同。

史某辩称：本人已经怀孕，并且医生建议保胎，公司安排的工作地点离家较远，所以本人无法进行工作，本人已经提前明确告知相关人员自己不能参加，并且提出了解决方案，实际上并没有给公司造成影响，公司据此解除劳动合同没有事实依据。

法院审理认为，咨询公司解除与史某的劳动关系，实体违法，应当支付史某赔偿金。

二 法律及事实分析

史某在怀孕后虽然两次未能参加用人单位安排的工作，但是其作为已经怀孕的劳动者能够积极与用人单位沟通，并主动提出替代解决方案，委托其他人员参加工作，已经尽到了怀孕女工的基本义务。并没有证据显示用人单位安排给史某的工作具有不可替代性，且史某怀孕不愿意长途跋涉也在情理之中，因此用人单位不能就此证明史某拒绝完成本职工作并构成旷工。用人单位以史某不服从单位工作安排为由单方辞退史某，确有不妥之处。

在本案中，如果史某的工作具有不可替代性，用人单位也没有安排史某出差，并适当减轻了史某的工作量，但史某依然拒绝服从单位管理，不与单位沟通，且不到岗完成本职工作，那么单位以不服从工作安排进而认定旷工为由解除劳动合同，将有可能获得法院支持。

三 启示建议

1.孕期女工作为特殊的劳动者，不仅负有依据劳动合同约定完成用人单位工作安排的义务，还具有生育、抚育子女的社会责任，据此我国法律给予孕期女工多重特殊保护，用人单位对孕期女工应从宽管理，对于解除劳动关系，应当慎之又慎。

2.《女职工劳动保护特别规定》第六条明确规定，女职工在孕期不能适应原劳动的，用人单位应当根据医疗机构的证明，予以减轻劳动量或者安排其他能够适应的劳动。本案中用人单位在知道女职工怀孕的情况下，仍安排女职工长时间出差，显然不符合养胎、保胎的医嘱。在法律法规给予孕期女工倾斜性保护的情况下，单位以不服从工作安排进而认定旷工解除劳动合同，必然无法获得支持。

3.必须重点提示，对于“三期”女工，用人单位也不是不能进行管理，《中华人民共和国劳动合同法》的解雇保护制度仅禁止用人单位依据《劳动合同法》第四十条、第四十一条解除“三期”女工的劳动合同，对于确实出现严重违纪等情形的“三期”女工，用人单位可以依据合法有效的制度处理，并能够获得裁判支持。

四 相关法条

《中华人民共和国劳动合同法》

第三十九条 劳动者有下列情形之一的，用人单位可以解除劳动合同：

（一）在试用期间被证明不符合录用条件的；

（二）严重违反用人单位的规章制度的；

（三）严重失职，营私舞弊，给用人单位造成重大损害的；

（四）劳动者同时与其他用人单位建立劳动关系，对完成本单位的工作任务造成严重影响，或者经用人单位提出，拒不改正的；

（五）因本法第二十六条第一款第一项规定的情形致使劳动合同无效的；

（六）被依法追究刑事责任的。

第四十二条 劳动者有下列情形之一的，用人单位不得依照本法第四十条、第四十一条的规定解除劳动合同：

（一）从事接触职业病危害作业的劳动者未进行离岗前职业健康检查，或者疑似职业病病人在诊断或者医学观察期间的；

（二）在本单位患职业病或者因工负伤并被确认丧失或者部分丧失劳动能力的；

（三）患病或者非因工负伤，在规定的医疗期内的；

（四）女职工在孕期、产期、哺乳期的；

（五）在本单位连续工作满十五年，且距法定退休年龄不足五年的；

（六）法律、行政法规规定的其他情形。

《女职工劳动保护特别规定》

第六条　女职工在孕期不能适应原劳动的，用人单位应当根据医疗机构的证明，予以减轻劳动量或者安排其他能够适应的劳动。

对怀孕7个月以上的女职工，用人单位不得延长劳动时间或者安排夜班劳动，并应当在劳动时间内安排一定的休息时间。

怀孕女职工在劳动时间内进行产前检查，所需时间计入劳动时间。

4.2　休息休假

4.2.1　劳动者未休年休假不能直接视为自愿放弃

案例2：庞某与某新能源有限公司劳动争议纠纷案

一　案情简介

庞某于2006年8月31日入职某新能源有限公司（以下简称新能源公司），岗位为商务内勤。新能源公司于2018年5月3日起实施《员工休假管理制度》，其中关于年休假载明：经职工提出年休假申请后，公司有权根据生产、工作的具体情况，统筹安排职工年休假。员工因个人没有申请休带薪年假的当年年假视为自愿放弃，支付其正常工作期间的工资收入。确因工作需要不能安排职工休年休假的，对职工应休未休的年休假天数，将按照该职工工资收入的300%支付年休假工资报酬。2019年5月24日劳动合同解除后，庞某向劳动人事争议仲裁委员会提起仲裁申请，要求新能源公司支付未休年休假工资等，仲裁委员会支持其部分请求后，庞某不服，诉至法院。

庞某诉称：2019年5月24日，我离开公司，不再提供劳动，双方劳动关系解除，我在职期间，未休带薪年休假，公司应依法支付应休未休年休假工资。

新能源公司辩称：我公司的《员工休假管理制度》中关于年休假部分载

明，员工因个人没有申请休带薪年假的，当年的年休假视为自愿放弃，仅支付其正常工作期间的工资收入即可。我公司已支付庞某正常工作期间的工资报酬，因此无须支付未休年休假工资。

法院认为，庞某的连续工作年限应自2001年7月起计算。新能源公司举证证明庞某于2012年至2016年春节期间，除法定节假日外，分别休年休假1天、1天、1天、3天、2天，除此之外未提供证据证明已经安排庞某休年休假，也没有证据证明支付过庞某未休带薪年休假工资。新能源公司虽提交了《员工休假管理制度》，但该制度中“员工因个人没有申请休带薪年假的，当年年假视为自愿放弃，则支付其正常工作期间的工资收入”不符合法律规定，新能源公司仍应依法向庞某支付未休带薪年休假工资。

新能源公司不服，提起上诉，二审法院维持原判。

二 法律及事实分析

劳动者未休年休假的，单位是否必须支付劳动者未休年休假工资，是本案的焦点问题。根据《企业职工带薪年休假实施办法》第十条的规定，用人单位安排职工休年休假，但是职工因本人原因且书面提出不休年休假的，用人单位可以只支付其正常工作期间的工资收入。由此可见，法律规定在此特别强调了劳动者放弃年休假的形式要件，即劳动者必须采用书面形式提出放弃。特别提醒用人单位注意，在劳动者出现放弃年休假的情况时，用人单位应当及时要求劳动者以书面形式明确放弃年休假的原因是因为个人原因。

三 启示建议

劳动者放弃休年休假应当是劳动者的主动行为，即劳动者必须通过积极的、明确的行为作出放弃的意思表示，而本案中用人单位在规章制度中规定“不申请则视为放弃”的表述，属于规定了劳动者没有作出意思表示的后果。双方通过合同的方式，约定没有作出意思表示的法律后果，超出了法律的规定，排除了劳动者的权利，与法律规定不符，属于双方之间的违法约定。依据违法约定对员工的劳动报酬作出处理，很难获得法院的支持。因此用人单位应当特别注意劳动合同及规章制度的合法性审查。

四 相关法条

《企业职工带薪年休假实施办法》

第九条 用人单位根据生产、工作的具体情况，并考虑职工本人意愿，统筹安排年休假。用人单位确因工作需要不能安排职工年休假或者跨1个年度安排年休假的，应征得职工本人同意。

第十条 用人单位经职工同意不安排年休假或者安排职工年休假天数少于应休年休假天数的，应当在本年度内对职工应休未休年休假天数，按照其日工资收入的300%支付未休年休假工资报酬，其中包含用人单位支付职工正常工作期间的工资收入。

用人单位安排职工休年休假，但是职工因本人原因且书面提出不休年休假的，用人单位可以只支付其正常工作期间的工资收入。

4.2.2 用人单位已经安排职工休带薪年休假后不能再扣回

案例3：赵某与上洋公司劳动争议纠纷案

一 案情简介

赵某于2011年2月1日入职上洋公司，担任商务部经理。上洋公司于2017年7月17日向赵某提出解除劳动合同。劳动合同解除后，赵某因带薪年休假工资问题与上洋公司产生争议。赵某向劳动人事争议仲裁委员会提起仲裁申请，要求上洋公司支付未付的年休假工资等，仲裁委员会支持赵某请求后，上洋公司不服，诉至法院。

上洋公司诉称：赵某2017年7月3日下午存在2小时事假（按0.25天扣款），7月4日下午4小时事假（按0.5天扣款）。此外赵某每年应享受10天年休假，其中2017年2月已休5.5天年休假，4月、5月各休1天年休假，共计7.5天。因2017年7月17日双方劳动关系解除，故截至2017年7月17日，赵某可休年休假为5.5天，多休的2天年休假应视为事假，进行扣款。此外7月

13日下午、7月14日下午赵某再次申请休年休假，也应视为事假。

法院认为：根据《企业职工带薪年休假实施办法》第十二条规定，用人单位与职工解除或者终止劳动合同时，当年度未安排职工休满应休年休假天数的，应当按照职工当年已工作时间折算应休未休年休假天数并支付未休年休假工资报酬，但折算后不足一整天的部分不支付未休年休假工资报酬。前款规定的折算方法为：（当年度在本单位已过日历天数 ÷ 365天）× 职工本人全年应当享受的年休假天数 – 当年度已安排年休假天数。用人单位当年已安排职工年休假的，多于折算应休年休假的天数不再扣回。上洋公司已经安排赵某休年休假，现其公司以与赵某解除劳动合同为由，将赵某多休的年休假按照事假扣除工资的行为，缺乏法律依据，法院不予支持。

二 法律及事实分析

劳动者存在未休年休假的，用人单位应安排其在离职前休完或另外支付200%未休年假工资报酬。但也可能出现另一种情况，即结算后发现劳动者已休年假天数超过了应休年假天数，如年初劳动者就已经申请休完了当年度的年休假，未到年终就从用人单位离职。依据上述法律规定，离职时用人单位当年已安排职工年休假的，多于折算应休年休假的天数不再扣回。也就是说，劳动者离职时多休的年休假，用人单位无权以任何理由扣回，不能按照事假处理扣减工资，即使劳动合同或规章制度作出规定的也会被认定为无效。

三 启示建议

1. 员工离职时，企业应做好离职员工的年休假结算，对于未休年假应安排休假或支付补偿。

2. 在日常休假管理中，用人单位应注意年休假安排管理，特别是年休假的审批制度，在年度中统筹安排、合理布局年休假期间，尽量避免出现劳动者预支或多休年休假的情况。

四 相关法条

《企业职工带薪年休假实施办法》

第十二条 用人单位与职工解除或者终止劳动合同时，当年度未安排职工休满应休年休假天数的，应当按照职工当年已工作时间折算应休未休年休假天数并支付未休年休假工资报酬，但折算后不足一整天的部分不支付未休年休假工资报酬。

前款规定的折算方法为：（当年度在本单位已过日历天数÷365天）×职工本人全年应当享受的年休假天数－当年度已安排年休假天数。

用人单位当年已安排职工年休假的，多于折算应休年休假的天数不再扣回。

4.2.3 劳动者请事假未经批准直接休假，用人单位可以视为旷工处理

案例4：刘某与某集团公司劳动争议案

一 案情简介

刘某于2006年12月20日到某集团公司工作。2015年12月10日，某集团公司制订《关于加强集团公司劳动纪律的补充规定》，其中第一条第三项明确规定“连续旷工15天或一年内累计旷工30天，公司可以解除劳动合同”，2016年3月10日上述规定在公司召开的职工代表大会讨论审议表决通过，并通过考试的方式告知了全部职工。2016年6月1日至6月30日刘某因怀孕向某集团公司请假，之后就没有再到公司上班，公司也没有给其发放工资。2016年9月30日至10月14日刘某住院治疗14天，同年10月6日刘某生育一子。2016年10月20日某集团公司向刘某邮寄送达复工通知，内容为，“你因长期旷工，严重违反公司规章制度，根据相关法律规定，请于2016年10月24日之前到劳动人事部门办理复工手续，补交旷工期间社保费用，逾期原工作岗位

不再保留并自旷工之日起解除劳动合同”。刘某于同月22日收到该通知。并且某集团公司在晚报刊登公告一份，内容为“刘某严重违反公司规章制度，根据《中华人民共和国劳动法》《中华人民共和国劳动合同法》等相关规定，请于11月5日前到单位人事部门办理复工手续，逾期未办理，单位将依法与你解除劳动合同。2016年10月31日”。刘某一直未到某集团公司办理复工手续。2016年10月23日，某集团公司向单位工会委员会报送《关于解除刘某劳动合同理由告知的函》，某集团公司工会委员会出具《关于解除刘某劳动合同理由告知书的回复》。同年10月31日某集团公司出具《关于与刘某同志解除劳动合同的决定》，因刘某自2016年7月1日至2016年10月31日连续旷工123天，严重违反了规章制度，决定解除与刘某的劳动合同。

刘某以某集团公司违法解除劳动关系、未缴纳社会保险为由，向劳动人事争议仲裁委员会申请仲裁。仲裁委裁决：确认被申请人与申请人解除劳动合同关系程序违法。某集团公司不服向人民法院起诉。

一审法院认为：刘某因怀孕无法工作于2016年6月1日至6月30日向某集团公司请假，之后未再到单位上班，刘某主张继续向单位请假，单位不准也不给调岗，其未提交证据证明，且即使刘某无法工作，也应与单位协商调岗，而不应采取不上班的方式，故刘某不上班的行为已构成旷工的事实。某集团公司的规章制度内容不违反法律规定，且经过合法程序制定，并以登报的方式向刘某进行了公示，故该规章制度合法有效。刘某虽于2016年9月30日入住医院生产后进入哺乳期，但未提交证据证明已将该情况告知某集团公司，且即使刘某处于哺乳期，在某集团公司要求其复工的情况下，刘某也可以委托亲属代为办理相关手续，刘某未提交证据证明其已办理复工相关手续，故认定其对自己的旷工行为存有过错，该旷工行为符合某集团公司规章制度规定的解除劳动关系的情形，且公司也已征求了工会的意见，刘某于2016年11月中旬收到解除劳动关系文件，某集团公司与刘某解除劳动关系是合法解除。一审法院判决：某集团公司与刘某解除劳动关系为合法解除。刘某不服提出上诉。二审法院维持一审判决。

二 法律及事实分析

本案刘某在某集团公司工作，因怀孕致身体不适无法适应工作，完全可以通过请事假或者病假实现休息的目的。在具有医疗诊断证明的前提下，符合病假的情况可以享受病假待遇，不符合病假也可以请事假，在理由充分且具有合理性的情况下，某集团公司不批准事假是非人性化的。但本案刘某自2016年6月1日至6月30日请假后就再也没有到单位上班，这样的旷工行为符合某集团公司规章制度规定的解除劳动关系的情形。

用人单位具有单方解除劳动合同权利的法定情形之一："劳动者严重违反用人单位规章制度的"，只要规章制度对严重违反规章制度的情形作出了规定，而且制度经过了民主程序制定，并且已向劳动者公示，依据规章制度对违纪行为作出处理决定就是合法的。依据该条款解除劳动合同，并不会因为劳动者处于医疗期、产期、哺乳期或者工伤治疗阶段而受到影响。

三　启示建议

事假并非法定假，劳动者请事假也不需特别理由，只要劳动者认为有必要，经用人单位同意即可休假。事假的天数也没有法定要求，一般由用人单位的规章制度规定。劳动法律法规中对事假并没有具体规定，但对事假期间的待遇散见于法规条例之中，基本意见是事假期间可以不享受工资、福利待遇，并且请事假会影响其他假期的请休。

四　相关法条

《职工带薪年休假条例》

第四条　职工有下列情形之一的，不享受当年的年休假：

（一）职工依法享受寒暑假，其休假天数多于年休假天数的；

（二）职工请事假累计20天以上且单位按照规定不扣工资的；

（三）累计工作满1年不满10年的职工，请病假累计2个月以上的；

（四）累计工作满10年不满20年的职工，请病假累计3个月以上的；

（五）累计工作满20年以上的职工，请病假累计4个月以上的。

4.2.4 用人单位应当在合理限度内要求劳动者提供病假资料

案例5：谢某与某信息科技公司劳动争议案

一 案情简介

谢某与某信息科技公司（以下简称某科技公司）于2017年10月16日签订劳动合同，谢某担任外勤人员（高级项目经理）。2018年9月10日谢某开始休病假。谢某向某科技公司提交了病假的诊断证明书。2018年12月29日，某科技公司向谢某发送律师函，内容为：谢某提交的病假文件缺少部分病历、心理治疗凭证、心理治疗单据、医药费凭据、心理治疗材料、精神分析治疗材料，要求谢某收函后向某科技公司出具完整的请病假资料，如果无法提供，某科技公司将考虑视谢某的行为为旷工，并依法进行后续处理。2019年1月16日，某科技公司向谢某发送律师函，内容为：谢某的配偶使用谢某的工作邮箱向某科技公司及律师发送邮件，谢某将邮箱密码透露给第三方，将工作邮箱交由第三方使用；谢某未对欠缺的病假证明资料予以补充提交，视为旷工，属于严重违纪，故解除与谢某的劳动关系。

解除劳动关系后，谢某向劳动人事争议仲裁委员会提起仲裁申请，要求某科技公司支付违法解除劳动合同赔偿金、未休年休假工资、工资差额，仲裁委员会支持其部分请求后，谢某不服，诉至法院。

谢某诉称：某科技公司在我病假期间以旷工为由解除劳动合同，无事实依据，属于违法解除，应支付赔偿金。

某科技公司辩称：谢某提供诊断证明仅载明“抑郁状态”，根据有关的类案判例规则，“抑郁状态”无法等同于“精神病”。抑郁状态实际上是每个人都可能存在的一种精神状态，其是否已经属于医学上的“精神病”需要谢某提供证据予以证明。谢某未能提供证据证明其身患精神病，我公司不予批准病假进而认定为旷工解除劳动合同是合法行为。

法院认为：《中华人民共和国民法典》第一千零三十四条规定，自然人的个人信息受法律保护。个人信息是以电子或者其他方式记录的能够单独或者与其他信息结合识别特定自然人的各种信息，包括自然人的姓名、出生日期、身份证件号码、生物识别信息、住址、电话号码、电子邮箱、健康信息、行踪信息等。个人信息中的私密信息，适用有关隐私权的规定；没有规定的，适用有关个人信息保护的规定。谢某罹患疾病的细节应属个人隐私，某科技公司要求其提供的病历、心理治疗材料、费用凭据等应以必要为限，能够反映谢某患病就诊事实即可，但不应过分求全，以免侵犯个人隐私，侵害患者权益。结合某科技公司在意见中所称“谢某从未按照某科技公司规章制度提交完整的证明其在客观上患有‘精神病’的病假证明材料”，某科技公司对于忧郁状态或忧郁症的认识存在偏差，根据《企业职工患病或非因工负伤医疗期规定》第三条、第四条的规定，企业职工医疗期根据本人实际参加工作年限和在本单位工作年限计算，而根据《劳动部关于贯彻〈企业职工患病或非因工负伤医疗期规定〉的通知》，“精神病”等特殊疾病的认定只涉及在24个月内不能痊愈需要延长医疗期的情形，故对某科技公司的相应主张法院不予采信。根据谢某的陈述及证据，其在2018年12月10日OA关闭后仍通过邮件等形式向公司发送了病假条和诊断证明，因此某科技公司认定谢某旷工并以此为由解除与谢某的劳动关系缺乏依据，属于违法解除。

二　法律及事实分析

关于用人单位要求劳动者提供病历材料是否侵犯劳动者隐私权的问题，应当结合具体问题区别对待。用人单位基于用工管理的需要，有权对劳动者的病情进行了解、核实，在一般情况下，单位有权要求劳动者提供病历证明，未侵犯劳动者的隐私权，而本案的特殊之处在于，劳动者处于抑郁状态，身患精神病，在社会公众普遍对“精神病”具有贬义理解的情况下，法院认为该病情属于劳动者的个人隐私，具有合理性。

三　启示建议

对于患病劳动者，用人单位不应过分苛求其是否在规定时限内履行请假手续、是否依规提交病假材料，从法院的角度看，只要劳动者客观上的确存在生病就医的事实，用人单位就应当宽容为主、约束为辅，过分严苛的要求，从目前的司法审判来看，大多无法获得支持。

值得注意的是，关于抑郁状态是否属于精神病，在实践中，确实存在较大争议，有些法院认为抑郁状态不属于精神病，需要劳动者提举证据予以佐证，而有些法院持本案法官观点，认为属于特殊疾病。为了尽量降低法律风险，建议用人单位将员工的抑郁症视为精神疾病处理。

四 相关法条

《中华人民共和国劳动合同法》

第三十九条 劳动者有下列情形之一的，用人单位可以解除劳动合同：

（一）在试用期间被证明不符合录用条件的；

（二）严重违反用人单位的规章制度的；

（三）严重失职，营私舞弊，给用人单位造成重大损害的；

（四）劳动者同时与其他用人单位建立劳动关系，对完成本单位的工作任务造成严重影响，或者经用人单位提出，拒不改正的；

（五）因本法第二十六条第一款第一项规定的情形致使劳动合同无效的；

（六）被依法追究刑事责任的。

《劳动部关于贯彻〈企业职工患病或非因工负伤医疗期规定〉的通知》

二、关于特殊疾病的医疗期问题

根据目前的实际情况，对某些患特殊疾病（如癌症、精神病、瘫痪等）的职工，在24个月内尚不能痊愈的，经企业和劳动主管部门批准，可以适当延长医疗期。

4.2.5 用人单位应当批准女职工生育奖励假

案例6：钟某与某电气股份有限公司劳动争议案

一 案情简介

钟某于2012年12月17日入职某电气股份有限公司（以下简称电气公司），工作岗位为商务专员。2019年5月8日，钟某顺产生育一子，并于2019

年5月5日至2019年8月10日休产假。2019年8月20日，电气公司通过微信以及电子邮箱方式向钟某发出《解除劳动合同通知书》，通知载明：钟某的假期已于2019年8月10日到期，应于2019年8月12日到岗上班，其间多次沟通，钟某仍未办理任何续假手续。其逾期未到岗行为构成旷工，截至2019年8月20日已连续旷工6天，根据公司相关规章制度规定，给予辞退开除处理。

被辞退开除后钟某向劳动人事争议仲裁委员会提起仲裁申请，要求电气公司支付违法解除劳动合同赔偿金、产假工资、奖励假工资损失、哺乳假工资损失，仲裁委员会支持其部分请求后，电气公司不服，诉至法院。

电气公司诉称：钟某产假届满后，经电气公司通知到岗工作仍拒不到岗，严重违反电气公司的规章制度，根据相关法律规定，电气公司有权解除与钟某的劳动关系，且无须支付任何补偿金或赔偿金。

钟某辩称：电气公司作为用人单位在钟某合法的奖励假及哺乳期内擅自单方解除双方的劳动合同，属于违法解除，应当支付赔偿金及哺乳期待遇损失。

法院认为：女职工生育符合法律法规和计划生育政策的，除享有98天产假待遇外，另享有奖励假，且用人单位应正常发放该期间的工资待遇。本案中，钟某合法生育，依法享有生育奖励假，享受奖励假是其法定权利，且其在产假期间已向电气公司的人事经理申请奖励假休假，故电气公司以钟某2019年8月12日至8月20日连续旷工6天，严重违反公司规章制度为由解除双方的劳动关系，缺乏事实及法律依据，属违法解除，应依法支付违法解除劳动合同的赔偿金。

二　法律及事实分析

根据《女职工劳动保护特别规定》第七条第一款的规定，女职工生育享受98天产假，其中产前可以休假15天。女职工除依法享受98天产假外，全国各地也有一定的奖励假，例如，在北京，对于符合法定情形的女职工，享受奖励假30天。

很多用人单位可能存在这样的误解，既然是奖励假，就是可以奖励，也可以不奖励，所以单位肯定对奖励假有审批权，这样的理解是错误的，奖励假和产假一样，均属于女职工享有的法定假期，用人单位必须批准且无权加以干涉。本案中用人单位主张劳动者休产假98天后，未经批准不到岗上班，属于旷工，无法获得法院支持。

三 启示建议

无论是在98天产假还是在各地规定的奖励假期间，用人单位均应足额支付劳动者的产假工资，不能区别对待。在实践中因为用人单位未足额支付产假工资，员工选择被迫离职，员工依法维权获得裁判支持的案例数不胜数，众多用人单位因此支付了较高的经济补偿。

四 相关法条

《女职工劳动保护特别规定》

第七条 女职工生育享受98天产假，其中产前可以休假15天；难产的，应增加产假15天；生育多胞胎的，每多生育1个婴儿，可增加产假15天。

女职工怀孕未满4个月流产的，享受15天产假；怀孕满4个月流产的，享受42天产假。

4.3 工资支付

4.3.1 劳动者主张超时加班事实的，应承担举证责任

案例7：刘某等9人诉某供电有限公司追索劳动报酬纠纷案

一 案情简介

刘某等9人均是某供电有限公司（以下简称供电公司）变电站职工，先后于1979年至2009年参加工作。刘某等9人自参加工作以来均在变电站从事变电运维工作。由于变电运维工作性质需昼夜在岗值班，实行轮班工作方式即上一天班休息一天，后经变电站职工与供电公司协商将上一天休一天的轮班方式改为上一周休一周。2008年1月1日开始，供电公司与刘某等9人签订

了无固定期限劳动合同，该合同约定，执行标准工作时间制，每天工作时间不超过8小时。但劳动合同签订后，刘某等9人仍然执行上一周班休一周的工作方式。刘某等9人于2015年1月13日申请劳动仲裁，仲裁委以申请人的仲裁请求超过仲裁申请时效为由未予受理。刘某等9人诉至法院，要求供电公司支付延长劳动时间、公休日、节假日补偿款共计5241077.15元。

供电公司辩称：刘某等9人自2008年与供电公司重新签订劳动合同时就应当知道其实际工作时间并未按照合同约定的标准工作制实施，故刘某等9人的诉讼请求已超过诉讼时效，但刘某等9人对此并不认可。

刘某等9人诉称：其诉讼请求应按照每人每月延时工作23天计算，其中包括工作日19天、休息日4天，为证明主张的事实，刘某等9人提交了两个变电站17个月的值班运行记录本，但供电公司对此有异议，认为刘某等9人的工作执行的系倒班制，应按照综合计算工时工作制计算工资，且供电公司是根据电力工业部关于印发《电力劳动者实行综合计算工时工作制和不定时工作制实施办法》的通知给刘某等9人计算的工资，其中已包含加班费，刘某等9人不应再主张延长劳动时间、公休日、节假日补偿款。

法院认为：刘某等9人就其主张的超时加班事实应承担举证责任，但在庭审中，刘某等9人自认为对其主张超时加班事实所依据的值班运行记录均由变电站自行保管，并未上交供电公司，供电公司亦未要求上交。证明加班事实存在的基础举证责任应在刘某等9人，但刘某等9人提交的证据无法证明其主张的加班事实存在，且供电公司提出其只是认可变电站实际工作中是上一天班休息一天，后改为上一周班休一周，并不认可刘某等9人提交的变电站值班运行记录用以证明延长了工作时间。由于刘某等9人提交的值班运行记录，没有上交供电公司，且各变电站的日常工作出勤情况供电公司并不掌握，无法核实其证据的真实性，刘某等9人亦不能提供具体的出勤原始记录，无法证明其所主张的加班事实，故对刘某等9人的诉讼请求因证据不足不予支持。供电公司抗辩提出刘某等9人诉讼请求超过诉讼时效，但供电公司提交的证据及其所依据的法律法规不能证明其主张，且原告、供电公司之间的劳动关系仍在存续期间，故供电公司提出超过诉讼时效的抗辩理由不成立。法院驳回了刘某等9人的全部诉讼请求。

二 法律及事实分析

本案涉及的焦点问题如下：

1. 加班工资的诉讼时效问题

劳动争议的诉讼时效期限为一年，诉讼时效期限从当事人知道或者应当知道其权利被侵害之日起计算。劳动关系存续期间因拖欠劳动报酬发生争议的，诉讼时效不受一年时效期限的限制；但是劳动关系终止的，应当自劳动关系终止之日起一年内提出。加班工资属于劳动报酬，适用特殊诉讼时效，劳动者在职期间不受一年诉讼时效的限制，但劳动关系终止后，需在一年内提出加班工资的请求。本案中原告、供电公司之间的劳动关系仍在存续期间，因此诉讼时效不受一年时效期限的限制。

2. 加班事实举证责任的分配问题

发生劳动争议，当事人对自己提出的主张有责任提供证据。与争议事项有关的证据属于用人单位掌握管理的，用人单位应当提供，用人单位不提供的，应当承担不利后果。《最高人民法院关于审理劳动争议案件适用法律问题的解释（一）》第四十二条规定，劳动者主张加班费的，应当就加班事实的存在承担举证责任。但劳动者有证据证明用人单位掌握加班事实存在的证据，用人单位不提供的，由用人单位承担不利后果。由此可见，劳动者对于其主张的加班事实承担举证责任，如果劳动者不能举证证明其主张的加班事实存在，则应当承担举证不能的法律后果；不过如果劳动者提供的证据虽然不能直接证明加班事实存在，但能证明用人单位掌握着加班事实存在的证据，如果用人单位拒不提供该证据，则由用人单位承担不利后果。法律如此规定的原因是，加班并非在正常劳动时间内提供劳动，因此加班事实的举证责任首先在于劳动者。但考虑到劳动者在劳动关系中一般处于弱势地位，其加班事实的证据一般由用人单位掌握，劳动者从用人单位处固定并取出证据从而进行法庭举证的能力明显不足。因此，该规定又设置了相应的证据推定规则，即在劳动者初步举证证明用人单位掌握劳动者加班事实证据的前提下，当用人单位无法予以有效反驳且拒不提供相关证据时，人民法院可直接推定劳动者主张的加班事实存在并依法判令用人单位支付加班费。本案中，劳动者未能提供用人单位掌握加班事实的基础证据，因此劳动者承担诉讼的不利后果。

三 启示建议

1.对于事实上实行综合计算工时工作制的员工，用人单位应及时签订综合工时制书面劳动合同，这样可以有效控制加班费的开支。由于实行不定时工时制的劳动者只有在法定节假日工作，用人单位才需要支付加班费（除上海、深圳等之外的多数地区实行不定时工时制的劳动者，即使在法定节假日工作，也无须支付加班费），其他时间均不属于加班，这样也就无须支付加班费。

2.建议用人单位建立加班审批制度。建立加班审批制度，一方面可以控制加班，另一方面也可以控制实际不存在加班而需要支付加班费的情况发生。在劳动争议案件中，如果劳动者以考勤记录显示工作时间超过法定工作时间为由，向用人单位主张加班费，假如用人单位已经建立加班审批制度，那么用人单位则可以以劳动者的加班申请未经审批，不能视为加班为由，拒绝支付加班费。

3.用人单位应注意区分加班的情形，应在规章制度中明确规定不属于加班的情形，如没有经过加班审批、自行加班、就餐时间等，特别需要注意区分加班和值班，要明确区分什么情况下是加班，什么情况下是值班，值班期间的管理，值班补贴等事项。

四 相关法条

《最高人民法院关于审理劳动争议案件适用法律问题的解释（一）》

第四十二条 劳动者主张加班费的，应当就加班事实的存在承担举证责任。但劳动者有证据证明用人单位掌握加班事实存在的证据，用人单位不提供的，由用人单位承担不利后果。

《最高人民法院关于适用〈中华人民共和国民事诉讼法〉的解释》

第九十条 当事人对自己提出的诉讼请求所依据的事实或者反驳对方诉讼请求所依据的事实，应当提供证据加以证明，但法律另有规定的除外。

在作出判决前，当事人未能提供证据或者证据不足以证明其事实主张的，由负有举证证明责任的当事人承担不利的后果。

第九十二条 一方当事人在法庭审理中，或者在起诉状、答辩状、代理词等书面材料中，对于己不利的事实明确表示承认的，另一方当事人无需举证证明。

对于涉及身份关系、国家利益、社会公共利益等应当由人民法院依职权调查的事实，不适用前款自认的规定。

自认的事实与查明的事实不符的，人民法院不予确认。

4.3.2 加班工资的计算基数各地规定不同，劳动者需承担初步举证责任

案例8：叶某诉某电力有限责任公司劳动争议案

一 案情简介

叶某于2005年11月入职某电力有限责任公司（以下简称电力公司），双方签订了书面劳动合同，工作内容为水厂运行岗位，生产任务为完成供水分公司生产运行、值班工作。叶某的工作方式实行五班三倒制。叶某在2014年法定节假日加班6天，分别是春节加班1天、清明节加班1天、端午节加班1天、国庆节加班3天，电力公司已付加班费666.18元；在2015年法定节假日加班7天，分别是元旦加班1天、春节加班3天、劳动节加班1天、端午节加班1天、中秋节加班1天，电力公司已付加班费796.53元；在2016年9月前法定节假日加班2天，分别是春节加班1天、清明节加班1天，电力公司已付加班费115.86元。叶某发生劳动争议前的正常月平均应发工资为4297.95元。

2017年叶某起诉电力公司，请求支付2010年至2016年未给付的及未足额给付的法定节假日加班费19564.75元；2013年至2015年日常工作时间外在中水厂、光伏厂的加班费8045.62元。

一审法院认为，双方签订的劳动合同并未约定计算加班费的工资基数，

因此应当按照叶某加班当月的应发工资计算加班费。据双方向法院所提交的证据，可以认定叶某2014年1月至2016年9月的法定节假日加班天数为15天。电力公司按照法律规定应当支付叶某加班费8701.93元，已发放加班费是1578.57元，未按照法律规定足额支付叶某的加班费。叶某向法院提交了2013年至2016年出勤情况月报及2010年2月至2015年6月的电子班务截图，以及2011年1月至2016年10月的工资明细，以证明其2010年至2016年的加班情况及加班费发放情况，但是上述证据形式不符合法律规定，且与电力公司向法院提交的证据在内容上存在冲突，法院不能以此认定叶某2010年至2013年的加班情况及加班费发放情况。叶某亦未向法院举证证明电力公司仍掌握加班事实存在的证据，故对叶某请求的2010年至2013年的加班费，法院依法不予支持。电力公司在2014年至2016年9月存在未足额支付加班费的情况，应当按照法律规定补足加班费7123.36元。叶某向法院提交了岗位规范、巡检规定、中水厂巡检记录本、中水厂巡检记录表（命令）截图、光伏厂巡检统计表，以证明其在2013年至2015年日常工作时间外在中水厂、光伏厂加班，而电力公司未支付加班费。该证据没有电力公司的印章及领导人签字，证据形式不符合法定形式，且叶某亦未举证证明该部分工作不属于其本职工作，因此，法院无法据此证据认定叶某从事的该项工作确实属于加班。对叶某要求电力公司支付该部分加班费的主张，法院依法不予支持。一审判决后，叶某不服，提起上诉。

二审法院认为，叶某应当就加班事实的存在承担举证责任。针对法定节假日加班事实及未足额给付加班费的情况，叶某一审时提交了工资明细、考勤表、电子班务截图等证据。鉴于叶某一审提交的2014年1月至2016年9月考勤表与电力公司提交的相应考勤表可相互印证，依据上述证据可以认定叶某在2014年1月至2016年9月的法定节假日加班天数及应付加班费数额，故一审法院在扣除该期间已付加班费的基础上判决电力公司向叶某支付2014年至2016年9月的法定节假日加班费7123.36元符合法律规定。至于叶某主张的2010年至2013年的法定节假日加班费，叶某一审时仅提供了2013年8月至2013年12月的考勤表拟证明其法定节假日加班事实。因上述考勤表上没有电力公司相关负责人签字及电力公司盖章确认，且电力公司对上述考勤表不予认可，故该证据不能作为认定案件事实的依据。鉴于叶某提供的证据不足以证明其2010年至2013年存在法定节假日加班事实，其也没有证据证明电力公司掌握上述时间段内叶某存在法定节假日加班事实的证据，故叶某应当就该部分加班费承担举证不能的不利法律后果。叶某主张其2013年至2015年日常工作时间外在中水厂、光伏厂加班，并提供了岗位规范、巡检规定、中水厂巡检记录本、中水厂巡检记录表（命令）截图、光伏厂巡检统计表等证据予以证明。鉴于上述证据不足以证明叶某在中水厂、光伏厂的巡检工作不属于其本职工作，叶某应当就该部分加班费承担举证不能的不利法律后果。叶某的上诉请求不能成立，应予驳回；一审判决认定事实清楚，适用法律正确，应予维持。

二 法律及事实分析

本案涉及的焦点问题如下：

1. 加班费的计算基数问题

加班费的计算基数问题在全国各地存在较大差异。在实务操作中，用人单位要熟悉当地法院仲裁委的指导意见、会议纪要等规定，并注意从中国裁判文书网上搜索相关的判例做参考。例如，北京、重庆以劳动合同约定的工资基数优先计算加班费；江苏、湖北、福建可以约定最低工资作为基数；天津、广东、辽宁、山东按照实际工资计算加班费；等等。

具体到本案，内蒙古地区的加班费计算基数，若双方签订的劳动合同并未约定计算加班费的工资基数，则应依据内蒙古自治区高级人民法院、内蒙古自治区劳动人事争议仲裁委员会的《关于劳动人事争议案件适用法律若干问题的指导意见》确定，即加班工资基数按照法定工作时间内劳动者上一月份提供正常劳动所得实际工资扣除该月加班费后的数额确定。劳动者上一月份没有提供正常劳动的，按照向前推进至其提供正常劳动月份所得实际工资扣除该月加班费后的数额确定。法定工作时间劳动者所得实际工资扣除该月加班费后的数额低于当地最低工资标准的，按照最低工资标准执行。

2. 加班费的举证责任问题

劳动者要通过考勤情况、微信、录音、视频、电子邮件等相关证据举证证明加班的时间，加班的事实情况，或者证明用人单位掌握加班事实存在的证据但用人单位却不提供，据此要求用人单位支付加班费。当劳动者完成初步举证之后，举证责任就会相应地转移到用人单位。涉及加班费的劳动争议案件，劳动者需要举证在先，在没有任何证据的情况下，劳动者主张加班费的请求是很难得到裁判支持的。

三 启示建议

用人单位加班审批操作应注意如下事项：

1.用人单位加班应执行加班审批制度，未经加班审批的不认定为加班（特殊情况除外）。员工按照工作实际情况需要加班的，应提前填写加班申请单和加班确认单，履行相关的加班审批程序后方可加班。

2.用人单位按照规章制度进行加班审批，实际操作中，加班审批尽量按照层级进行，逐步加大加班审批的难度，这对用人单位控制加班成本会有一定的作用。

3.员工加班后，应在规定的时间内填写加班申请单和加班确认单中实际加班的时间，若实际加班时间与申请的加班时间有出入，建议由该员工所属的用人部门来确定加班是否存在，并填写认定加班的理由及需要提供的材料。这一步目前在很多用人单位的实践操作中存在争议，所以需要引起关注。

四 相关法条

内蒙古自治区高级人民法院、内蒙古自治区劳动人事争议仲裁委员会印发《关于劳动人事争议案件适用法律若干问题的指导意见》（内高法〔2015〕193号）

18. 加班工资的计算基数和举证责任问题。

劳动者主张加班费的，应当就加班事实的存在承担举证责任。但劳动者有证据证明用人单位掌握加班事实存在的证据，用人单位不提供的，由用人单位承担不利后果。

加班工资基数按照法定工作时间内劳动者上一月份提供正常劳动所得实际工资扣除该月加班费后的数额确定。劳动者上一月份没有提供正常劳动的，按照向前推进至其提供正常劳动月份所得实际工资扣除该月加班费后的数额确定。法定工作时间劳动者所得实际工资扣除该月加班费后的数额低于当地最低工资标准的，按照最低工资标准执行。

《最高人民法院关于审理劳动争议案件适用法律问题的解释（一）》

第四十二条 劳动者主张加班费的，应当就加班事实的存在承担举证责任。但劳动者有证据证明用人单位掌握加班事实存在的证据，用人单位不提供的，由用人单位承担不利后果。

4.3.3 用人单位欠缺职工名册，对于劳动者的工资认定有不利影响

案例9：林某诉某电力设备有限公司追索劳动报酬纠纷案

一 案情简介

2016年1月1日某电力设备有限公司（以下简称电力设备公司）的李某为林某出具欠工资明细一份，载明：欠林某工资5400元。该欠据未加盖电力设备公司公章。后林某提起劳动仲裁。

林某称，其于2014年起受雇于电力设备公司，从事玻璃钢制品工作，与电力设备公司形成劳动关系。电力设备公司未与其签订书面劳动合同，仅口头约定工资，2015年至2016年电力设备公司拖欠其工资5400元，请求判令电力设备公司支付其工资5400元。电力设备公司辩称：林某从未在该公司工作。

为查明事实真相，法院责令电力设备公司在限定的日期内向法院提供该公司关于用工方面的证据，其中包括用工名册，工资发放流水，为员工办理医疗保险、社会保险、住房公积金等相关材料，并告知其如拒不提供应承担相应不利的法律后果。电力设备公司未在限定时间内向法院提交相关证据。为进一步查清事实，法院向林某询问了电力设备公司的厂区工作状况，并要求其制作平面图，同时要求电力设备公司一同到现场进行核实，以

查明林某与电力设备公司是否存在劳动关系，是否曾在其厂从事劳动的事实，但电力设备公司在该院对其告知了拒不配合现场勘验的风险后，仍表示拒绝。

一审法院认为：经过现场核实，林某所述及其制作的平面图与电力设备公司的厂区情况一致。该事实足以证明林某主张的与电力设备公司存在劳动关系，为电力设备公司提供劳动的事实存在。综合分析证据并结合庭审中的情况，法院对林某所提交证据予以采信，对其主张的要求电力设备公司支付劳动报酬的主张予以支持，判决电力设备公司给付林某劳动报酬5400元。一审法院判决后，电力设备公司不服，提起上诉。

二审法院认为：上诉人作为用人单位完全可以提供完整的用工名册，工资发放流水及为员工办理的医疗保险、社会保险等相关材料佐证其提出的上述主张，但经原审法院释明后其仍拒绝提供，二审审理期间亦不提供任何证据，故上诉人应承担由此造成的对其不利的法律后果。因涉案的工资欠据系经结算后出具，故欠据中只记载拖欠工资的具体数额并无不妥。上诉人提出的主张均不能成立，不予支持。驳回上诉，维持原判。

二 法律及事实分析

本案涉及的焦点问题如下。

1. 用人单位建立职工名册问题

依据法律规定，用人单位应当建立职工名册备查，电力设备公司应当举证证明林某是否入职，以及其真实的入职时间，但未能举证证明。结合电力设备公司员工向林某出具欠据的事实，人民法院认可双方实际建立了劳动关系并存在拖欠劳动报酬的行为。

职工名册属于用人单位管理的证据，如果用人单位不提供，要承担举证不能的后果。建立职工名册，用人单位在发生争议时可以完成举证责任，在用工时还可以对员工进行有效管理，具体体现如下：

（1）劳动者基本信息及工作经历等存在虚假时，可能构成欺诈，用人单位可以主张劳动合同无效。职工名册可以证明其记载信息与客观事实是否存在差异。

（2）职工名册记载了劳动者的住址及紧急联系人，当与劳动者无法取得联系时，可以解决用人单位文件送达等问题。

（3）未签订劳动合同二倍工资的计算时效问题，建立劳动关系的时间直接决定二倍工资是否已过仲裁时效，职工名册可以证明劳动关系的建立时间，即二倍工资的起算时间。

（4）劳动者的工作年限计算直接关系到医疗期、带薪年休假、经济补偿、赔偿金的计算数额，职工名册可以有效证明工作年限。

2. 工资欠条的法律效力问题

劳动者提供了正常劳动，用人单位应该按照劳动合同约定的工资标准支付劳动者工资。用人单位为劳动者出具的工资欠条，不违反法律、行政法规的强制性规定，且不存在欺诈、胁迫或者乘人之危情形的，应当认定有效。工资欠条对用人单位具有约束力，用人单位应根据工资欠条履行给付义务。用人单位如果提出异议，应提供相应的证据。

工资欠条上未加盖用人单位公章，而只有用人单位员工个人的签名，法院不会仅凭欠条表面上的员工个人签字就认定双方之间的债权债务关系，而会审慎查明案件事实，依法确认真实的债权人与债务人，以及法律关系。

三 启示建议

1. 用人单位应当建立包含完整信息的职工名册备查，否则将由劳动行政部门责令限期改正；逾期不改的，可处以罚款。职工名册包括劳动者姓名、性别、公民身份号码、户籍地址及现住址、联系方式、用工起始时间、劳动合同期限等内容。职工名册也是用人单位自身加强管理的重要工具，用人单位不应以应付劳动行政部门的心理来处理，而应使职工名册发挥真正的作用。

2. 用人单位应制作规范完备的工资支付凭证，其应当能够明确反映劳动者当月的工资情况，并由劳动者签字确认。值得注意的是，工资支付凭证单位需要保存两年以上备查，产生劳动争议时，劳动者申请仲裁之日起两年内的劳动报酬的举证责任由用人单位承担，两年以外则由劳动者承担，并且以用人单位认可为条件。

四　相关法条

《中华人民共和国劳动合同法》

第七条　用人单位自用工之日起即与劳动者建立劳动关系。用人单位应当建立职工名册备查。

《中华人民共和国劳动合同法实施条例》

第八条　劳动合同法第七条规定的职工名册，应当包括劳动者姓名、性别、公民身份号码、户籍地址及现住址、联系方式、用工形式、用工起始时间、劳动合同期限等内容。

第三十三条　用人单位违反劳动合同法有关建立职工名册规定的，由劳动行政部门责令限期改正；逾期不改正的，由劳动行政部门处2000元以上2万元以下的罚款。

《工资支付暂行规定》

第六条第三款　用人单位必须书面记录支付劳动者工资的数额、时间、领取者的姓名以及签字，并保存两年以上备查。用人单位在支付工资时应向劳动者提供一份其个人的工资清单。

《关于加强劳动合同管理完善劳动合同制度的通知》

三、建立和运用实用有效的管理手段，促进劳动合同的履行。用人单位应当建立劳动合同台账，对劳动者的基本情况、实际工作年限、劳动合同期限、劳动合同中的约定条款等进行动态管理。有条件的用人单位，应当逐步实现管理手段现代化。

《中华人民共和国劳动争议调解仲裁法》

第三十九条第二款　劳动者无法提供由用人单位掌握管理的与仲裁请求有关的证据，仲裁庭可以要求用人单位在指定期限内提供。用人单位在指定期限内不提供的，应当承担不利后果。

4.3.4 用人单位受新冠肺炎疫情影响部分停工停产的，可按停工停产规定支付工资

案例10：张某与某汽车公司劳动争议纠纷案

一 案情简介

张某为某汽车公司客户俱乐部员工，该公司业务涉及汽车零部件生产、汽车组装和车辆销售等工作。双方签订的书面劳动合同约定，张某月工资为8000元，某汽车公司每月10日发放上月4日至本月3日工资。2020年2月3日以后，某汽车公司零部件生产、汽车组装、车辆销售部门陆续复工，但因新冠肺炎疫情防控要求客户俱乐部暂时无法对外开放，导致客户俱乐部未能同步复工复产，张某所在客户俱乐部中的10余名劳动者均处于停工状态。2020年3月10日某汽车公司按照劳动合同约定支付了张某2020年2月工资，2020年4月10日按照生活费标准支付了张某3月工资待遇。张某认为某汽车公司恶意以停工为由降低其工资待遇，遂向劳动人事争议仲裁委员会申请仲裁，请求裁决某汽车公司支付2020年3月4日至4月3日工资差额6460元。

仲裁委员会认为，《人力资源社会保障部办公厅关于妥善处理新型冠状病毒感染的肺炎疫情防控期间劳动关系问题的通知》（人社厅明电〔2020〕5号，以下简称5号文件）规定：企业停工停产在一个工资支付周期内的，企业应按劳动合同规定的标准支付职工工资。超过一个工资支付周期的，若职工提供了正常劳动，企业支付给职工的工资不得低于当地最低工资标准。职工没有提供正常劳动的，企业应当发放生活费，生活费标准按各省、自治区、直辖市规定的办法执行。上述政策的制定参照了《工资支付暂行规定》（劳部发〔1994〕489号）第十二条，即非因劳动者原因造成单位停工、停产在一个工资支付周期内的，用人单位应按劳动合同规定的标准支付劳动者工资。超过一个工资支付周期的，若劳动者提供了正常劳动，则支付给劳动者的劳动报酬不得低于当地的最低工资标准；若劳动者没有提供正常劳动，应按国家有关规定办理。可见，上述规定只对用人单位停工停产期间劳动者能够提供正常劳动和无法提供正常劳动分别予以明确，但并未将适用条件限于用人单位

的全部停工停产。本案中，尽管某汽车公司的零部件制造等部门均已复工，但因各部门工作具有相对独立性，其复工条件并不相同，张某认为某汽车公司恶意以客户俱乐部停工为由降低其工资待遇，事实依据不足。经查，某汽车公司部分停工的安排并非针对张某一人，而是无差别地适用于客户俱乐部的10余名劳动者。因此，仲裁委员会对张某关于某汽车公司安排部分停工存在主观恶意的主张不予采信，该公司安排张某所在部门停工，并适用5号文件规定支付张某工资待遇并无不当，故依法驳回张某的仲裁请求。

二　法律及事实分析

新冠肺炎疫情影响了用人单位生产经营和劳动者正常劳动。在这种情况下，用人单位采取短期停工停产发放生活费的方式，比采用与劳动者解除劳动合同并支付补偿的处理方式，既降低了成本，又更好地维护了劳动关系稳定，也为下一步复工复产提供了人力资源保障，是一种择优选择，应该给予肯定。

从劳动者的角度，虽然一定时期内收入下降，但减轻了用人单位的压力，让其能够渡过难关，稳定了自身的就业岗位，双方各得其利。这种利益的平衡和兼顾，正是新冠肺炎疫情影响下构建和谐劳动关系的内在要求，也是仲裁和司法实务中，维护停工停产劳动者合法权益，尊重和保障用人单位用工自主权的依据。

三　启示建议

1. 正确理解最低工资的统计标准

最低工资应指劳动者正常提供劳动后执行的工资标准，如果劳动者因病、事假缺勤的，用人单位支付工资可不受最低工资限制。同时，最低工资不应包括加班费以及中班、夜班、高温、低温、井下、有毒有害等特殊工作环境、条件下的津贴。

正常提供劳动是指劳动者按照依法签订的劳动合同约定，在法定工作时间或劳动合同约定的工作时间内从事的劳动，劳动者依法享受年休假、探亲假、婚丧假、生育假、节育手术假等国家规定的假期，以及法定工作时间内依法参加的社会活动期间，视为提供了正常劳动。

对于最低工资标准是否应包含个人应缴纳社会保险和公积金，原劳动部《最低工资规定》第六条第一款明确规定，确定和调整月最低工资标准，应参考当地就业者及其赡养人口的最低生活费用、城镇居民消费价格指数、职工个人缴纳的社会保险费和住房公积金……目前，全国大部分地区的最低工资标准包含劳动者个人应缴纳的社会保险和公积金，但也有北京市、上海市、江苏省少数地区按照不同的标准执行，其中上海市、北京市的最低工资标准需剔除个人应缴纳的社会保险和公积金，江苏省则应剔除个人应缴纳的公积金，但个人应缴社会保险可包含在最低工资标准当中。

2. 执行停工停产减少工资不得违反法律规定

因新冠肺炎疫情或经营困难等原因执行停工停产作为劳动合同履行期间用人单位进行自救的一种特殊情形，法律授予用人单位在员工未提供劳动的情况下单方调整工资支付标准的权利，其中停工停产第一个工资支付周期内应正常计发工资，次月起则按当地法规支付相应的工资。实践中，对于第一个工资支付周期的理解存在一定争议，但主流司法实践认为，从公司实际停产日起算30天较为合理，而非按停工开始的自然月或发薪间隔来理解。

四 相关法条

《人力资源社会保障部办公厅关于妥善处理新型冠状病毒感染的肺炎疫情防控期间劳动关系问题的通知》（人社厅明电［2020］5号）

二、企业因受疫情影响导致生产经营困难的，可以通过与职工协商一致采取调整薪酬、轮岗轮休、缩短工时等方式稳定工作岗位，尽量不裁员或者少裁员。符合条件的企业，可按规定享受稳岗补贴。企业停工停产在一个工资支付周期内的，企业应按劳动合同规定的标准支付职工工资。超过一个工资支付周期的，若职工提供了正常劳动，企业支付给职工的工资不得低于当地最低工资标准。职工没有提供正常劳动的，企业应当发放生活费，生活费标准按各省、自治区、直辖市规定的办法执行。

《工资支付暂行规定》

第十二条 非因劳动者原因造成单位停工、停产在一个工资支付周期内的，用人单位应按劳动合同规定的标准支付劳动者工资。超过一个工资支付周期的，若劳动者提供了正常劳动，则支付给劳动者的劳动报酬不得低于当地的最低工资标准；若劳动者没有提供正常劳动，应按国家有关规定办理。

4.4 工伤工亡

4.4.1 工伤职工严重违纪被开除后仍有权享受工伤待遇

案例11：夏某与某电力设备制造有限公司劳动争议案

一 案情简介

夏某于2013年7月就职于某电力设备制造有限公司（以下简称电力公司），从事制作水泥电杆工作。2015年3月10日下午，夏某在电力公司制作水泥电杆时，被模具砸伤头部致昏迷且流血不止，当即由电力公司送至医院抢救，医院诊断为脑挫伤、左颞叶创伤性脑血肿、多处头皮裂伤。2015年5月25日，夏某因协商医药费事宜来到电力公司，协商未果后到电力公司的生产车间将供配电柜总闸拉下，造成电力公司停电30分钟。2015年8月18日电力公司出具关于夏某拉电闸事件的处理决定：从2015年5月25日起决定将夏某开除出厂并与其解除劳动关系，自此以后电力公司不再承担夏某的医疗费等相关费用，并保留追究夏某法律责任的权利。2015年12月7日，夏某的伤势经劳动能力鉴定委员会鉴定为9级伤残。

解除劳动关系后夏某向劳动人事争议仲裁委员会提起仲裁申请，要求电力公司支付九级伤残补偿金、医疗费、护理费、住院伙食补助费、停工留薪期间工资、交通费、鉴定费等。仲裁委员会支持其部分请求后，电力公司不服，诉至法院。

电力公司诉称：首先，对于夏某受伤一事，其并不属于工伤范畴，夏某在受伤事故中存在重大过错，因其未按照我公司的相关制度进行生产作业，才导致事故的发生。其次，夏某在发生事故后，纠集人员强行闯入生产车间并强行切断厂区电力供应，给我公司造成严重的经济损失。最后，因夏某的上述行为，我公司已解除与其的劳动关系，根据《江西省实施〈工伤保险条例〉办法》第二十二条：七级至十级伤残职工劳动、聘用合同期满终止或者职工本人提出解除劳动、聘用合同的，由工伤保险基金支付一次性工伤医疗补助金，由用人单位支付一次性伤残就业补助金之规定，职工只有在聘用合同期满终止或者职工本人提出解除劳动合同的情形才能主张一次性工伤医疗补助金、一次性伤残就业补助金。但是夏某属于被开除的情况，与法定情况不符，不属于可以领取一次性工伤医疗补助金、一次性伤残就业金的情形。

法院认为：关于解除劳动关系通知书。电力公司于2015年8月18日作出解除劳动关系处理决定，并不具有溯及力，因此，电力公司将生效时间溯及至2015年5月25日违反了法律规定，夏某虽在电力公司工作期间受伤，但并未采用正当途径来维护其自身合法权益，而是采取拉闸断电影响企业正常生产的行为，该行为违反了法律规定及劳动纪律，据此电力公司有权解除与夏某的劳动合同，但该解除时间应为电力公司将其决定告知夏某之日，即2015年10月13日，而夏某系因公受伤，且电力公司并未给夏某缴纳工伤保险，因此电力公司应承担工伤保险责任。电力公司应支付一次性伤残补助金、工伤医疗补助金、就业补助金、医疗费等各项费用。

二 法律及事实分析

1.根据《工伤保险条例》第六十二条第二款的规定，依照本条例规定应当参加工伤保险而未参加工伤保险的用人单位职工发生工伤的，由该用人单位按照本条例规定的工伤保险待遇项目和标准支付费用。即本案中，工伤保险责任应由电力公司承担。

2.《江西省实施〈工伤保险条例〉办法》第二十二条规定，七级至十级伤残职工劳动、聘用合同期满终止或者职工本人提出解除劳动、聘用合同的，由工伤保险基金支付一次性工伤医疗补助金，由用人单位支付一次性伤残就业补助金，用人单位据此认为由于解除方式不符合法定条件，所以拒绝支付一次性工伤医疗补助金、一次性伤残就业金有违立法本意和法律规定。

从立法意图上来看，一次性工伤医疗补助金、一次性伤残就业补助金是对工伤职工在离职后可能发生工伤复发以及对其再就业造成困难的补助，是工伤职工与用人单位脱离劳动关系后才发生的义务，结合《工伤保险条例》以及《江西省实施〈工伤保险条例〉办法》的宗旨和目的是保障因工作遭受事故伤害或者患职业病的职工获得医疗救济和经济补偿，使工伤职工不因伤残而影响以后的治疗和就业等，因此可以认定义务主体赔付一次性工伤医疗补助金、一次性伤残就业补助金的前提条件是工伤职工与用人单位之间是否解除了劳动关系，至于解除劳动关系的原因并不在考虑范围之内。

从法律规定来看，根据《工伤保险条例》第四十二条的规定，工伤职工有下列情形之一的，停止享受工伤保险待遇：①丧失享受待遇条件的；②拒不接受劳动能力鉴定的；③拒绝治疗的。据此可知，工伤职工停止享受工伤保险待遇条件仅限于上述三种情形，并不包括工伤职工因严重违反纪律而被用人单位解除劳动合同的情形。因此，电力公司的诉求于法无据。

三 启示建议

用人单位在生产经营中享有用工自主权，对员工负有监管责任，且对员工严重违纪、违反规章制度的行为可依法行使解除劳动关系的权利，但在行使解除权的同时也应对员工应享有的待遇给予保障，不能因员工存在违纪或违反规章制度行为而免除一切员工应享有的福利或待遇。

作为劳动者，有权要求用人单位按照劳动合同约定提供劳动保护或劳动条件，有权要求用人单位按时足额支付劳动报酬，发生工伤后有权要求工伤认定及获得工伤待遇，但遵守劳动纪律和用人单位的规章制度是劳动者应尽的义务，劳动者不能因发生工伤而免除遵守劳动纪律及规章制度的义务。法律在赋予权利的同时也制定了义务，我们不能只重视权利的享受而忽略了义务的履行。

四 相关法条

《工伤保险条例》

第四十二条 工伤职工有下列情形之一的，停止享受工伤保险待遇：

（一）丧失享受待遇条件的；

（二）拒不接受劳动能力鉴定的；

（三）拒绝治疗的。

第六十二条 用人单位依照本条例规定应当参加工伤保险而未参加的，由社会保险行政部门责令限期参加，补缴应当缴纳的工伤保险费，并自欠缴之日起，按日加收万分之五的滞纳金；逾期仍不缴纳的，处欠缴数额1倍以上3倍以下的罚款。

依照本条例规定应当参加工伤保险而未参加工伤保险的用人单位职工发生工伤的，由该用人单位按照本条例规定的工伤保险待遇项目和标准支付费用。

用人单位参加工伤保险并补缴应当缴纳的工伤保险费、滞纳金后，由工伤保险基金和用人单位依照本条例的规定支付新发生的费用。

4.4.2 工伤赔偿协议的数额不可以明显低于法定赔偿标准

案例12：陈某与某混凝土有限公司劳动争议纠纷案

一 案情简介

2016年10月1日陈某进入某混凝土有限公司（以下简称混凝土公司）工作。2017年7月1日8时因公司被水淹，公司指派陈某割断洗车机水管，连接消防管进行排水，陈某在使用气割枪切割水管时，氧气管爆裂起火，陈某因此受伤。2018年3月7日，混凝土公司与陈某就其受伤一事达成赔偿协议，约定混凝土公司支付6396元作为补偿。2018年6月28日陈某向人力资源和社会保障局申报工伤，2018年8月13日经人力资源和社会保障局依法认定陈某为工伤，2019年11月15日经劳动能力鉴定委员会鉴定陈某为伤残十级。2018年6月13日陈某以混凝土公司未缴纳社会保险和拖欠工资为由，通过EMS向混凝土公司邮寄解除劳动合同通知。

解除劳动合同后陈某向劳动人事争议仲裁委员会提起仲裁申请，要求混凝土公司支付经济补偿金、工伤保险待遇，仲裁委员会支持其部分请求后，混凝土公司不服，诉至法院。

混凝土公司诉称：我公司与陈某已就受伤赔偿事宜达成一致，陈某主张工伤保险待遇不符合双方约定，有违诚信原则，不应获得支持。

法院认为，混凝土公司主张其与陈某已签订赔偿协议，无须再承担赔偿责任。经查明，混凝土公司与陈某签订赔偿协议时，陈某尚未进入工伤认定程序。此时，陈某的伤情尚处于不确定的状态，其是否构成工伤、是否享受工伤保险待遇有待社保部门确定。协议签订后，陈某被认定构成工伤，其依法享受相应的工伤保险待遇。若混凝土公司仅依照赔偿协议的约定赔偿陈某6369元，不符合工伤保险待遇的相关法律规定，且该金额与陈某应得赔偿金额相差甚大，损害了陈某的合法权益。因此，混凝土公司在按照协议赔偿之后，仍应依法支付陈某相应的工伤保险待遇。

二　法律及事实分析

《中华人民共和国劳动法》第七十二条规定，用人单位和劳动者必须依法参加社会保险，缴纳社会保险费。《工伤保险条例》第六十二条规定，依照本条例规定应当参加工伤保险而未参加工伤保险的用人单位职工发生工伤的，由该用人单位按照本条例规定的工伤保险待遇项目和标准支付费用。本案中在劳动者发生工伤后，劳资双方签订赔偿协议，约定赔偿数额为6369元，但核算后用人单位共计需要赔偿136979.14元，约定数额明显过低，显失公平，法院判决用人单位承担工伤保险待遇，具有合理性。

三　启示建议

1.在企业经营过程中，最大的用工风险就是工伤风险，而《中华人民共和国社会保险法》已经通过强制要求用人单位缴纳工伤保险的方式，降低了用人单位的用工风险，但部分用人单位为谋取暂时的利益，通过第三方机构甚至拒缴的方式规避法定义务，殊不知一旦发生工伤单位将面临承担巨额赔偿的风险。

2.在劳动者出现工伤后，我国法律允许用人单位与劳动者就工伤赔偿事宜自行处理，自行约定赔偿数额。但在司法实践中已经出现大量的司法判例表现出如下裁审观点，即劳资双方对工伤赔偿事宜协议约定的数额过低，与法定工伤保险待遇差距过大的，用人单位仍需要承担工伤保险责任，也就是说，用人单位很难通过约定的方式大幅度地减少法定的赔偿责任。

四　相关法条

《中华人民共和国民法典》

第一百四十七条　基于重大误解实施的民事法律行为，行为人有权请求人民法院或者仲裁机构予以撤销。

第一百五十一条 一方利用对方处于危困状态、缺乏判断能力等情形，致使民事法律行为成立时显失公平的，受损害方有权请求人民法院或者仲裁机构予以撤销。

4.4.3 用人单位应承担工伤保险基金报销范围外的医疗费

案例13：杨某诉某电梯有限公司北京分公司劳动争议案

一 案情简介

杨某于2003年2月10日入职某电梯有限公司北京分公司（以下简称电梯公司），担任电梯调试员，后任质量安全项目经理，双方签订了劳动合同。电梯公司为杨某缴纳了医疗及工伤保险，并购买一款商业医疗保险。2007年7月13日，杨某因工受伤。电梯公司未在30日内为杨某申请工伤认定。2008年5月7日，北京市朝阳区社保局认定杨某构成工伤并发给杨某工伤证，2009年11月27日，经劳动能力鉴定委员会鉴定，杨某已达到职工工伤与职业病致残等级标准一级，护理依赖程度为完全护理依赖，2009年12月23日，社保中心对杨某核准工伤待遇，伤残津贴及护理费给付起始日期为2009年12月，商业保险及社会保险（医疗及工伤保险）报销了杨某部分医疗费用、护理费。电梯公司在杨某的救治过程中，给予其700607元的经济援助。杨某起诉要求电梯公司支付其保险未报销的医疗费用、护理费用等合计220余万元。

一审法院认为：本案争议焦点为电梯公司是否应当负担杨某工伤保险基金报销范围外的医疗费、护理费。当前法律法规未对此作直接明确的规定，应依据工伤保险立法精神、相关法律、司法解释以及法理进行综合分析。工伤保险基金报销范围外的医疗费应由用人单位负担。理由如下：首先，工伤保险制度的首要目的是及时救治、补偿工伤职工，同时分散用人单位的工伤风险，但分散风险并不代表免除全部损害赔偿责任。其次，立法对劳动者在工伤保险外另外主张民事赔偿的权利持肯定态度。再次，先在程序上主张工伤保险责任，并未否定劳动者就其他损失向用人单位主张赔偿的实体权利。最后，法律对劳动者的保护力度不应小于对雇员的保护力度，否则有悖法律体系的内在逻辑，也有悖公平。与医疗费同理，职工因工伤事故生活不能自理，接受护理、使用呼吸机等辅助器具属维持生命所需，是基本人权的体现。故工伤保险基金报销范围以外合理的护理费、辅助器具费应由用人单位负担。一审法院判决电梯公司于本判决生效之日起三日内支付杨某2007年7月13日至2015年12月31日社会保险及商业保险未予报销的医疗费用（含辅助器具费）共计110万元；判决电梯公司于本判决生效之日起三日内支付杨某2010年1月1日至2016年4月25日社会保险未予报销的护理费用共计42万元。电梯公司不服一审判决，提起上诉，二审法院同意一审法院裁判意见。

二　法律及事实分析

《工伤保险条例》第三十条第三款规定，治疗工伤所需费用符合工伤保险诊疗项目目录、工伤保险药品目录、工伤保险住院服务标准的，从工伤保险基金支付。至于超出上述目录和标准、不由工伤保险基金支付的医疗费，由用人单位还是工伤职工负担，当前法律法规未作直接明确的规定，应依据工伤保险立法精神、相关法律、司法解释以及法理进行综合分析。具体分析如下：

1.从立法目的来看，工伤保险制度的首要目的在于及时救治、补偿工伤职工，同时通过社会化负担方式分散用人单位的工伤风险，但分散风险并不代表免除用人单位的全部损害赔偿责任。《工伤保险条例》也没有规定用人单位对工伤保险基金不予支付的部分免除赔偿责任。《工伤保险条例》是有关权利保障的行政法规，在行政法规规定不明确的情况下，应尽可能朝着有利于劳动者利益的角度进行理解。从保护处于弱势地位的劳动者以及工伤救治客观需要考虑，该部分费用由工伤职工负担有违公平，而用人单位作为危险源的开启者、最有能力的危险源控制者和生产活动的受益者，对劳动者负有安全保障义务，该部分费用由用人单位负担更为合理。

2.从请求权的角度来看，民法和劳动法各自从人身损害和社会保险的角度对工伤事故加以规范，不可避免地使工伤事故具有民事侵权赔偿和社会保险赔偿双重性质。《最高人民法院关于审理人身损害赔偿案件适用法律若干问题的解释》也没有排除劳动者就工伤保险基金以外的费用向用人单位主张赔偿的实体权利。

3.从现行法律规定来看，《中华人民共和国职业病防治法》第五十八条规定，职业病病人除依法享有工伤保险外，依照有关民事法律，尚有获得赔偿的权利的，有权向用人单位提出赔偿要求。从上述规定可以看出，在适用工伤保险赔偿之外，存在劳动者向用人单位主张民事侵权赔偿的情形。

三 启示建议

现实中，工伤职工在治疗时往往会涉及超出工伤保险目录和标准的药物和治疗项目等，关于超出费用应由谁负担的问题，其实司法实践中并没有统一的标准。但是用人单位招用劳动者为其劳动，劳动者必然面对或大或小的工伤风险，用人单位是工伤风险的开启者和控制者，也是劳动者劳动成果的受益人，一些与工伤相关的费用，《工伤保险条例》没有规定由工伤保险基金支付，由用人单位承担这些费用，符合其作为受益人和工伤风险的开启者、控制者的身份，合乎常理，更能为社会大众所接受。

四 相关法条

《工伤保险条例》

第三十条 职工因工作遭受事故伤害或者患职业病进行治疗，享受工伤医疗待遇。

职工治疗工伤应当在签订服务协议的医疗机构就医，情况紧急时可以先到就近的医疗机构急救。

治疗工伤所需费用符合工伤保险诊疗项目目录、工伤保险药品目录、工伤保险住院服务标准的，从工伤保险基金支付。工伤保险诊疗项目目录、工伤保险药品目录、工伤保险住院服务标准，由国务院社会保险行政部门会同国务院卫生行政部门、食品药品监督管理部门等部门规定。

职工住院治疗工伤的伙食补助费，以及经医疗机构出具证明，报经办机构同意，工伤职工到统筹地区以外就医所需的交通、食宿费用从工伤保险基金支付，基金支付的具体标准由统筹地区人民政府规定。

工伤职工治疗非工伤引发的疾病，不享受工伤医疗待遇，按照基本医疗保险办法处理。

工伤职工到签订服务协议的医疗机构进行工伤康复的费用，符合规定的，从工伤保险基金支付。

《中华人民共和国职业病防治法》

第五十八条　职业病病人除依法享有工伤保险外，依照有关民事法律，尚有获得赔偿的权利的，有权向用人单位提出赔偿要求。

第五章　劳动合同的变更

5.1 劳动合同的协商变更

5.1.1 变更工作岗位需要征得劳动者同意

案例1：游某花诉某服饰股份有限公司劳动合同纠纷案

一 案情简介

游某花于2013年提起劳动仲裁，要求支付赔偿金、代通知金、退还押金及支付加班工资，理由为，游某花于2005年5月17日入职某服饰股份有限公司（以下简称某服饰公司）制衣一、二厂工作，月平均工资3700元。双方签订了劳动合同，约定工作岗位在制衣厂，实行不定时工作制或综合计算工时工作制，工资实际发放实行底薪+计件工资制度。

游某花认为，某服饰公司违法提前解除与自己的劳动关系，应依法支付经济赔偿金。游某花提交的证据证明，其作为某服饰公司制衣厂的在职员工，与某服饰公司续签的劳动合同期限到2014年年中结束，即本案纠纷发生时，游某花和某服饰公司之间的劳动关系在有效期内。某服饰公司单方解除劳动关系应提前一个月书面通知，未书面通知的应以支付代通知金的方式替代。某服饰公司未依法足额支付游某花加班费用，应予以补足。虽然某服饰公司与游某花在签订劳动合同中依照法定标准约定了工作时间，但实际上大部分时间都按照某服饰公司规定的生产任务连续加班加点，实际工作时间远远超出法定限制。

某服饰公司认为，自己调整游某花的工作岗位符合双方合同约定，该工作岗位的变化只是公司内部车间的变动，并非法律意义上的“岗位变动”。双方的劳动合同已合法变更，仲裁裁决解除劳动合同以及要求某服饰公司支付经济补偿与事实不符。

法院认定事实如下，2013年3月2日，某服饰公司发出《关于调整制衣厂部分员工工作的重要公告》，将游某花在内的39名员工调整至某服饰公司其他厂、手勾部或洗水中心，原薪酬不变，一周内到集团人力资源部办理变动手续，未报到上班者，按照公司相关规定按自动离职处理。员工反映其到相应部门按要求上班时，被答复洗水中心尚在筹备中，手勾部工作与原工作内容根本不同。从双方争议的3月初至开庭审理时，游某花等原部分员工继续在原厂房四楼上班，游某花认为自己是在万合公司上班，提交了雷某保签名确认的考勤记录，并由万合公司的管理人员发放3月和4月的工资。庭审过程中，某服饰公司认为转让厂房给万合公司一事因员工的异议和纠纷，没有实际实施，原制衣一、二厂至今仍是某服饰公司的车间，双方没有解除劳动关系。

法院认为，某服饰公司在未能与游某花等员工就工作岗位变动协商一致的情况下，不能按照劳动合同约定的工作地点和岗位提供劳动条件，游某花据此提出赔偿金的要求应视为要求解除劳动合同，法院确认双方合同于2013年3月1日解除，某服饰公司应按照法律规定支付经济补偿，游某花入职时间为2005年5月17日，月工资3700元，经济补偿金计算为3700元×8=29600元。

二　法律及事实分析

在2013年1月的会议上公司方明确提出将制衣一、二厂转给万合公司生产经营，并于1月23日发通知免去了原制衣一、二厂总经理的职务，在1月31日和3月1日两次发通知明确原制衣一、二厂总经理雷某保及王某丽在过渡期间的临时职责和权限，3月1日万合公司任命雷某保为总经理负责制衣厂，文件内容明确，制衣一、二厂管理人员已被免职。

游某花提供的照片显示了厂房门口的厂牌有变更且有万合公司的招工指示，更为明确地证明了实际进行生产的已经变更为万合公司，某服饰公司的辩解不符合基本的常识。

继续在原场所工作的员工主张2月、3月、4月的工资由万合公司的管理人员发放，某服饰公司认为一直由自己经营管理却不能提供最为直接的工资发放表，且从游某花提供的证据可以看出仍在原处工作的游某花等人3月、4月的考勤也是由万合公司总经理雷某保签名确认，更可以印证原工作场所由万合公司管理的事实。

综上，从本案的证据来看可以认定某服饰公司的制衣一、二厂转给他人实际生产经营管理的事实。而变更了合同中的用人单位主体及工作岗位，需要与劳动者协商一致，否则需要进行赔偿。

三 启示建议

在出现主体变更，以及进行子公司、分公司的员工调动的过程中，用人单位需要事先对劳动者进行说明，重新签订劳动合同，不要认为因为工作场地没变，工作内容没变就不会发生劳资纠纷。

公司的合并根据法律规定，分为吸收合并或者新设合并两种，吸收合并是指两家或两家以上的企业合并成一家企业。例如，独立法人企业的A公司和B公司合并，A公司吸收了B公司，B公司丧失法人资格，成为A公司的组成部分，从法律上讲，A公司+B公司=A公司。新设合并是指两个或两个以上的公司合并后，成立一个新的公司，参与合并的原有各公司均归于消灭。例如，独立法人企业的A公司和B公司合并，AB公司均丧失法人资格，成立了新的公司C，从法律上讲，A公司+B公司=C公司。在前述两种情况中，吸收合并后的A公司，以及新成立的公司，都需要与原来的员工及时、妥善地处理好劳动合同重新签订、岗位职责如何安排、薪资调整等一系列问题，不要因公司主体发生变化，给劳动合同变更、劳动合同未协商一致等问题留下法律隐患。

四 相关法条

《中华人民共和国劳动合同法》

第四十条 有下列情形之一的，用人单位提前三十日以书面形式通知劳动者本人或者额外支付劳动者一个月工资后，可以解除劳动合同：

（一）劳动者患病或者非因工负伤，在规定的医疗期满后不能从事原工作，也不能从事由用人单位另行安排的工作的；

（二）劳动者不能胜任工作，经过培训或者调整工作岗位，仍不能胜任工作的；

（三）劳动合同订立时所依据的客观情况发生重大变化，致使劳动合同无法履行，经用人单位与劳动者协商，未能就变更劳动合同内容达成协议的。

5.1.2 口头变更的劳动合同实际履行超过一个月的，口头变更具有法律效力

案例2：郑某军诉某巴士公共交通有限公司劳动争议案

一 案情简介

郑某军于2020年提起劳动仲裁，要求支付休息日加班费，主要理由为，2017年5月12日，郑某军与某巴士公共交通有限公司（以下简称某公交公司）签订无固定期限劳动合同一份，约定郑某军在该公司从事管服岗位工作，执行标准工时制，每日工作不超过八小时，平均每周不超过四十小时，每周至少休息一天。2017年6月至2020年11月23日，公司变更了工作方式，郑某军每月休息两天，每天平均工作6.5小时。被剥夺了休息权。

某公交公司认为，双方虽没有采取书面形式，但自2017年郑某军上岗工作以来一直实际履行，符合《最高人民法院关于审理劳动争议案件适用法律问题的解释（一）》第四十三条的规定，用人单位与劳动者协商一致变更劳动合同，虽未采用书面形式，但已经实际履行了口头变更的劳动合同超过一个月的情形，变更劳动时间的口头约定有效。

一审法院认为，劳动者每周至少休息一日，原劳动仲裁裁决郑某军2017年6月至2020年11月23日休息日加班费为82462.55元，不超过郑某军休息日具体加班的时间相对应的法定加班费计算标准，郑某军未提起诉讼也认可了该加班费标准，一审法院对郑某军要求某公交公司向其支付该加班费的请求，予以支持。某公交公司称其与郑某军变更了工作时间约定的意见，与每周至少休息一天的法定工作时间相悖，该意见没有法律依据，一审法院不予采纳。

二审期间双方均未提供新证据，二审法院驳回上诉，维持原判。

二 法律及事实分析

《中华人民共和国劳动法》第三十六条规定："国家实行劳动者每日工作时间不超过八小时、平均每周工作时间不超过四十四小时的工时制度。"第三十八条规定："用人单位应当保证劳动者每周至少休息一日。"施行在后的《国务院关于职工工作时间的规定》第三条规定："职工每日工作 8 小时，每周工作40小时。"综合上述法律、法规的规定，我国标准工时制为劳动者每日工作时间不超过八小时，每周工作时间不超过四十小时，并保证劳动者每周至少休息一日。

郑某军与某公交公司劳动合同约定为标准工时制，某公交公司应当按照该工时制度安排郑某军工作。郑某军每日工作6.5小时，不超过8小时，符合每日工作时间的法定标准。但其每月仅休息两天，不符合法律要求的劳动者每周至少休息一天的法定标准。在此情况下，某公交公司应当向郑某军支付休息日工作时的加班费。

《最高人民法院关于审理劳动争议案件适用法律问题的解释（一）》第四十三条有其具体的实用意义，但是也有具体的生效条件。

三 启示建议

用人单位与劳动者协商一致变更劳动合同，虽未采用书面形式，但已经实际履行了口头变更的劳动合同超过一个月的，应当认定为合同已经生效，但是相关法律也同时规定了"变更后的劳动合同内容不违反法律、行政法规且不违背公序良俗"的前提条件。

企业调岗调薪需要具备合法性与合理性。企业调岗调薪需要符合法律的规定，主要是企业调岗调薪的实体依据和程序必须合法。企业对劳动者作出调岗调薪行为所依据的规章制度、员工手册、劳动合同、调岗调薪协议等不得违反法律法规的禁止性规定。

四 相关法条

《最高人民法院关于审理劳动争议案件适用法律问题的解释（一）》

第四十三条 用人单位与劳动者协商一致变更劳动合同，虽未采用书面形式，但已经实际履行了口头变更的劳动合同超过一个月，变更后的劳动合同内容不违反法律、行政法规且不违背公序良俗，当事人以未采用书面形式为由主张劳动合同变更无效的，人民法院不予支持。

5.1.3　客观情况发生变化导致合同变更的，应及时固定发生变化的证据

案例3：熊某诉某电冶有限责任公司追索经济补偿金纠纷案

一　案情简介

熊某于2012年提起劳动仲裁，要求支付赔偿金，支付年休假工资，支付延长工作时间加班工资，支付法定节假日加班工资，理由为：熊某1987年1月成为某电冶厂职工，2006年8月某电冶厂改制为某电冶有限责任公司（以下简称某电冶公司），同年9月熊某与某电冶公司签订劳动合同成为公司职工。2011年2月，某电冶公司因管理体制改革撤销了九眼桥职工宿舍的全部门卫岗位。从2011年3月起，熊某待岗。2011年5月10日，某电冶公司给熊某出具“特别通知”，内容为“根据劳动合同约定和公司生产工作需要，现通知你到彭州庆兴上班，请你接到本通知后，于5月20日前就相关事宜来公司进行协商。逾期不来协商，公司将按照劳动纪律和规章制度的有关规定给予处理”。庭审中熊某称其与公司进行了协商，但不同意公司将其从成都市内安排到彭州上班且从事生产岗位。2011年11月30日，某电冶公司给熊某出具《关于解除熊某劳动合同的通知》和《办理离职手续通知》，以熊某从2011年10月起，未按公司管理规定履行请假手续，已连续旷工5天以上，严重违反公司劳动纪律为由，解除了与熊某的劳动合同。

某电冶公司诉称，2011年2月，熊某和其他人工作的原岗位因体制改革被撤销。某电冶公司为熊某重新安排了工作，熊某也同意到新岗位上班，后熊某以种种理由拒不到岗。之后某电冶公司多次向其发出通知，要求其到人事部门报到，熊某以生病休息为由不去报到，在2011年9月提交最后一次病假条后即长期不来公司。某电冶公司迫于无奈，为维护公司的规章制度和劳

动纪律，与熊某解除了劳动合同。

法院认为，熊某有医院开具的休病假的病情证明，其生病是客观存在的情况，其休病假是合法的，与其是否同意新的工作地点和新岗位没有关联性，不能以此认为熊某默认拒绝了新的工作地点和新岗位；其次某电冶公司的多份通知里也未明确熊某应到哪个新岗位上班，因此，某电冶公司的该项主张法院不予支持。

二 法律及事实分析

某电冶公司因管理体制改革撤销了九眼桥职工宿舍的全部门卫岗位，属于劳动合同订立时所依据的客观情况发生重大变化，致使劳动合同无法履行的情形，由此某电冶公司通知熊某到彭州上班，属于变更劳动合同，应当依照《中华人民共和国劳动合同法》第四十条的规定，与熊某协商，就变更劳动合同内容达成协议。熊某接到公司要其到彭州上班的数份通知后，均不同意公司的安排，未按公司的通知要求报到，说明劳动者与用人单位未能就变更劳动合同达成一致。

出现该情形后，某电冶公司应当依照《中华人民共和国劳动合同法》第四十条的规定，提前30天以书面形式通知熊某并支付一个月工资后，与其解除劳动合同，但某电冶公司却以劳动者不按通知要求报到上班，严重违反劳动纪律（旷工）为由解除了与熊某的劳动合同，该行为违反了《中华人民共和国劳动合同法》的相关规定，属于违法解除劳动合同。

三 启示建议

当“客观情况发生重大变化”情形发生时，用人单位要及时固定证据，并以此作为与劳动者解除劳动合同的法定理由。《中华人民共和国劳动合同法》第四十条对“客观情况发生重大变化”时无过失性辞退作出了相关规定。但是，即使是无过失性辞退，用人单位也要按照劳动合同法的相关规定，向劳动者支付相应费用，因此实践中在客观情况发生变化后，有些用人单位先是与劳动者协商变更事宜，在协商无法达成一致意见后，就以劳动者拒绝服从调岗，严重违反劳动纪律，存在旷工为由进行辞退。在劳动者仲裁后，用人单位又以因“客观情况发生重大变化”而解除劳动合同作为抗辩依据。但事实上，两种辞退劳动者的法理和逻辑并不一致，并不能相互适用：在“客观情况发生重大变化”条件产生时，用人单位应当以“客观情况发生重大变化”为合法解除劳动合同的理由，并以《中华人民共和国劳动合同法》第四十条第（三）项作为合法解除的法律依据。如用人单位是以劳动者“严重违反用人单位的规章制度”为由合法解除劳动合同的，则司法机构在审理案件过程中，就会以《中华人民共和国劳动合同法》第三十九条作为法律依据，进行事实审理和法律裁判。如果用人单位和劳动者实际上是因调岗过程中双方无法协商一致，由此导致劳动者不能参加工作，双方解除劳动合同，此种情形显然不符合“严重违反用人单位的规章制度”的法定情形，进而导致用人单位也无法提供劳动者存在“严重违反用人单位的规章制度”的相关证据，用人单位就会因此增加因解除劳动合同的法律依据不足、证据不足，被认定为存在违法解除劳动合同的诉讼风险。

四 相关法条

《中华人民共和国劳动合同法》

第三十九条 劳动者有下列情形之一的，用人单位可以解除劳动合同：

（一）在试用期间被证明不符合录用条件的；

（二）严重违反用人单位的规章制度的；

（三）严重失职，营私舞弊，给用人单位造成重大损害的；

（四）劳动者同时与其他用人单位建立劳动关系，对完成本单位的工作任务造成严重影响，或者经用人单位提出，拒不改正的；

（五）因本法第二十六条第一款第一项规定的情形致使劳动合同无效的；

（六）被依法追究刑事责任的。

第四十条 有下列情形之一的，用人单位提前三十日以书面形式通知劳动者本人或者额外支付劳动者一个月工资后，可以解除劳动合同：

（一）劳动者患病或者非因工负伤，在规定的医疗期满后不能从事原工作，也不能从事由用人单位另行安排的工作的；

（二）劳动者不能胜任工作，经过培训或者调整工作岗位，仍不能胜任工作的；

（三）劳动合同订立时所依据的客观情况发生重大变化，致使劳动合同无法履行，经用人单位与劳动者协商，未能就变更劳动合同内容达成协议的。

第四十六条 有下列情形之一的，用人单位应当向劳动者支付经济补偿：

（一）劳动者依照本法第三十八条规定解除劳动合同的；

（二）用人单位依照本法第三十六条规定向劳动者提出解除劳动合同并与劳动者协商一致解除劳动合同的；

（三）用人单位依照本法第四十条规定解除劳动合同的；

（四）用人单位依照本法第四十一条第一款规定解除劳动合同的；

（五）除用人单位维持或者提高劳动合同约定条件续订劳动合同，劳动者不同意续订的情形外，依照本法第四十四条第一项规定终止固定期限劳动合同的；

（六）依照本法第四十四条第四项、第五项规定终止劳动合同的；

（七）法律、行政法规规定的其他情形。

第四十七条 经济补偿按劳动者在本单位工作的年限，每满一年支付一个月工资的标准向劳动者支付。六个月以上不满一年的，按一年计算；不满六个月的，向劳动者支付半个月工资的经济补偿。

劳动者月工资高于用人单位所在直辖市、设区的市级人民政府公布的本地区上年度职工月平均工资三倍的，向其支付经济补偿的标准按职工月平均工资三倍的数额支付，向其支付经济补偿的年限最高不超过十二年。

5.1.4 用人单位要求劳动者变更工作单位且未支付经济补偿的，劳动者的工作年限合并计算

案例4：马某娟诉某大酒楼劳动争议案

一 案情简介

马某娟提起劳动仲裁，要求某大酒楼支付工资9148元、经济补偿金

32250元。理由为：马某娟系某大酒楼的员工，岗位为仓库保管员，马某娟在某大酒楼工作至2020年1月23日。后因新冠肺炎疫情原因，某大酒楼通知含马某娟在内的全部员工暂缓返岗。马某娟此后未再提供劳动。马某娟月工资为4300元，发放至2020年1月。2020年5月18日，马某娟等3名员工与某大酒楼负责人邹某来沟通返岗之事，双方就工作岗位及劳动报酬的调整进行了协商但未达成一致。

关于马某娟的入职时间，某大酒楼认为其自2014年3月注册，马某娟的入职时间应自2014年开始。马某娟认为其早在2012年3月就在某大酒楼工作，并提供某餐饮管理有限公司营业执照、某大酒店企业信息、社保明细，拟证明某大酒店及某餐饮管理有限公司的法人和登记的住所地一致。关于本案劳动关系解除的时间和原因，马某娟认为其工作至2020年除夕前一天，后因春节放假及新冠肺炎疫情原因在家待岗，某大酒楼一直不通知其上班。2020年5月18日双方协商时，某大酒楼提出降低工资及调整岗位，实际上是违法解除劳动关系。某大酒楼认为马某娟自春节后就未上班，双方劳动关系因马某娟未提供劳动于2020年1月24日解除。

一审法院认为，马某娟自2012年3月起在某大酒店工作，社保由某餐饮管理有限公司缴纳，后该酒店迁至某小区5号楼，某大酒店注销，2014年3月重新注册了某大酒楼。某大酒楼虽于2014年3月注册成立，但与某大酒店、某餐饮管理有限公司的经营者均系苏某军，搬迁后办公地点一致，某大酒楼亦未举证证明马某娟工作单位的变更系其本人原因，且马某娟2014年前领取过经济补偿金，故依据现有证据及马某娟提交的社保缴纳凭证，认定马某娟的入职年限自2012年12月起计算。马某娟提交微信聊天记录证明某大酒楼告知马某娟上班时间另行通知；某大酒楼未提供证据证明其通知过马某娟上班而马某娟拒绝到岗，故某大酒楼主张因马某娟不到岗而解除劳动关系的事实法院不予采信。根据马某娟提供的2020年5月18日与邹某来谈话的录音，双方仅就工作岗位及工资进行协商，邹某来并未提出解除劳动关系。因此法院支持了马某娟的诉讼请求。

二审法院认定事实与一审法院一致，驳回了用人单位的上诉，维持原判。

二 法律及事实分析

本案中的酒楼、酒店与餐饮公司的法人和登记的住所地一致，用人单位未举证证明马某娟工作单位的变更系其本人原因及2014年前已经领取过经济补偿，因此法院把马某娟的工作年限合并进行了计算。

劳动者提供了正常劳动，用人单位应当按照劳动合同约定的工资标准支付劳动者工资。根据《人力资源社会保障部办公厅关于妥善处理新型冠状病毒感染的肺炎疫情防控期间劳动关系问题的通知》，企业因受新冠肺炎疫情影响导致生产经营困难的，可以通过与职工协商一致采取调整薪酬、轮岗轮休、缩短工时等方式稳定工作岗位，尽量不裁员或者少裁员。企业停工停产在一个工资支付周期内的，企业应按劳动合同规定的标准支付职工工资。超过了一个工资支付周期，若职工提供了正常劳动，企业支付给职工的工资不得低于当地最低工资标准。职工没有提供正常劳动的，企业应当发放生活费，生活费标准按各省、自治区、直辖市规定的办法执行。

三 启示建议

本案中的情形应当属于“劳动者仍在原工作场所、工作岗位工作，劳动合同主体由原用人单位变更为新用人单位”的情形。用人单位更换名称或者更换经营主体属于正常的经营行为，但是应当考虑劳动者的利益。

法律规定了“劳动者非因本人原因从原用人单位被安排到新用人单位工作”，工作年限应当连续计算，并列举了若干情形。这就要求用人单位，不得以这些情形作为理由，在计算劳动者工作年限，计算补偿金或者赔偿金时，扣减劳动者的工作年限，少发补偿金及赔偿金。

四 相关法条

《最高人民法院关于审理劳动争议案件适用法律问题的解释（一）》

第四十六条 劳动者非因本人原因从原用人单位被安排到新用人单位工作，原用人单位未支付经济补偿，劳动者依据劳动合同法第三十八条规定与新用人单位解除劳动合同，或者新用人单位向劳动者提出解除、终止劳动合同，在计算支付经济补偿或赔偿金的工作年限时，劳动者请求把在原用人单位的工作年限合并计算为新用人单位工作年限的，人民法院应予支持。

用人单位符合下列情形之一的，应当认定属于劳动者非因本人原因从原用人单位被安排到新用人单位工作：

（一）劳动者仍在原工作场所、工作岗位工作，劳动合同主体由原用人单位变更为新用人单位；

（二）用人单位以组织委派或任命形式对劳动者进行工作调动；

（三）因用人单位合并、分立等原因导致劳动者工作调动；

（四）用人单位及其关联企业与劳动者轮流订立劳动合同；

（五）其他合理情形。

5.2　劳动合同的法定变更

5.2.1　固定期限劳动合同变更为无固定期限劳动合同的，不得低于固定期限劳动合同约定的条件

案例5：石某蕾诉某物流有限公司劳动争议案

一　案情简介

石某蕾2019年提起劳动仲裁，要求支付欠发工资、违法解除劳动合同的赔偿金、补缴停缴的五险一金，理由为：石某蕾自2011年12月起到某物流有限公司担任财务经理。2015年5月30日，双方签订劳动合同，合同期限自2015年6月1日起至2016年5月31日止；2016年5月31日，双方签订劳动合同，合同期限自2016年6月1日起至2017年5月31日止。2017年6月，某物流有限公司要求与石某蕾签订主要条款为以下内容的无固定期限劳动合同：石某蕾在某物流有限公司从事总账会计工作，某物流有限公司安排石某蕾的会计工作岗位属于不定时工作制，工资为1400元/月。但石某蕾拒绝签订该合同；2018年1月5日，某物流有限公司以石某蕾拒绝签订降低

工资标准的合同为由通知石某蕾，双方的劳动关系于2018年2月10日解除。2018年1月底，石某蕾办理了交账手续，之后，未再回到某物流有限公司工作。

此后双方仍未订立书面无固定期限劳动合同，某物流有限公司未通知石某蕾解除劳动合同，未按原工作岗位安排石某蕾工作，亦未支付石某蕾劳动报酬。

关于双方之间的劳动关系是否解除，一审法院已经生效的判决认定，双方的劳动合同关系未解除，对某物流有限公司抗辩的双方劳动合同关系于2018年4月解除的意见，法院不予采纳。某物流有限公司在判决生效后仍不按原工作岗位安排石某蕾工作，致使石某蕾不能在该公司继续工作，石某蕾对此无过错，某物流有限公司应当按原工资待遇标准赔偿石某蕾自2018年5月的劳动报酬损失。关于工资待遇标准，某物流有限公司在前诉中遗漏提交了两张工资凭证，故应按本次诉讼中双方确认的3141.94元/月计算。因某物流有限公司明确表示不同意劳动合同继续履行，石某蕾的原工作亦由他人接替，结合主客观情况，法院认定双方劳动合同事实上无法继续履行，于2019年4月解除。据此，某物流有限公司共应向石某蕾支付2018年5月至2019年4月合计12个月的工资待遇37703.28元（3141.94元/月 ×12），另应支付违法解除劳动合同的赔偿金47129.1元（3141.94元/月 ×7.5×2）。遂依照《中华人民共和国劳动合同法》第三十条、第三十五条、第四十七条、第四十八条、第八十七条，《最高人民法院关于适用〈中华人民共和国民事诉讼法〉的解释》第九十条、第九十三条的规定，判决：某物流有限公司于判决生效之日起十日内向石某蕾支付欠发的工资待遇37703.28元及经济赔偿金47129.1元，合计84832.38元。

二审法院维持了原判。

二 法律及事实分析

对于符合订立无固定期限劳动合同条件的劳动者，用人单位不得通过降低原劳动合同的约定条件迫使劳动者不签订劳动合同。用人单位与劳动者对无固定期限劳动合同的权利义务内容不能协商一致的，可按双方原劳动合同的约定或实际履行内容确定。如新合同维持或提高原劳动合同的约定条件而劳动者拒绝签订的，用人单位可以依照《劳动合同法实施条例》第五条、第六条的规定与劳动者终止劳动关系。相反，如因用人单位单方降低原劳动合同约定条件导致劳动者辞职的，应当视为“推定解雇”，用人单位应支付经济补偿金。如用人单位以此变相辞退劳动者的，应系违法，劳动者有权请求撤销用人单位的解除决定，继续履行合同，并要求用人单位赔偿仲裁、诉讼期间工资的损失；劳动者不要求继续履行合同的，用人单位应支付违法解除劳动合同的赔偿金。

劳动合同到期以后需要与劳动者续签劳动合同的主要责任在用人单位一方。如果用人单位通过降低劳动报酬的方式，导致劳动者不同意签订劳动合同，造成劳动合同最终未能续签的，由此产生的法律责任需要由用人单位承担。所以，用人单位在与劳动者续签劳动合同时，一定要注意方式方法，如果只是简单粗暴的通过降低劳动者的薪酬标准或者其他理由，逼迫劳动者不同意续签劳动合同，由此导致的法律责任，需要由用人单位承担。如此一来，除了会导致用人单位的经济损失，也会影响其他员工的积极性和团队的凝聚力。

本案中，用人单位与劳动者自2015年开始存在固定期限劳动合同。2018年1月底开始，石某蕾未再回到物流公司工作。物流公司未通知石某蕾解除劳动关系，也未按原工作岗位安排石某蕾工作，亦未支付石某蕾劳动报酬。双方的劳动关系按照通俗的说法，属于不了了之的状态。关于双方劳动关系是否已经解除的问题，已经有在先的生效判决认定，双方的无固定期限劳动合同关系未有解除，所以在本案中，物流公司仍主张双方劳动合同关系于2018年4月解除的意见，未被法院采纳。

在解决了双方存在无固定期限劳动合同关系的前提下，关于石某蕾工资待遇标准的问题，因双方未再签订书面的无固定期限劳动合同，所以法院采纳了双方确认的数字，即不低于在先固定期限劳动合同约定的标准。

三 启示建议

《中华人民共和国劳动合同法》第七条规定，“用人单位自用工之日起即与劳动者建立劳动关系。用人单位应当建立职工名册备查。”《中华人民共和国劳动合同法实施条例》第五条规定，“自用工之日起一个月内，经用人单位书面通知后，劳动者不与用人单位订立书面劳动合同的，用人单位应当书面通知劳动者终止劳动关系，无需向劳动者支付经济补偿，但是应当依法向劳动者支付其实际工作时间的劳动报酬。”《中华人民共和国劳动合同法》第四十六条第（五）项规定，“除用人单位维持或者提高劳动合同约定条件续订劳动合同，劳动者不同意续订的情形外，依照本法第四十四条第一项规定终止固定期限劳动合同的”，可见，无论是初次签订劳动合同，也无论是签订固定期限劳动合同或是无固定期限劳动合同，在劳动合同关系中，用人单位承担了主动订立或者续签劳动合同的法定义务。如果用人单位不积极主动处理双方的劳动合同，使双方的劳动关系处于模糊不确定的状态，用人单位最终承担不利法律后果的风险更高。

此外，用人单位在与劳动者续签劳动合同时，原则上应当维持或者提高在先劳动合同的约定，即使用人单位不想再与劳动者续签劳动合同了，法律规定也不鼓励用人单位通过降低原劳动合同约定条件，迫使劳动者放弃续签的行为。如果用人单位采取了上述方式迫使劳动者自行放弃续签劳动合同，根据法律规定，用人单位仍需要向劳动者支付因在先固定期限劳动合同期满而产生的经济补偿金。如果用人单位既降低原劳动合同约定条件迫使劳动者放弃续签，又不向劳动者支付经济补偿金的，则用人单位就有可能涉嫌违法解除或终止劳动合同，则用人单位应当按照经济补偿标准的二倍向劳动者支付赔偿金。

综上，在实践中，建议用人单位积极主动与劳动者订立、续签劳动合同，抱着公平公正的心态与劳动者协商订立或续签劳动合同的问题。如确实需要调整劳动者的薪资标准，应依照合法的方式进行变更，以降低用人单位的法律风险，避免造成经济损失。

四 相关法条

《中华人民共和国劳动合同法》

第七条 用人单位自用工之日起即与劳动者建立劳动关系。用人单位应当建立职工名册备查。

第四十六条 有下列情形之一的，用人单位应当向劳动者支付经济补偿：……（五）除用人单位维持或者提高劳动合同约定条件续订劳动合同，劳动者不同意续订的情形外，依照本法第四十四条第一项规定终止固定期限劳动合同的；……

第八十七条 用人单位违反本法规定解除或者终止劳动合同的，应当依照本法第四十七条规定的经济补偿标准的二倍向劳动者支付赔偿金。

《中华人民共和国劳动合同法实施条例》

第五条 自用工之日起一个月内，经用人单位书面通知后，劳动者不与用人单位订立书面劳动合同的，用人单位应当书面通知劳动者终止劳动关系，无需向劳动者支付经济补偿，但是应当依法向劳动者支付其实际工作时间的劳动报酬。

第六条 用人单位自用工之日起超过一个月不满一年未与劳动者订立书面劳动合同的，应当依照劳动合同法第八十二条的规定向劳动者每月支付两倍的工资，并与劳动者补订书面劳动合同；劳动者不与用人单位订立书面劳动合同的，用人单位应当书面通知劳动者终止劳动关系，并依照劳动合同法第四十七条的规定支付经济补偿。

前款规定的用人单位向劳动者每月支付两倍工资的起算时间为用工之日起满一个月的次日，截止时间为补订书面劳动合同的前一日。

5.2.2 劳动合同订立时所依据的客观情况发生重大变化致使劳动合同无法履行时，用人单位可以合法解除

案例6：顾某祥诉某包装有限公司劳动合同纠纷案

一 案情简介

顾某祥于2019年提起劳动仲裁，要求支付违法解除劳动合同赔偿金，理由为，顾某祥于1992年11月1日入职某包装有限公司，工作岗位为操作工，双方签订的最后一期劳动合同为2008年10月1日起的无固定期限劳动合同；2017年11月3日、2018年4月27日，某包装有限公司就调岗事宜与顾某祥进

行了两次沟通，给予了两次转岗机会，顾某祥均不接受，当时的诉求是做离职体检，离职体检地点是顾某祥指定的上海市肺科医院。体检后，顾某祥因病要求赔偿，但就赔偿金额，双方无法达到一致。公司根据《中华人民共和国劳动合同法》第四十条的相关规定，自2018年6月15日起解除与顾某祥签订的劳动合同。

2018年10月16日，复旦大学附属华山医院向顾某祥出具疾病诊断证明书，诊断结论为无职业性噪声聋。

某包装有限公司认为，2015年起，其因生产经营所需将公司部分生产设备陆续搬迁至安徽马鞍山工厂，并对搬迁涉及的车间进行岗位合并，人员亦进行相应整合，在此情况下，与顾某祥多次沟通协商并安排了两次转岗机会，但均遭到顾某祥拒绝。2018年6月15日，某包装有限公司以《中华人民共和国劳动合同法》第四十条第三项劳动合同订立时的客观情况发生重大变化无法协商一致为由，解除了与顾某祥的劳动关系，并向顾某祥足额支付了经济补偿金。

顾某祥则认为，生产设备搬迁并未导致其岗位撤销，故不存在客观情况发生重大变化致使原劳动合同无法继续履行的情况，且自己属于接触有毒有害物质的特殊工种，应当55岁提前退休，离岗体检检查结论显示为无职业性噪声聋，某包装有限公司解除劳动合同时其处于医疗期内。

对此，法院认为，首先，某包装有限公司目前提供的证据，可以证明其根据环保等部门出具的通知，基于公司生产经营所需，将包括顾某祥所在车间在内的部分生产机器设备陆续搬至外省市，因此对原车间人员进行整合、调整。某包装有限公司基于顾某祥的岗位因本次搬迁计划而被取消，并因此与顾某祥协商调岗，此举符合常理，属于《中华人民共和国劳动合同法》第四十条所规定的劳动合同订立时所依据的客观情况发生重大变化致使劳动合同无法履行的情形。顾某祥称自己存在职业疾病，然其疾病诊断证明书显示诊断结论为无职业性噪声聋，并无证据证明此病为职业疾病。综上，根据目前的举证情况，并不足以证明顾某祥属于《中华人民共和国劳动合同法》规定的用人单位不得依据第四十条的规定解除劳动合同的情形，故某包装有限公司解除与顾某祥劳动合同的行为并不存在违法。因此，某包装有限公司主张无须支付顾某祥违法解除劳动合同赔偿金的请求，法院予以支持。

二 法律及事实分析

因用人单位作出的开除、除名、辞退、解除劳动合同等决定而发生的劳动争议，用人单位负举证责任。本案中，某包装有限公司基于顾某祥原工作岗位由于公司经营需要生产设备搬迁而被撤销，该客观情况发生重大变化致使双方原劳动合同无法继续履行，经与顾某祥协商变更工作岗位，并为顾某祥安排两次转岗机会但顾某祥均不接受，故于2018年6月15日作出了解除顾某祥劳动合同的决定。

从以上事实可知，双方虽经历了多次协商，但顾某祥两次拒绝某包装有限公司提供的新岗位，足以说明双方无法就变更劳动合同内容达成协议。其次，根据顾某祥提供的病历卡及其陈述，顾某祥仅是门诊就医，且某包装有限公司解除顾某祥劳动合同当天顾某祥并未就诊，亦无证据证明解除劳动合同当天有医院建议顾某祥休息的病假单，故顾某祥主张某包装有限公司解除劳动合同时其处于医疗期内，没有得到法院的支持。

三 启示建议

本案中，法院认定某包装有限公司基于顾某祥的岗位因搬迁计划而被取消，并因此与顾某祥协商调岗，此举符合常理，属于《中华人民共和国劳动合同法》第四十条所规定的劳动合同订立时所依据的客观情况发生重大变化致使劳动合同无法履行的情形。所以法院认为，某包装有限公司依据《中华人民共和国劳动合同法》第四十条第（三）项规定解除劳动合同，系合法解除。实践中，即使出现了第四十条规定的三种法定情形，用人单位拟适用该条款合法解除劳动合同时，也要注意考虑如下两个问题。

其一，从实体内容上来说，《中华人民共和国劳动合同法》第四十二条之规定明确指出，如果劳动者存在下列情形，用人单位也不得依照第四十条之规定解除劳动合同：①从事接触职业病危害作业的劳动者未进行离岗前职业健康检查，或者疑似职业病病人在诊断或者医学观察期间的；②在本单位患职业病或者因工负伤并被确认丧失或者部分丧失劳动能力的；③患病或者非因工负伤，在规定的医疗期内的；④女职工在孕期、产期、哺乳期的；⑤在本单位连续工作满十五年，且距法定退休年龄不足五年的；⑥法律、行政法规规定的其他情形。换而言之，用人单位在拟适用第四十条时，必须考虑劳动者是否存在第四十二条的情形。

其二，从程序上来说，用人单位拟适用第四十条时，必须提前三十日以书面形式通知劳动者本人，或者额外支付劳动者一个月工资后，才可以解除劳动合同。

四 相关法条

《中华人民共和国劳动合同法》

第四十条 有下列情形之一的，用人单位提前三十日以书面形式通知劳动者本人或者额外支付劳动者一个月工资后，可以解除劳动合同：

（一）劳动者患病或者非因工负伤，在规定的医疗期满后不能从事原工作，也不能从事由用人单位另行安排的工作的；

（二）劳动者不能胜任工作，经过培训或者调整工作岗位，仍不能胜任工作的；

（三）劳动合同订立时所依据的客观情况发生重大变化，致使劳动合同无法履行，经用人单位与劳动者协商，未能就变更劳动合同内容达成协议的。

第四十二条 劳动者有下列情形之一的，用人单位不得依照本法第四十条、第四十一条的规定解除劳动合同：

（一）从事接触职业病危害作业的劳动者未进行离岗前职业健康检查，或者疑似职业病病人在诊断或者医学观察期间的；

（二）在本单位患职业病或者因工负伤并被确认丧失或者部分丧失劳动能力的；

（三）患病或者非因工负伤，在规定的医疗期内的；

（四）女职工在孕期、产期、哺乳期的；

（五）在本单位连续工作满十五年，且距法定退休年龄不足五年的；

（六）法律、行政法规规定的其他情形。

5.2.3　劳动者部分丧失劳动能力不能胜任当前岗位工作的，用人单位经法定程序后，可单方变更劳动者的工作岗位

案例7：何某群诉某金属实业有限公司劳动争议案

一　案情简介

何某群于2020年提起劳动仲裁，要求认定某金属实业有限公司单方面解除劳动合同的行为无效、继续履行双方劳动合同，理由为，何某群于2002年9月16日入职某金属实业有限公司，从事抛光工作，2013年6月11日双方签订一份2013年7月1日起的无固定期限劳动合同，约定何某群工作部门为锌抛光厂，何某群于2016年1月1日因噪声职业禁忌申请调岗至成品仓组资材上下货工，某金属实业有限公司于2016年1月5日同意何某群的申请。调岗后，何某群于2017年7月20日在工作中不慎扭伤，被诊断为急性腰扭伤。因何某群发生腰扭伤，经治疗后不能适应原工作岗位安排，不适宜再继续从事原资材上下货的工作，出于对何某群身体健康方面的考量，某金属实业有限公司于2019年1月25日向何某群发送《岗位调动通知书》，表明因工作需要，将何某群的工作调动为包装课包材仓组插卡员，请何某群自收到通知书之日起，三日内将现岗位工作交接完毕，前往新岗位报到，逾期未报到视为旷工，但何某群不同意该调岗行为。同日，某金属实业有限公司出具了一份《关于岗位调动的说明告知》，何某群拒签该告知书。

2019年3月25日某金属实业有限公司向工会委员会发出《关于解除严重违反厂规员工劳动合同的通知》，认为何某群经两次通知调岗，未在限期内报到，形成连续旷工3天，拟于3月26日解除劳动合同关系，就此征求工会意见。工会同日复函，表明没有意见。某金属实业有限公司于2019年3月26日出具《劳动合同工资终止通知书》，何某群当日签收该通知，并在通知书上签署“不同意”。

某金属实业有限公司提供了一份会议纪要及岗位清单，会议纪要主要内容为因何某群在成品仓岗位工作时经常以头疼头晕等理由拒绝主管安排的日常工作，2018年7月3日由工会代表任某军、公司代表罗某向何某群说明拟安排何某群至其他岗位的情况，并向何某群提供岗位清单供其选择，除了何

某群原任的资材上下货工，另有包材组仓管员、环管组勤杂工供何某群选择。罗某与任某军在岗位清单下方手写备注，何某群不选择某金属实业有限公司提供的岗位，维持资材上下货工作岗位。某金属实业有限公司提供的日期分别为2018年7月18日、7月21日、7月26日的会议纪要、会议签到表，三次会议的主要原因均为何某群在成品仓岗位工作中不服从主管安排，某金属实业有限公司相关人员对何某群进行约谈告诫。

一审法院认为，关于调整工作岗位是否合法，应当把握以下原则：①调整劳动者工作岗位是用人单位生产经营的需要。②调整工作岗位后劳动者的工资水平与原岗位基本相当。③不具有侮辱性和惩罚性。④无其他违反法律法规的情形。据此，某金属实业有限公司调整何某群工作岗位合法。

二审法院认为，因何某群曾在工作中受伤并被诊断为急性腰扭伤，其身体状况确实不适宜在资材上下货工作岗位搬运货物，不符合该岗位的工作要求，故对何某群的岗位进行调整是某金属实业有限公司生产经营的需要。其次，从某金属实业有限公司提交的资材上下货工与包装插卡员的职务说明书及岗位对照表可知，与资材上下货工的岗位相比，包装插卡员的工作强度相对较小，的确更适合何某群的身体状况，故该岗位调动不存在侮辱性和惩罚性。再者，何某群在一审庭审中确认现工作岗位工资为3500多元一个月，而某金属实业有限公司提供的新岗位综合工资3669元，岗位调整前后工资基本持平。综合上述情况，某金属实业有限公司调整何某群的工作岗位系其因生产经营需要合理行使用工自主权的体现，该调岗行为并未违反法律规定。

二 法律及事实分析

根据《中华人民共和国劳动合同法》第四条以及《最高人民法院关于审理劳动争议案件适用法律若干问题的解释》（2001年）第十九条的规定，用人单位的规章制度“制定程序合法，不违反国家法律、行政法规及政策规定，并履行告知义务”的，可以作为劳动争议案件审理依据。何某群、某金属实业有限公司签订的无固定期限劳动合同中约定的内容合法，且某金属实业有限公司已履行了告知义务。本案中，何某群已经签收了《岗位调动通知书》《限期调动通知书》，某金属实业有限公司已经明确告知何某群无正当理由未按要求到新岗位报到视为旷工，何某群未到新岗位上班，可视为旷工。

根据《员工奖惩管理办法》的规定，连续旷工3天以上，某金属实业有限公司可予以解雇并不支付经济补偿。后某金属实业有限公司按照程序，将解除何某群劳动合同的决定告知工会，且告知何某群。虽然何某群此前所患的职业性轻度噪声聋被认定为工伤，《中华人民共和国劳动合同法》第四十二条规定，劳动者在本单位患职业病或者因工负伤并被确认丧失或者部分丧失劳动能力的，用人单位不得依照本法第四十条、第四十一条的规定解除劳动合同，但本案某金属实业有限公司解除与何某群的劳动合同依据的是该法第三十九条，故上述第四十二条规定的不得解除劳动合同的情形不适用本案情形。综上，何某群请求确认某金属实业有限公司解除劳动合同无效、要求继续履行劳动合同的诉求，没有得到法院的支持。

三　启示建议

企业调岗调薪行为需要具有合理性和正当性，这主要是针对企业调岗调薪的具体规定和内容是否恰当而言的。一般而言，企业的调岗调薪行为不能具有惩罚性，因为这对劳动者而言是不合理的。如果调岗调薪行为被认为是不合理的，那么用人单位基于调岗调薪产生的一系列管理行为都将缺少合法性和正当性。

用人单位如果需要在与劳动者无法协商的情况下单方变更劳动关系，解除劳动合同的理由除了要具有合理性、合法性、让第三人相信属于善意的外，解除的过程也要经过法定的程序或者民主程序，这样可以避免出现相应的法律风险。

四　相关法条

《中华人民共和国劳动合同法》

第四十二条　劳动者有下列情形之一的，用人单位不得依照本法第四十条、第四十一条的规定解除劳动合同：

（一）从事接触职业病危害作业的劳动者未进行离岗前职业健康检查，或者疑似职业病病人在诊断或者医学观察期间的；

（二）在本单位患职业病或者因工负伤并被确认丧失或者部分丧失劳动能力的；

（三）患病或者非因工负伤，在规定的医疗期内的；

（四）女职工在孕期、产期、哺乳期的；

（五）在本单位连续工作满十五年，且距法定退休年龄不足五年的；

（六）法律、行政法规规定的其他情形。

第四十三条 用人单位单方解除劳动合同，应当事先将理由通知工会。用人单位违反法律、行政法规规定或者劳动合同约定的，工会有权要求用人单位纠正。用人单位应当研究工会的意见，并将处理结果书面通知工会。

5.2.4 用人单位变更劳动者岗位的，最好与劳动者协商一致并采用书面形式

案例8：郭某春诉某市政工程有限公司劳动合同纠纷案

一 案情简介

郭某春于2016年提起劳动仲裁，要求某市政工程有限公司（以下简称市政公司）赔偿违法解除劳动合同赔偿金，支付欠发工资，支付带薪年休假工资，理由为，郭某春是市政公司的员工，离职前的月平均工资为4821.62元。郭某春于2002年1月入职市政公司，任实验室试件工学徒，2006年开始任生产部门操作工，2011年调整为调度工。双方于2006年2月27日签订的期限为2006年1月1日至12月31日的劳动合同约定，因生产（工作）情况变化或生产经营需要，市政公司可以调整郭某春工作岗位，但应依法履行劳动合同变更手续。

双方提交的《通知书》显示：市政公司因工作需要，于2015年5月1日调动郭某春至实验室岗位上班（工资待遇不变），但郭某春在5月2日、3日到新岗位上班2天后，从4日开始就没有上班，市政公司通知郭某春于2015年6月2日起3天内，如仍不到新岗位正常出勤，将按自动离职处理。经查，市政公司于2014年12月31日制定的《考勤管理制度》第六条第二款第六项规定，旷工超过两天，属严重违反公司规章制度，公司有权作自动离职处理。在郭某春拒绝到新岗位正常出勤的情况下，市政公司于2015年6月6日出具《终止劳

动关系证明书》，以郭某春在2015年5月4日至2015年6月5日连续旷工33天为由，与郭某春终止劳动关系。

市政公司主张对郭某春的调动合情合理合法，郭某春应尊重其用人自主权，服从安排，但郭某春调职后只到新岗位工作两天后就回到调度室，只打卡上班，玩手机，不服从工作安排，故同年6月2日发出《通知书》，并在郭某春拒绝到新岗位正常出勤的情况下，于2015年6月6日出具《终止劳动关系证明书》，以郭某春在2015年5月4日至2015年6月5日连续旷工33天为由，与郭某春终止劳动关系。

一审法院认为，关于市政公司调动郭某春工作岗位是否合理的问题，《中华人民共和国劳动合同法》第三十五条规定，用人单位与劳动者协商一致，可以变更劳动合同约定的内容。变更劳动合同，应当采用书面形式。据此，用人单位如果未经协商就单方变更劳动者的工作地点、工作内容等，就违反了劳动合同的约定和法律规定，劳动者有权拒绝。劳动者拒绝变更劳动合同后，用人单位无权因此而解除与劳动者的劳动合同。本案中，市政公司在未经郭某春同意的情况下单方将郭某春的工作岗位由原来的调度工调动至实验室上班，明显与法律相悖，故认定市政公司调动郭某春工作岗位不具合理性，郭某春有权拒绝到新岗位上班。

二审法院认为，郭某春接到调岗通知后，仅于2015年5月2日、3日在新岗位工作两日，随后拒不到新岗位工作，其虽每天打卡回原岗位办公室，但并未实际进行调度工作。在市政公司于2015年6月2日发出通知书，告知其3天内不到新岗将作自动离职处理后，郭某春仍旧打卡回原岗位办公室且未实际进行任何工作。在此情况下，可以视为郭某春于2015年6月6日以实际行动自动离职，市政公司无须支付郭某春解除劳动关系的经济赔偿金，撤销了该条判决。

二 法律及事实分析

本案的争议焦点主要有两个方面：第一个是市政公司调岗是否违法；第二个是市政公司应否支付郭某春解除劳动关系的经济赔偿金。

1.关于市政公司调岗是否违法

首先，双方签订的劳动合同约定因生产（工作）情况变化或生产经营需要，市政公司可以调整郭某春工作岗位。其次，郭某春的原岗位调度室调度工与新岗位实验室试件工虽然工作内容不同，但均为普通工人岗位，并非进行降职，且与调度工三班倒工作时间相比，试件工的8小时正常工作时间更有利于劳动者，所以郭某春所称从调度工到试件工是一种下调，并无事实依据。最后，本次调岗中，市政公司明确说明因工作需要调动，工资待遇不变，郭某春亦未举证证明调岗具有侮辱性及惩罚性，在郭某春曾有多年试件工经验的情况下，市政公司将其调回试件工岗位，属于用人单位合法行使用工自主权的行为，并不属于违法调岗。

2.关于市政公司应否支付郭某春解除劳动关系的经济赔偿金

郭某春接到调岗通知后，仅于2015年5月2日、3日在试件工岗位工作两日，随后拒不回新岗位工作，其虽每天打卡回原岗位办公室，但并未实际进行调度工作。在市政公司于2015年6月2日发出通知书，告知其3天内不到新岗将作自动离职处理后，郭某春仍旧打卡回原岗位办公室且未实际进行任何工作。在此情况下，可以视为郭某春于2015年6月6日以实际行动自动离职，市政公司无须支付郭某春解除劳动关系的经济赔偿金。

三 启示建议

虽然在本案中，市政公司的观点获得了法官最终的支持，但是并不代表所有类似的案件都能得到相同的裁判结果。因为在每一起纠纷中，关于合理性的认识是裁判者根据自身的生活经验、法律素养等综合因素进行的主观判断，具有很强的不可控性。

在司法实践中，用人单位通常会主张自己的调岗行为或调薪行为具有合理性，是合法行使调岗调薪权。此时，如果劳动者对合理性、合法性提出了异议，用人单位需要对自己的主张（即合法行使调岗权）负举证责任，如果用人单位无法举证证明自己的调岗行为是合法且合理的，在劳动者提起劳动争议仲裁后，就很可能面临败诉的后果。以下几种是容易发生纠纷的常见情形，需要用人单位引起重视：

1.用人单位不能对劳动者不胜任原工作岗位，或用人单位自身生产经营情况发生重大变化等提交证据证明，而劳动者又对用人单位的调岗行为不认可。

2.用人单位在没有与劳动者协商的情况下，直接单方面降低了劳动者的工资，且无法提供证据证明用人单位的降薪行为具有合理性。

3.用人单位虽然提供了降薪的具体依据及计算标准，但降薪的依据不合法，或者降薪的计算标准未能获得劳动者的认可。

4.用人单位虽然就降低劳动者的工资，向劳动者做出了适当解释和说明，但就此事实，并未获得劳动者的认可，也没有相应的规章制度予以支持。

四　相关法条

《中华人民共和国劳动合同法》

第三十五条　用人单位与劳动者协商一致，可以变更劳动合同约定的内容。变更劳动合同，应当采用书面形式。

变更后的劳动合同文本由用人单位和劳动者各执一份。

第四十条　有下列情形之一的，用人单位提前三十日以书面形式通知劳动者本人或者额外支付劳动者一个月工资后，可以解除劳动合同：

（一）劳动者患病或者非因工负伤，在规定的医疗期满后不能从事原工作，也不能从事由用人单位另行安排的工作的；

（二）劳动者不能胜任工作，经过培训或者调整工作岗位，仍不能胜任工作的；

（三）劳动合同订立时所依据的客观情况发生重大变化，致使劳动合同无法履行，经用人单位与劳动者协商，未能就变更劳动合同内容达成协议的。

5.3 “三项制度改革”引发的合同变更

5.3.1 “三项制度改革”之“收入能增能减”，对劳动者的降薪要于法有据

案例9：蔡某强诉某国有电气公司劳动争议案

一　案情简介

蔡某强于2020年提起诉讼，要求支付其2018年度绩效奖金，理由为蔡某

强2015年7月20日入职某国有电气公司，双方签订了2015年7月20日为生效日期的无固定期限劳动合同，约定月工资按薪酬支付和绩效考核方案执行。2019年1月28日该国有电气公司纪律检查委员会作出《关于给予蔡某强同志党内严重警告处分的决定》，2019年1月28日该公司纪委会研究决定：给予蔡某强同志党内严重警告处分，建议撤销蔡某强同志行政职务。本决定自2019年1月28日起生效。后蔡某强被撤销供应链事业部总经理职务，其于2019年3月18日递交辞职报告并于当日离职。

庭审中，双方认可经核算蔡某强2018年原应得绩效奖金为86184元。某国有电气公司主张，因蔡某强存在上述违纪行为，故依据《北京市党纪和政务处分执行工作规程（试行）》《国有企业领导人员廉洁从业若干规定》扣发其全部绩效奖金。该国有电气公司系国有独资企业。

法院认为：本案的争议焦点在于，蔡某强是否属于《北京市党纪和政务处分执行工作规程（试行）》《国有企业领导人员廉洁从业若干规定》规范的特定人员。根据《北京市党纪和政务处分执行工作规程（试行）》，该规程适用于“党组织关系或干部人事管理权限在本市的中共党员”，蔡某强属于党组织关系在本市的中共党员。同时《国有企业领导人员廉洁从业若干规定》国有企业领导班子成员以外的对国有资产负有经营管理责任的其他人员、国有企业所属事业单位的领导人员参照本规定执行，蔡某强虽然不属于某国有电气公司的领导人员，但其管理的业务部分每年的业务规模为3亿~4亿元，占某国有电气公司总业务量的90%，应当属于企业领导班子成员以外的对国有资产负有经营管理责任的其他人员，应参照适用《国有企业领导人员廉洁从业若干规定》。另外，蔡某强主张仅应扣除党建部分奖金，法院认为，《国有企业领导人员廉洁从业若干规定》第二十三条规定为“减发或全部扣发当年的绩效薪金、奖金”，并未限定于与党建有关的“绩效薪金、奖金”，故对于蔡某强的该项抗辩，法院不予采信。现某国有电气公司依据《北京市党纪和政务处分执行工作规程（试行）》《国有企业领导人员廉洁从业若干规定》扣发蔡某强2018年绩效奖金，有相应依据，故对于蔡某强的诉讼请求，法院不予支持。

二 法律及事实分析

蔡某强主张其不属于应当扣发奖金的特定人员。但《北京市党纪和政务处分执行工作规程（试行）》第二条规定“党组织关系或干部人事管理权限在本市的中共党员（以下简称党员）、监察对象受到党纪和政务处分的执行工作，适用本规程，国家另有规定的除外。”第五条“党纪和政务处分执行主要涉及下列事项：……（五）评定受处分人在党纪处分影响期和政务处分期内的年度考核等次，限制与此有关的奖金发放与评先评优资格。”第九条“受处分人所在单位（党组织）及主管部门履行下列职责：……（五）评定受处分人在党纪处分影响期和政务处分期间内年度考核的等次或提出建议，限制与此有关的奖金发放与评先评优资格；（六）按照规定做好受处分人在党纪处分影响期和政务处分期间内的职务级别、岗位等级与聘用、工资待遇晋升等工作；……”第十七条“受撤销党内职务、政务降级以上处分的，或者被以组织调整或组织处理方式问责的，有关职务级别、岗位等级、工资档次等调整落实工作，按照下列标准执行：（一）受撤销党内职务处分的，应当在处分决定生效后一个月内办理职务级别等变更手续。如其在党外组织担任职务，应当建议党外组织依照规定作出相应处理。对于应当受到撤销党内职务处分，但本人没有担任党内职务而给予其严重警告处分的，如其在党外组织担任职务，应当建议党外组织撤销其党外职务”。《国有企业领导人员廉洁从业若干规定》第二条规定“本规定适用于国有独资企业、国有控股企业（含国有独资金融企业和国有控股金融企业）及其分支机构的领导班子成员。”第二十六条第一款规定“国有企业领导班子成员以外的对国有资产负有经营管理责任的其他人员、国有企业所属事业单位的领导人员参照本规定执行。”第二十三条规定“国有企业领导人员受到警示谈话、调离岗位、降职、免职处理的，应当减发或者全部扣发当年的绩效薪金、奖金。”

三 启示建议

“三项制度改革”包括，人事制度改革、用工制度改革、分配制度改革。要做到职位能上能下、员工能进能出、收入能增能减。关于“收入能增能减”的问题，收入问题往往是劳动者关心的重点问题，用人单位增加了劳动者的收入，双方固然没有矛盾，但如果用人单位要减少劳动者的收入，稍有处理不当，其擅自降薪的行为就会涉嫌违法。所以，用人单位在改革过程中要做到“收入增减”有法或有规章制度可依。用人单位除了需要更新自身的法律知识外，还需要及时完善规章管理制度，降薪行为必须做到有法、或有规章制度可依。此外，用人单位要做到收入能增能减的改制，必然会涉及变更劳动者报酬的问题，关于报酬变更的合理性等问题需要得到重视，否则就极易导致劳动者和用人单位发生劳动纠纷，进而导致用人单位产生经济损失。

对国有企业领导人员的降薪及绩效工资扣除，可将《国有企业领导人员廉洁从业若干规定》等法律法规作为依据。对于被降薪及扣除绩效工资的人员是否属于法定范围，则可以按照《国有企业领导人员廉洁从业若干规定》第二条规定的内容作为判断标准。不同性质国有企业中的不同职位的劳动者，其性质都是不尽相同的。用人单位在选择适用相关法律规定的时候，一定要先辨析法律规定的适用主体范围。

四 相关法条

《国有企业领导人员廉洁从业若干规定》

第二条 本规定适用于国有独资企业、国有控股企业（含国有独资金融企业和国有控股金融企业）分支机构的领导班子成员。

5.3.2 “三项制度改革”之“员工能进能出”，对劳动者的辞退要合法

案例10：李某诉某国有投资管理公司劳动争议案

一 案情简介

2010年7月1日，李某入职某国有投资管理公司（以下简称某投资公司），双方签订期限自当日至2011年6月30日的劳动合同。到期后，双方续订劳动合同至2018年6月30日。最后一份劳动合同到期前，某投资公司分别于2018年5月14日、5月28日向李某告知劳动合同到期后不再续签。李某于2018年5月14日和6月4日分别向某投资公司提交《要求某投资公司与本人签订无固定

期限劳动合同的函》和《再致某投资公司的函》，要求在2018年6月30日合同到期前签订无固定期限劳动合同。2018年6月30日，劳动合同到期后，双方未能续签劳动合同。诉讼中，双方均认可李某劳动合同到期前职务为项目管理部副经理。

某投资公司主张其不再与李某续订劳动合同的理由有三：

一是订立劳动合同的客观情况发生重大变化。其主张公司原经发改委指定，负责管理“国家某配套基金”，自2014年6月30日起，上级单位要求将基金清理并上缴中央财政，导致公司经营状况发生重大变化，无法开展业务。

二是李某给某投资公司造成严重损失，双方信任的基础丧失。诉讼中，双方当事人均认可李某系某投资公司下属单位珠海某公司董事。某投资公司称因李某的行为造成该公司在股权转让过程中重大额外税费损失，但未就李某在此过程中存在故意或重大过失向法院提交证据予以佐证。

三是两次固定期限劳动合同到期后，用人单位有权依据经营情况决定是否续签劳动合同。

李某认可某投资公司存在清理并上缴“国家某配套基金”等相关事宜，但主张该业务仅占某投资公司业务中很小一部分，并未导致某投资公司经营状况发生重大变化。李某称其所在的项目管理部的工作内容与基金业务无关，仍在正常运行。对其他两项不予认可。

法院认为：某投资公司虽然在诉讼中主张因需将“国家某配套基金”进行清理并上缴国库，造成其公司经营状况发生重大变化。但根据查明的事实，该清理工作始于2014年，在2014年至2018年，某投资公司一直在进行该项工作，但并未影响其与李某之间劳动合同的履行。故某投资公司以该理由主张不存在继续与李某履行劳动合同的基础，无事实依据，法院不予支持。诉讼中，某投资公司认可李某所在的项目管理部仍然存在，故某投资公司具备恢复原工作岗位的可能性。

法院最终作出双方履行劳动合同，并恢复被告李某项目管理部副经理工作岗位的判决。

二 法律及事实分析

劳动者严重违反用人单位规章制度的，用人单位可以解除或终止劳动合同，是否违纪及违纪是否严重，应以劳动者本人有义务遵循的劳动纪律及劳动法规所规定的限度或用人单位内部劳动规则关于严重违纪行为的具体规定作为衡量标准。本案中，关于某投资公司主张的李某存在“严重失职、营私舞弊，给用人单位造成重大损失”规定的情形，某投资公司并未就其主张向法院提交证据证明其所主张的损失系由李某造成，亦未能证明李某在此过程中存在故意或重大过失，导致用人单位未能有效地解除劳动关系。

本案中，李某已经与某投资公司签订了两次固定期限劳动合同，且李某曾要求续订劳动合同，符合法律规定的签订无固定期限劳动合同的情形。某投资公司终止劳动合同的决定违反法律规定，现李某主张恢复劳动关系，某投资公司应当继续履行与李某的劳动合同，恢复李某项目管理部副经理的工作岗位。

三 启示建议

“三项制度改革”关于“员工能进能出”的问题，用人单位在辞退员工的时候，一定要符合法定解除情形，做到合法解除。“员工能进能出”虽然是改制的内容之一，但用人单位不能仅以此为理由辞退员工，用人单位在辞退劳动者的时候，还是要严格依据《中华人民共和国劳动合同法》第三十九条、第四十条的规定，针对劳动者的不同情形，适用相应的法律依据，合法解除劳动关系。

用人单位在人事管理的过程中，不能为了执行上级命令或者上级文件而采取违法的方式。如果用人单位解除劳动关系的行为被认定违法，劳动者作为守法、无过错方，既可以向用人单位要求支付经济赔偿金，也可以要求恢复劳动关系，选择权在劳动者一方。虽然在实践中，大多数劳动者都会选择要求用人单位支付经济赔偿金，但这并不代表所有的劳动者都会做出同样的选择。本案中的李某就是要求恢复双方的劳动关系，用人单位继续履行双方的劳动合同。有的用人单位认为“只要赔钱，就一定能辞退劳动者”，这样的认知明显是用人单位对《中华人民共和国劳动合同法》相关规定的错误理解。用人单位在贯彻执行“三项制度改革”过程中，除了要完成制度改革的任务，还要注意方式方法，一定要以事实为依据、以法律为准绳，合情、合理、合法地处理劳动关系，以避免陷入劳资纠纷，产生经济损失。

四　相关法条

《中华人民共和国劳动合同法》

第三十九条　劳动者有下列情形之一的，用人单位可以解除劳动合同：

（一）在试用期间被证明不符合录用条件的；

（二）严重违反用人单位的规章制度的；

（三）严重失职，营私舞弊，给用人单位造成重大损害的；

（四）劳动者同时与其他用人单位建立劳动关系，对完成本单位的工作任务造成严重影响，或者经用人单位提出，拒不改正的；

（五）因本法第二十六条第一款第一项规定的情形致使劳动合同无效的；

（六）被依法追究刑事责任的。

第四十条　有下列情形之一的，用人单位提前三十日以书面形式通知劳动者本人或者额外支付劳动者一个月工资后，可以解除劳动合同：

（一）劳动者患病或者非因工负伤，在规定的医疗期满后不能从事原工作，也不能从事由用人单位另行安排的工作的；

（二）劳动者不能胜任工作，经过培训或者调整工作岗位，仍不能胜任工作的；

（三）劳动合同订立时所依据的客观情况发生重大变化，致使劳动合同无法履行，经用人单位与劳动者协商，未能就变更劳动合同内容达成协议的。

第四十八条　用人单位违反本法规定解除或者终止劳动合同，劳动者要求继续履行劳动合同的，用人单位应当继续履行；劳动者不要求继续履行劳动合同或者劳动合同已经不能继续履行的，用人单位应当依照本法第八十七条规定支付赔偿金。

5.3.3 “三项制度改革”之“职位能上能下”，对劳动者职位的变更要合法

案例11：于某诉某房地产开发有限公司劳动争议案

一 案情简介

2005年8月1日，于某与某房地产开发有限公司（以下简称某房地产公司）签订了合同期限为2005年8月1日至2006年8月1日的劳动合同。前述劳动合同在2006年8月1日经双方续订，劳动合同期限至2009年8月1日。2009年8月1日，于某与某房地产公司签订合同期限为2009年8月1日至2012年7月31日的劳动合同，双方约定于某的工作岗位为人力资源部副部长，工作地点为顺义区府前东街甲2号。2012年8月1日，双方签订《劳动合同续订书》，续订前述劳动合同的合同期限至2015年7月31日。2015年8月1日，于某与某房地产公司签订无固定期限劳动合同。

根据《中华人民共和国劳动合同法》第二十九条的规定，用人单位与劳动者应当按照劳动合同的约定，全面履行各自的义务。根据《中华人民共和国劳动合同法》第三十五条的规定，用人单位与劳动者协商一致，可以变更劳动合同约定的内容。变更劳动合同，应当采用书面形式。本案中，某房地产公司在未与于某协商一致的情况下，以执行其上级公司某控股有限公司的决策为由单方决定将于某调至关联某机械公司工作，于某对此提出异议，未按照岗位调整通知的要求报到，并不构成不服从组织正常安排，因而不能成为某房地产公司作出解除双方劳动关系的正当理由。

根据《中华人民共和国民事诉讼法》（2012年）第六十四条的规定，当事人对自己提出的主张，有责任提供证据。本案中，某房地产公司就其主张于某在2018年1月8日至3月23日，未请假但频繁长时间脱岗一节提交的证据材料为监控视频、车辆出入照片等，但应指出，现有证据不足以证实涉诉车辆进出某房地产公司停车场均为于某本人驾驶，再者，现已查明于某的工作岗位确实存在外出办公事的工作内容，故此，现有证据不足以支持某房地产公司的前述主张，也不能成为某房地产公司提出解除双方劳动关系的正当理由。

二 法律及事实分析

根据《中华人民共和国劳动合同法》第二十九条的规定，用人单位与劳动者应当按照劳动合同的约定，全面履行各自的义务。根据《中华人民共和国劳动合同法》第三十五条的规定，用人单位与劳动者协商一致，可以变更劳动合同约定的内容。变更劳动合同，应当采用书面形式。本案中，某房地产公司在未与于某协商一致的情况下，以执行其上级公司某控股有限公司的决策为由单方决定将于某调至关联某机械公司工作，于某对此提出异议，未按照岗位调整通知的要求报到，并不构成不服从组织正常安排，因而不能成为某房地产公司作出解除双方劳动关系的正当理由。

根据《中华人民共和国民事诉讼法》（2012年）第六十四条的规定，当事人对自己提出的主张，有责任提供证据。本案中，某房地产公司就其主张于某在2018年1月8日至2018年3月23日未请假但频繁长时间脱岗一节提交的证据材料为监控视频、车辆出入照片等，但应指出，现有证据不足以证实涉诉车辆进出某房地产公司停车场均为于某本人驾驶，再者，现已查明于某的工作岗位确实存在外出办公事的工作内容，故此，现有证据不足以支持某房地产公司的前述主张，前述情况因而不能成为某房地产公司提出解除双方劳动关系的正当理由。

三 启示建议

“三项制度改革”关于“职位能上能下”其本质涉及两个方面的问题。其一，劳动者在同一用人单位内部，升职或降职的调整。这就涉及用人单位与劳动者关于劳动合同变更的问题。其二，劳动者在不同用人单位主体之间，职能岗位的调整。这就涉及用人单位主体变更的问题。本案中涉及就是后者的问题。虽然某机械公司和某房地产公司都是某控股有限公司的下属子公司，但是在法律上，两家公司是两个独立的法律主体，即使劳动者与用人单位在劳动合同中约定了公司有权对劳动者进行调岗，这种调岗也是指劳动者在同一用人单位内部岗位的调整，如A公司可以将劳动者从销售岗调整到售后服务岗，不意味着用人单位可以将劳动者任意调整至新的用人单位内任职，如A公司将劳动者的销售岗调整到B公司的售后服务岗，即使AB公司都是C控股公司的下属子公司，A公司也不能将劳动者“调岗”至B公司。在改制过程中，如果劳动者职位的调整是因为用人单位主体的变更，那么，在用人单位主体变更前，劳动者需要与原用人单位妥善办理劳动合同终止/解除的手续，完成交接工作，在用人单位主体变更后，劳动者与新用人单位重新签订劳动合同，双方开始履行新的劳动合同。

四 相关法条

《中华人民共和国劳动合同法》

第三十五条 用人单位与劳动者协商一致，可以变更劳动合同约定的内容。变更劳动合同，应当采用书面形式。

变更后的劳动合同文本由用人单位和劳动者各执一份。

第四十八条 用人单位违反本法规定解除或者终止劳动合同，劳动者要求继续履行劳动合同的，用人单位应当继续履行；劳动者不要求继续履行劳动合同或者劳动合同已经不能继续履行的，用人单位应当依照本法第八十七条规定支付赔偿金。

第六章　劳动合同解除

6.1　非过错性解除劳动合同

6.1.1　劳动者在用人单位等级考核中居于末位等级，不等同于“不能胜任工作”，不符合单方解除劳动合同的法定条件，用人单位不能据此单方解除劳动合同

案例1：某通讯（杭州）有限责任公司诉王某劳动合同纠纷案

一　案情简介

2005年7月，王某进入某通讯（杭州）有限责任公司（以下简称通讯公司）工作，劳动合同约定王某从事销售工作，基本工资每月3840元。该公司的《员工绩效管理办法》规定：员工半年、年度绩效考核分别为S、A、C1、C2四个等级，分别代表优秀、良好、价值观不符、业绩待改进；S、A、C（C1、C2）等级的比例分别为20%、70%、10%；不胜任工作原则上考核为C2。王某原在分销科从事销售工作，2009年1月后因分销科解散，转岗至华东区从事销售工作。2008年下半年、2009年上半年及2010年下半年，王某的考核结果均为C2。通讯公司认为，王某不能胜任工作，经转岗后，仍不能胜任工作，故在支付了部分经济补偿金后解除了劳动合同。

2011年7月27日，王某提起劳动仲裁。同年10月8日，仲裁委作出裁决：通讯公司支付王某违法解除劳动合同的赔偿金余额36596.28元。通讯公司认为其不存在违法解除劳动合同的行为，故于同年11月1日诉至法院，请求判令不予支付解除劳动合同赔偿金余额。

浙江省杭州市滨江区人民法院于2011年12月6日作出（2011）杭滨民初字第885号民事判决：原告通讯公司于本判决生效之日起十五日内一次性支付王某违法解除劳动合同的赔偿金余额36596.28元。宣判后，双方均未上诉，判决已发生法律效力。

二 法律及事实分析

法院生效裁判认为：为了保护劳动者的合法权益，构建和发展和谐稳定的劳动关系，《中华人民共和国劳动法》《中华人民共和国劳动合同法》对用人单位单方解除劳动合同的条件进行了明确限定。通讯公司以王某不胜任工作，经转岗后仍不胜任工作为由，解除劳动合同，对此应负举证责任。根据《员工绩效管理办法》的规定，“C（C1、C2）考核等级的比例为10%”，虽然王某曾经考核结果为C2，但是C2等级并不完全等同于“不能胜任工作”，通讯公司仅凭该限定考核等级比例的考核结果，不能证明劳动者不能胜任工作，不符合据此单方解除劳动合同的法定条件。虽然2009年1月王某从分销科转岗，但是转岗前后均从事销售工作，且存在分销科解散导致王某转岗这一根本原因，故不能证明王某系因不能胜任工作而转岗。因此，通讯公司主张王某不胜任工作，经转岗后仍然不胜任工作的依据不足，存在违法解除劳动合同的情形，应当依法向王某支付经济补偿标准二倍的赔偿金。

三 启示建议

2016年，最高人民法院在“第八次全国法院民事商事审判工作会议（民事部分）纪要”（以下简称八民会纪要）中，提炼了概括性的裁判原则：用人单位在劳动合同期限内通过“末位淘汰”或“竞争上岗”等形式单方解除劳动合同，劳动者可以以用人单位违法解除劳动合同为由，请求用人单位继续履行劳动合同或者支付赔偿金。

根据第18号指导性案例和八民会纪要，我们可以看到最高人民法院对“末位淘汰”的态度是明确的，即用人单位仅凭等级考核实行“末位淘汰”不符合《中华人民共和国劳动合同法》的规定，劳动者必须确实存在《中华人民共和国劳动合同法》第四十条第（二）项“劳动者不能胜任工作，经过培训或者调整工作岗位，仍不能胜任工作”之法定情形时，用人单位才能予以辞退。

由此可见，无论是法律的规定，还是司法机关的态度，都从保护劳动者的角度，对“不能胜任工作”的解释进行了严格的限定。

四 相关法条

《中华人民共和国劳动合同法》

第四十条 有下列情形之一的，用人单位提前三十日以书面形式通知劳动者本人或者额外支付劳动者一个月工资后，可以解除劳动合同：

（一）劳动者患病或者非因工负伤，在规定的医疗期满后不能从事原工作，也不能从事由用人单位另行安排的工作的；

（二）劳动者不能胜任工作，经过培训或者调整工作岗位，仍不能胜任工作的；

（三）劳动合同订立时所依据的客观情况发生重大变化，致使劳动合同无法履行，经用人单位与劳动者协商，未能就变更劳动合同内容达成协议的。

6.1.2 用人单位不得规定可以直接辞退没完成业绩指标的劳动者

案例2：张某与某食品有限公司劳动争议案

一 案情简介

2018年8月16日，张某与某食品有限公司（以下简称食品公司）签订期限自2018年8月16日起至2021年8月15日止的劳动合同，合同约定张某在营销中心部门担任区域经理。2020年3月19日，食品公司出具解除劳动合同通知书，以张某近3个月工作业绩差及违反销售人员《考勤管理办法》为由，并根据其公司于2019年8月1日发布并培训的《销售部员工管理制度》第七章薪酬制度规定，2019年6月1日发布并培训的《考勤管理办法》规定，于2020

年3月19日与张某解除劳动关系。张某向劳动人事争议仲裁委员会提起仲裁申请，要求食品公司支付违法解除劳动合同赔偿金、工资差额，仲裁委员会驳回其请求后，张某不服，诉至法院。

张某诉称：我于2018年8月16日入职食品公司，2020年3月，食品公司违法解除劳动合同，应当支付赔偿金。

食品公司辩称：我公司依据规章制度的规定解除劳动合同，属于合法解除，无须支付赔偿金。

一审法院认为：关于劳动关系和责任承担问题，张某与食品公司签订了书面劳动合同，其工资由食品公司发放，社会保险和个人所得税也由食品公司代扣代缴，故法院认定张某与食品公司之间存在劳动关系。关于解除劳动关系赔偿金问题，食品公司的《销售部员工管理制度》第四十四条第一项规定，考核结果连续三个月未完成指标值80%的员工，公司有权单方面解除劳动合同，不进行任何补偿。根据食品公司提交的培训签到表，食品公司已就《销售部员工管理制度》对张某进行了公示，张某主张其是在空白表上签的字，但未提供证据予以证明。而根据食品公司提交的文件呈报表中部门负责人的意见，结合张某提交的《考核细则征求意见稿》以及通过微信群就上述文件征求意见的微信聊天记录，食品公司确实有就公司规章制度的制定征求意见的惯例，法院认为根据上述证据可以证明食品公司就《销售部员工管理制度》的制定征求了员工的意见。另根据食品公司提交的2019年10月、2019年11月、2019年12月和2020年1月的绩效考核数据，上述四次考核张某均未达到指标值的80%，2020年2月食品公司安排员工放假未进行考核，2019年12月和2020年1月的绩效考核数据张某于2020年3月19日方进行确认，根据上述事实和证据，张某的考核情况已构成考核结果连续三个月未完成指标值的80%，食品公司以此为由根据《销售部员工管理制度》与张某解除劳动合同并无不当，张某要求食品公司支付其违法解除劳动关系赔偿金缺乏法律依据，法院不予支持。张某不服，提出上诉。

二审法院认为：《中华人民共和国劳动合同法》第四十条、第四十六条规定，劳动者不能胜任工作，经过培训或者调整工作岗位，仍不能胜任工作的，用人单位提前三十日以书面形式通知劳动者本人或者额外支付一个月工资后，可以解除劳动合同，但应当支付劳动者经济补偿金。食品公司《销售部员工管理制度》中关于“考核结果连续三个月未完成指标值80%的业务人员，公司有权单方面解除劳动合同，不进行任何补偿”的规定，显然与上述法律规定相悖，不应对劳动者产生约束力，故一审法院认定食品公司以该规定为依据直接与张某解除劳动关系合法，有所不妥，二审法院予以纠正。据此，张某要求食品公司支付违法解除劳动合同赔偿金，理由正当，法院予以支持，具体数额以法院核算为准。

二 法律及事实分析

用人单位在规章制度中规定的解除劳动合同情形应当符合法律规定。《中华人民共和国劳动合同法》规定，劳动者出现不能胜任工作的情形后，用人单位不能立即解除劳动合同，需在调岗或培训后，劳动者仍不能胜任工作的，经法定程序，用人单位才有权单方解除劳动合同，而在本案中，用人单位的规章制度规定，劳动者出现“考核结果连续三个月未完成指标值80%”后，用人单位就可以解除劳动合同，即一次不胜任工作，用人单位就可以解除，该规定显然免除了用人单位一方的法定义务，属无效规定。

三 启示建议

用人单位在规章制度中关于惩处条款的规制范围应仅限于劳动者存在过错的情形。用人单位根据规章制度解除劳动合同的法律依据为《中华人民共和国劳动合同法》第三十九条，即“劳动者严重违反用人单位的规章制度的，用人单位可以解除劳动合同”。也就是说，劳动者存在过错，且这种过错属于严重违纪情形的，用人单位才有权据此解除劳动合同。而劳动者不能胜任工作，其根本原因是劳动者工作能力不足，劳动者对此不存在过错，因此，用人单位不能援引规章制度对不胜任工作的劳动者进行处理，是否胜任工作也不属于惩处条款的规制范畴。用人单位以不胜任工作为事实依据，却以《中华人民共和国劳动合同法》第三十九条作为法律依据单方解除劳动合同，明显存在事实依据与法律依据不相符的情况，解除逻辑混乱，用人单位自认为是合法解除，不能获得裁判支持。

四 相关法条

《中华人民共和国劳动合同法》

第三十九条 劳动者有下列情形之一的，用人单位可以解除劳动合同：

（一）在试用期间被证明不符合录用条件的；

（二）严重违反用人单位的规章制度的；

（三）严重失职，营私舞弊，给用人单位造成重大损害的；

（四）劳动者同时与其他用人单位建立劳动关系，对完成本单位的工作任务造成严重影响，或者经用人单位提出，拒不改正的；

（五）因本法第二十六条第一款第一项规定的情形致使劳动合同无效的；

（六）被依法追究刑事责任的。

第四十条 有下列情形之一的，用人单位提前三十日以书面形式通知劳动者本人或者额外支付劳动者一个月工资后，可以解除劳动合同：

（一）劳动者患病或者非因工负伤，在规定的医疗期满后不能从事原工作，也不能从事由用人单位另行安排的工作的；

（二）劳动者不能胜任工作，经过培训或者调整工作岗位，仍不能胜任工作的；

（三）劳动合同订立时所依据的客观情况发生重大变化，致使劳动合同无法履行，经用人单位与劳动者协商，未能就变更劳动合同内容达成协议的。

6.1.3 用人单位以劳动者不胜任工作为由解除劳动合同的法律事实，应当严格依据法律规定

案例3：周某与某科技公司劳动争议纠纷案

一 案情简介

周某于2019年与某科技公司（以下简称科技公司）签订劳动合同，约定周某担任副总经理，合同期限自2019年1月1日起至2021年12月31日止，基

本工资为每月税前30000元。2019年4月24日科技公司吕某向周某发送名为“与周某的讨论会议记录4月23日”的邮件1份，附件载明，与会人员为周某、吕某、陶某、胡某、潘某。给周某的意见及预警为：部门预算收支细节统计的预期不能达到；能力强，但工作积极性不高，大家感觉不够用心；根据之前的股权分配协定，工作没能做到位；需要更严格地把控报销，每笔报销都必须合理。周某反馈为：今后在融资方面会加强贡献度；将会严格控制费用，做好把关；发挥专业经验，确保合规运营；会以创业者心态全身心工作；股份分配问题可以谈。该邮件正文内容：我们要信任队友，人总在不断进步……公开讨论利于大家互相理解……给周某的建议和预警是为了将来合作中塑造一位强有力的战友，我们相信，只要摆正心态，以周某的能力和经验，必然会在大家的共同事业中取得巨大成功！2019年12月19日科技公司向全体员工发布业绩考核工作的电子邮件。12月30日科技公司向全体员工发送2019年度部门绩效考评议程，考核形式是PPT报告加各部门领导互相打分。全员绩效分为优异、优秀、合格、不合格四个等级；绩效结果的使用：绩效成绩为优异者给予表彰，优秀、优异者有资格参加当年度职位晋升；绩效成绩不合格者，从下一年度起取消基于绩效合格领取的补贴，扣除当年度绩效薪资，进行绩效改善，并告知绩效成绩两次不合格者，予以解聘处理。2020年1月3日科技公司向全体员工告知部门业绩考核评分规则。2020年1月6日周某接受了该次绩效考核会议的请求并参与考核。后经考核，周某综合得分为55.95分。2020年1月17日，科技公司将绩效考核不合格的结果通过电子邮件告知周某，同时向其发送《员工辞退通知书》1份，载明“你在2019年4月因工作未达到公司考核要求，被公司约谈，公司综合考虑，给予你再次考核机会，但在2019年的年度绩效考核中，你的考核结果仍为不合格，你已不能胜任所在岗位，根据《中华人民共和国劳动合同法》及公司规章制度的规定，对你进行辞退处理。请你接到本辞退通知后，在2020年2月17日前办理相关离职手续”。2020年2月16日，周某邮件回复称上述通知属于非法解除劳动合同，要求科技公司恢复其正常劳动关系。周某申请劳动仲裁，仲裁机构因其提供材料不完整且未再补充，决定不予受理。周某遂提起诉讼，要求科技公司支付赔偿金。

一审法院经审理认为，本案中2019年4月23日召开的会议，与会人员仅为周某、吕某、陶某、胡某、潘某5人，参与范围小，考核标准不清，未形成应由行政人事部保存的考核结果，且从邮件及证人证言内容来看，会议系对周某工作中存在的问题提出建议及预警的内部谈话，非正式绩效考核，也未有不能胜任工作或者考核不合格的结论意见。而2019年年终，周某经考核不合格，不能胜任工作，即便该次考核成立，仍不能满足两次考核均不合格才能解除劳动合同的要求。而且，考核制度涉及劳动者切身利益和重大事项，有制定程序、内容合法等要求，2019年12月底实施的考核办法在效力上亦存有瑕疵，科技公司以此为由解除劳动合同，依据不足。另外，《中华人民共和国劳动合同法》规定的无过失性辞退中，劳动者不能胜任工作，需经过培训或者调整工作岗位仍不能胜任工作，用人单位才可以以提前三十日书面通知的方式解除劳动合同。科技公司未按上述程序执行，系违法解除与周某的劳动合同。

二审法院认为，用人单位违法解除或者终止劳动合同，劳动者要求继续履行劳动合同的，用人单位应当继续履行；劳动者不要求继续履行劳动合同或者劳动合同已经不能继续履行的，用人单位应当支付经济赔偿金。科技公司以周某两次考核不合格、不能胜任工作为由解除劳动合同，依据不足，且没有进行培训或者调整工作岗位的程序，以证明周某仍不能胜任工作，故科技公司的解除行为违法。在劳动合同已经不能继续履行的情况下，一审法院判令科技公司支付周某赔偿金正确。

二 法律及事实分析

在实践中，用人单位以“不能胜任工作”为由合法解除劳动合同的难度较大，用人单位很容易陷入败诉的局面。原因在于用人单位往往没有有效的证据证明劳动者“不能胜任工作”。用人单位从管理角度对“不胜任工作”的理解和认定，与裁判机构从劳动法角度对“不能胜任工作”的理解和认定存在一定偏差。

用人单位从管理角度对员工不能胜任工作的认定，不仅仅包括劳动者的知识、技能等专业能力方面的判断，还包括了劳动者的态度或价值观等方面的考核，但用人单位对于劳动者工作态度或价值观等考核，往往缺乏客观的衡量标准，由用人单位的领导主观进行判定，所以，用人单位对劳动者“不胜任工作”的理解和认定具有一定的主观性。

而裁判机构从劳动法角度理解“不能胜任工作”，指劳动者不能按要求完成劳动合同中约定的任务或者同工种、同岗位人员的工作量。根据法律的要求，“不能胜任工作”不能是用人单位随意评判的，需要有详细的、明确的岗位职责和考核标准，需要用人单位有数据或具体事例，或劳动者确认的工作表单、考核文件等予以证明，“不能胜任工作”必须是客观的、可量化的事实。

本案中，法院认定了用人单位的做法不当，也认定了劳动者不胜任工作缺乏有效依据，且考核制度缺乏民主制定程序，解除程序也不符合法律规定，所以最终判定用人单位承担了支付赔偿金的法律责任。

三　启示建议

1.用人单位应当制定明确的岗位职责和考核制度并告知劳动者

岗位职责的设定要具有合理性，并且最好能够客观量化。制定考核制度时应该履行民主程序，明确考核分数或考核等级的法律含义。如考核结果分A、B、C、D等，一定要将相应的考核结果与法定情形挂钩，如明确规定，劳动者的评定结果为D等，即代表劳动者是不胜任工作的。否则，还是有可能出现即使劳动者的考核结果为D，用人单位仍然无法证明劳动者存在不胜任工作的情形。

2.考核周期设定要合理，并要注意留存相关考核材料

评判劳动者是否胜任工作，应该以一定期间内的工作表现作为判断依据，这个考核期间要合理，不能太短。如劳动者某一个月的考核结果不合格就认为不胜任，有可能会被裁判机关认为属于偶发性的表现，不足以认定劳动者为不胜任工作。在管理过程中，还要注意收集保留与考核相关的材料，如上级管理者与劳动者之间有关工作过程、工作失误等进行沟通的往来邮件，或劳动者提交的工作改进计划等。

3.培训或调岗环节不能任性或带有恶意

培训的内容要具有针对性，要根据劳动者在前面考核中不合格的地方进行培训，在培训中应该有培训签到表、培训反馈表等文件。调岗也要合情合理。虽然法律规定劳动者不胜任工作用人单位有权调岗，但这并不意味着用人单位有任意决定权。用人单位为劳动者提供的新岗位应当使之尽可能地胜任工作，以继续履行双方的劳动合同。如用人单位故意提供劳动者明显不能

胜任的岗位，或存在明显的恶意，则用人单位以劳动者不能胜任工作为由解除劳动合同时，仍有可能被裁判机构认定为违法解除。

4.程序要合法

劳动者不胜任工作，用人单位不能直接解除劳动合同，程序上一定要经过培训或调岗后，当劳动者再次被认定为不能胜任工作时，用人单位才能解除劳动合同。此外，有些用人单位还需要完成通知工会的法定程序。

四 相关法条

《中华人民共和国劳动合同法》

第四十条 有下列情形之一的，用人单位提前三十日以书面形式通知劳动者本人或者额外支付劳动者一个月工资后，可以解除劳动合同：

（一）劳动者患病或者非因工负伤，在规定的医疗期满后不能从事原工作，也不能从事由用人单位另行安排的工作的；

（二）劳动者不能胜任工作，经过培训或者调整工作岗位，仍不能胜任工作的；

（三）劳动合同订立时所依据的客观情况发生重大变化，致使劳动合同无法履行，经用人单位与劳动者协商，未能就变更劳动合同内容达成协议的。

6.1.4 用人单位以劳动者不胜任工作为由解除劳动合同的程序，应当严格依据法律规定

案例4：吴某与某汽车公司劳动争议纠纷案

一 案情简介

吴某于2004年10月13日入职某汽车公司工作，工作岗位先后为高级技术文档专员、高级技术成本分析专员，从2011年11月15日双方签订无固定期限劳动合同，约定吴某的工作岗位为高级材料控制专员。吴某在其所从事的岗位说明书上予以签字确认。2014年、2015年公司对吴某的绩效考核结果均

为“远低于要求”,《绩效反馈表》均经吴某本人签字确认。某汽车公司对吴某分别制订两轮的“绩效改进计划”，内容包括改进需求、绩效问题描述、目标、步骤、衡量指标、完成时间、培训记录、直线经理评价等。吴某的直接上级与吴某往来邮件内容涉及吴某工作方法的调整、纠正报告错误、督促工作进度等。2015年9月17日某汽车公司组织材料成本分析系统培训，包括吴某在内的多人参加。2016年3月16日某汽车公司向吴某发出《劳动合同解除通知》，内容如下：由于您2014年的年度绩效考核结果显示您的工作表现远低于高级材料控制专员岗位要求，公司与您一起制订了绩效改进计划，其中包括改进目标、改进措施、评估方法及完成时间等，我们还为您安排了相应的工作指导。经过6个月共两个阶段的绩效改进计划，您2015年的年度绩效考核结果仍远低于岗位要求。我们遗憾地通知您，您的工作表现仍然无法满足高级材料控制专员岗位的相关要求以及绩效改进计划中的改进目标。因此您与公司于2011年10月24日签订的劳动合同将于2016年3月17日起正式解除（以下简称解除日），您的最后工作日为2016年3月16日。汽车公司将按照相关法律规定向您一次性支付金额为人民币125638.46元的经济补偿金和相当于一个月工资的代通知金人民币9119元，将在解除日当月或下个月的工资发放日发放。2016年3月末某汽车公司向吴某实际支付了解除劳动合同经济补偿金125638.46元、代通知金9119元。吴某不服某汽车公司的辞退决定，向劳动人事争议仲裁委员会提出仲裁，要求撤销解除劳动合同通知，恢复劳动关系。2016年6月14日仲裁委员会作出裁决不予支持。吴某不服，诉至法院。

一审法院经审理认为：依据《中华人民共和国劳动合同法》第四十条第二款的规定：劳动者不能胜任工作，经过培训或者调整工作岗位，仍不能胜任工作的，用人单位提前三十日以书面形式通知劳动者本人或者额外支付劳动者一个月工资后，可以解除劳动关系。

本案中，首先，某汽车公司提供的《绩效反馈表》证明吴某在2014年度、2015年度考核结果均为“远低于要求”，吴某本人在反馈表上签字，视为对考核结果是知晓的，虽然庭审中其对考核结果不予认可，但未提供证据证明其签字时某汽车公司存在欺诈、胁迫等行为，故对于吴某不能胜任工作的事实，法院予以认定。其次，某汽车公司针对吴某的考核结果，制订了“绩效改进计划”，内容包括改进需求、绩效问题描述、目标、步骤、衡量指标、完成时间、培训记录、直线经理评价等，持续的时间从2014年至2015年，实际属于针对吴某的情况制订培训计划、实施培训内容、评估培训效果。另外，吴某的直接上级与吴某往来邮件的内容，对吴某的工作方法予以调整、报告的错误予以纠正、工作进度予以督促，是通过实践对吴某进行指导、培训。2015年9月17日吴某参加了某汽车公司组织的材料成本分析系统培训。通过某汽车公司的以上行为可以看出，其已经对吴某进行了充分的培训。最后，解除劳动合同后某汽车公司依法向吴某支付经济补偿金125638.46元和代通知金9119元，吴某已经实际收到，并未提出异议，视为对劳动关系解除的事实予以认可，现吴某要求撤销《劳动合同解除通知》、恢复劳动关系的诉求，显然有悖诚信原则。某汽车公司解除与吴某之间的劳动合同符合法律规定，故吴某该主张证据不充分，法院不予支持。

二审法院认为：依据《中华人民共和国劳动合同法》第四十条第二款的规定：劳动者不能胜任工作，经过培训或者调整工作岗位，仍不能胜任工作的，用人单位提前三十日以书面形式通知劳动者本人或者额外支付劳动者一个月工资后，可以解除劳动关系。本案中，首先，某汽车公司提供的《绩效反馈表》证明吴某在2014年度、2015年度考核结果均为“远低于要求”，吴某本人在2014年度反馈表上签字，可见对考核结果是知晓的，虽然庭审中其对考核结果不予认可，但未提供证据证明签字时某汽车公司存在欺诈、胁迫等行为，故可以认定吴某不能胜任工作的事实。其次，某汽车公司针对吴某的考核结果制订了“绩效改进计划”，虽然吴某不认可“绩效改进计划”，但二审庭审中自认收到了“绩效改进计划”。2015年9月17日吴某参加了某汽车公司组织的材料成本分析系统培训，虽然吴某自述此培训是针对部门全体人员的新项目培训，但从培训内容看，和“绩效改进计划”中“申请并应用TAIS系统”的内容是对应的。另外，吴某的直接上级与吴某往来的邮件内容，也可证明是通过实践对吴某进行指导、培训。可以看出，某汽车公司已经对吴某进行了充分的培训。某汽车公司解除与吴某之间的劳动合同符合法律规定，故吴某要求撤销《劳动合同解除通知》、恢复劳动关系的诉求，证据不充分，原审法院不予支持并无不当。二审判决如下：驳回上诉，维持原判。

二 法律及事实分析

本案例完整地显示了用人单位辞退不能胜任工作劳动者的正确操作流程。某汽车公司的操作标准规范，拆解如下。

1.吴某在其所从事的岗位说明书予以签字确认。某汽车公司这样做的目的是便于今后证明劳动者是否胜任工作。

2.《绩效反馈表》证明吴某考核结果均为“远低于要求”，吴某本人在反馈表上签字，证明其不能胜任工作。

3.某汽车公司制订了“绩效改进计划”，并安排了相应的指导和培训，证明某汽车公司履行了培训的流程。

4.劳动者经过6个月、共两个阶段的“绩效改进计划”，2015年的年度绩效考核结果仍远低于岗位要求，证明劳动者经培训后仍不能胜任工作。

5. 2016年3月末某汽车公司向吴某支付了解除劳动合同经济补偿金125638.46元和代通知金9119元，某汽车公司按照法律规定解除劳动合同并支付相应的补偿。

实务操作中，用人单位以不能胜任工作为由辞退劳动者实际上是非常困难的，主要难在用人单位的举证上，本案例中，劳动者在《绩效反馈表》中签名确认是关键的证据，某汽车公司最终能够胜诉主要得益于该证据的存在。另外，某汽车公司单方解除劳动合同时还有一个重要步骤需注意：应当事先将理由通知工会。本案例中未提及某汽车公司是否履行了这个程序。

三 启示建议

依据《中华人民共和国劳动合同法》第四十条的规定，辞退不能胜任工作劳动者的标准操作流程拆解如下：

（1）能够证明具体的岗位要求；

（2）有不能胜任工作的证据，一般是考核结果；

（3）履行培训或调岗程序；

（4）证明经培训或调岗后仍不能胜任工作；

（5）解除劳动合同；

（6）支付经济补偿和代通知金（如未提前30日书面通知）。

四 相关法条

《中华人民共和国劳动合同法》

第四十条 有下列情形之一的，用人单位提前三十日以书面形式通知劳动者本人或者额外支付劳动者一个月工资后，可以解除劳动合同：

（一）劳动者患病或者非因工负伤，在规定的医疗期满后不能从事原工作，也不能从事由用人单位另行安排的工作的；

（二）劳动者不能胜任工作，经过培训或者调整工作岗位，仍不能胜任工作的；

（三）劳动合同订立时所依据的客观情况发生重大变化，致使劳动合同无法履行，经用人单位与劳动者协商，未能就变更劳动合同内容达成协议的。

6.1.5 用人单位因客观情况发生重大变化与员工解除劳动合同的，应当严格依据法律的实体性与程序性规定

案例5：薛某与某煤炭运销集团有限公司劳动争议纠纷

一 案情简介

薛某于2011年5月入职某煤炭运销集团有限公司（以下简称煤运公司），在煤矿收费点从事收费、开票、检验等工作。2018年6月29日煤运公司经理马某组织公司副经理等12名公司人员召开了关于解除公司与薛某等18名职工的劳动关系的会议。2018年7月20日煤运公司向薛某出具《解除劳动合同通知书》，内容为："因上级体制改革，公司经营业务被迫全面停止且公司财务状况严重恶化等客观情况，公司已无法继续履行与你的劳动合同，经公司与你多次协商，未能达成一致意见。现公司经研究决定，于2018年7月20日与你解除劳动合同关系。同时，公司依法向你额外支付一个月工资和相应经济补偿金。"

解除劳动合同后薛某向劳动人事争议仲裁委员会提起仲裁申请，要求煤运公司继续履行劳动合同，仲裁委员会支持其请求后，煤运公司不服，诉至法院。

煤运公司诉称：我公司已经退出市场，不参与任何市场经营活动，构成客观情况发生重大变化，同时已依法支付经济补偿并额外支付一个月工资，是合法解除劳动合同。

薛某辩称：公司在同一时间段内以相同的理由同时解除包括我在内的十多名职工的劳动关系，实质为经济性裁员，但未履行法定程序，系违法解除劳动合同，应当继续履行劳动合同。

法院认为：煤运公司解除与薛某等18名职工的劳动合同，需要裁减人员占到煤运公司职工总数的25.7%，其未履行《中华人民共和国劳动合同法》第四十一条规定的提前三十日向全体职工说明情况、听取工会意见、向劳动行政部门报告裁减人员方案等程序性义务，而且裁减人员违背《山西省人民政府晋政发〔2014〕37号》文件精神，故应认定煤运公司解除劳动合同的行为违法，煤运公司单方解除与薛某劳动关系无效，对薛某要求煤运公司继续履行劳动合同予以支持。用人单位不服，提出上诉，二审维持原判。

二 法律及事实分析

为了提高企业的经济效益及职工的生活水平，企业根据自身的状况应当将多余人员裁减，但裁减人员应制定裁减方案，且经过上级主管部门及行政部门批准，裁减人员应确定具体的范围和标准，在平等的基础上进行合理裁员，而且煤运公司作为用人单位解除与劳动者的劳动合同应当符合法律规定的情形，并有明确充分的依据，否则就构成了违法解除劳动合同。

三 启示建议

1. 在《中华人民共和国劳动合同法》中根据解除原因的不同，划分了多种用人单位与劳动者解除劳动合同的方式，根据解除方式的不同又规定了不同的解除程序。例如，因客观情况发生重大变化解除劳动合同的，应履行协商变更劳动合同内容的程序。在解除劳动合同的过程中，解除原因与解除程序是配套且一一对应的，如果仅具有法定的解除原因而未履行相应的解除程序，那么用人单位也是违法解除，难以获得裁判机构的支持。因此，用人单位在单方解除劳动合同前，应明确解除劳动合同的原因，经法定程序后，方可解除劳动合同。

2. 在本案例中，用人单位因经营业务被迫全面停止且公司财务状况严重恶化单方与十余名劳动者解除劳动合同，但是由于用人单位对解除原因判断不明，本应进行裁员程序，却以客观情况发生重大变化为由解除劳动合同，最终用人单位在超额支付补偿的情况下，仍被裁判机构认定为违法解除劳动合同，还需承担与劳动者继续履行劳动合同的法定责任。

3. 如何区分"客观情况发生重大变化"与"经济性裁员"。二者主要的区别在于引发的原因不同。"客观情况发生重大变化"侧重于外因，即指发生不可抗力或出现致使劳动合同全部或者部分条款无法履行的其他情况，用人单位的自主决定权相对较弱。"经济性裁员"则更多考虑用人单位本身的生产经营状况，即用人单位在生产经营困难等情况下可以裁减人员，以适应社会主义市场经济的要求。因此经济性裁员是用人单位根据自身生产经营状况而选择的自主化调整，决定权相对较强。

四 相关法条

《中华人民共和国劳动合同法》

第四十条 有下列情形之一的，用人单位提前三十日以书面形式通知劳动者本人或者额外支付劳动者一个月工资后，可以解除劳动合同：

（一）劳动者患病或者非因工负伤，在规定的医疗期满后不能从事原工作，也不能从事由用人单位另行安排的工作的；

（二）劳动者不能胜任工作，经过培训或者调整工作岗位，仍不能胜任工作的；

（三）劳动合同订立时所依据的客观情况发生重大变化，致使劳动合同无法履行，经用人单位与劳动者协商，未能就变更劳动合同内容达成协议的。

第四十一条 有下列情形之一，需要裁减人员二十人以上或者裁减不足二十人但占企业职工总数百分之十以上的，用人单位提前三十日向工会或者全体职工说明情况，听取工会或者职工的意见后，裁减人员方案经向劳动行政部门报告，可以裁减人员：

（一）依照企业破产法规定进行重整的；

（二）生产经营发生严重困难的；

（三）企业转产、重大技术革新或者经营方式调整，经变更劳动合同后，仍需裁减人员的；

（四）其他因劳动合同订立时所依据的客观经济情况发生重大变化，致使劳动合同无法履行的。

裁减人员时，应当优先留用下列人员：

（一）与本单位订立较长期限的固定期限劳动合同的；

（二）与本单位订立无固定期限劳动合同的；

（三）家庭无其他就业人员，有需要扶养的老人或者未成年人的。

用人单位依照本条第一款规定裁减人员，在六个月内重新招用人员的，应当通知被裁减的人员，并在同等条件下优先招用被裁减的人员。

6.1.6 因政策导致用人单位部门迁移的，用人单位可以以客观情况发生重大变化为由与劳动者解除劳动合同

案例6：唐某与某电子公司劳动争议纠纷案

一 案情简介

唐某于2012年8月1日入职某电子公司（以下简称电子公司）担任电焊工，工作地点位于北京市某郊区，双方订立了5年期限的劳动合同。2018年1月，根据北京市疏解整治促提升计划和该区具体实施政策要求，电子公司决定将生产部门全部迁移至河北某市。当月公司向生产部门全体员工发出《生产部门搬迁员工意向调查表》征询意见，唐某表示愿意随电子公司迁往新的工作地点，并提出工资待遇上浮40%、安排住宿补贴等要求，电子公司则表示可在两地安排班车接送上下班，工资待遇可上浮10%。此后，双方就搬迁、解除劳动合同等事宜进行多次协商，但均未能达成一致。2018年3月12日电子公司向唐某发出《解除劳动合同通知书》，以客观情况发生重大变化、双方未能就变更劳动合同达成一致为由，与唐某解除劳动合同，并向其支付了解除劳动合同经济补偿。随后唐某提出仲裁申请，要求电子公司支付违法解除劳动合同赔偿金（差额）。

仲裁委审理后认为，电子公司与唐某解除劳动合同的情形符合《中华人

民共和国劳动合同法》第四十条第（三）项的规定，劳动合同订立时所依据的客观情况发生重大变化，致使劳动合同无法履行，经用人单位与劳动者协商，未能就变更劳动合同内容达成协议的，用人单位提前三十日以书面形式通知劳动者本人或者额外支付劳动者一个月工资后，可以解除劳动合同。裁决驳回了唐某的仲裁请求。

二 法律及事实分析

本案例符合客观情况发生重大变化，用人单位可行使解除权。对于何谓“劳动合同订立时所依据的客观情况发生重大变化”，原劳动部《关于〈中华人民共和国劳动法〉若干条文的说明》第二十六条第四款给出了解释，即本条中的“客观情况”指：发生不可抗力或出现致使劳动合同全部或部分条款无法履行的其他情况，如企业迁移、被兼并、企业资产转移等，并且排除本法第二十七条所列的客观情况。本案中，电子公司的生产部门发生迁移，确因政府政策变化所致，是其在订立劳动合同时无法预见的客观情况，故在双方不能就变更劳动合同达成一致时，电子公司可行使单方解除权。

三 启示建议

因客观情况发生重大变化解除劳动合同实操指引如下。

1.判定客观情况变化

对重大客观情况法律没有明确规定，实务中一般是依据重大情势变更原则来认定，将客观情况界定为“无法预见、非不可抗力造成的不属于商业风险的重大变化”，重大变化导致劳动合同无法继续履行。具体的判定可以从三个方面考虑：一是客观性，此种变化是客观性变化，而非企业主观意愿；二是变化的主体是合同订立时的客观情况，应当与合同订立时的客观情况加以对比；三是重大性，变化导致原有劳动合同无法继续履行。如符合这三个标准，则构成客观情况重大变化，可以适用该项解除。

2.协商程序须前置

该项解除必须经过协商的前置程序，协议一致的，变更劳动合同继续履行；协商无法取得一致的，用人单位可以解除劳动合同。操作中，建议用人单位向劳动者出具劳动合同变更通知书，并保留相应材料，以证明用人单位已经履行协商前置程序。

3. 排除非客观情况

实务中，用人单位关于“致使劳动合同无法履行的客观情况”的判断，可以参照如下规定内容。《劳动部关于〈中华人民共和国劳动法〉若干条文的说明》（劳办发〔1994〕289号）第二十六条，“致使劳动合同无法履行的客观情况”是指发生不可抗力或出现致使劳动合同全部或者部分条款无法履行的其他情况，主要包括：企业迁移、资产转移、企业改制、部门撤并、经营方向或经营战略重大调整、企业产品结构调整等。除此之外，如企业之间的股权并购、合并、分立、企业变更名称、法定代表人、主要负责人或者投资人等事项不属于客观情况重大变化，应当予以排除。

四　相关法条

《中华人民共和国劳动合同法》

第四十条　有下列情形之一的，用人单位提前三十日以书面形式通知劳动者本人或者额外支付劳动者一个月工资后，可以解除劳动合同：

（一）劳动者患病或者非因工负伤，在规定的医疗期满后不能从事原工作，也不能从事由用人单位另行安排的工作的；

（二）劳动者不能胜任工作，经过培训或者调整工作岗位，仍不能胜任工作的；

（三）劳动合同订立时所依据的客观情况发生重大变化，致使劳动合同无法履行，经用人单位与劳动者协商，未能就变更劳动合同内容达成协议的。

《劳动部关于〈中华人民共和国劳动法〉若干条文的说明》

第二十六条　有下列情形之一的，用人单位可以解除劳动合同，但是应当提前三十日以书面形式通知劳动者本人：

……

本条中的“客观情况”指：发生不可抗力或出现致使劳动合同全部或部分条款无法履行的其他情况，如企业迁移、被兼并、企业资产转移等，并且排除本法第二十七条所列的客观情况。

6.1.7 因新冠肺炎疫情导致用人单位经营状况恶化的，用人单位可以以客观情况发生重大变化为由与劳动者解除劳动合同

案例7：吴某与某能源技术有限公司劳动争议纠纷案

一 案情简介

吴某于2003年3月3日入职某能源技术有限公司（以下简称能源公司），任采办助理、采办执行。2020年3月23日至30日，能源公司人力资源部袁某多次向吴某发送电子邮件，告知因国际项目三部经营状况不好，公司给出了两个调岗方案征求吴某意见。2020年3月31日吴某给袁某回复电子邮件称，经考虑，本人可以接受公司的调岗安排，但是不接受公司单方面下调薪酬。经多次沟通，双方无法达成一致，2020年5月20日能源公司发出《解除劳动合同通知书》。解除劳动合同后吴某向劳动人事争议仲裁委员会提起仲裁申请，要求能源公司支付违法解除劳动合同赔偿金、工资差额，仲裁委员会支持其部分请求后，吴某不服，诉至法院。

吴某诉称：公司不存在经营困难的情况，属于违法解除劳动合同，应依法支付赔偿金。

能源公司辩称：受新冠肺炎疫情及国际油价大幅下跌的影响，我公司业务严重萎缩，已构成客观情况发生重大变化，因此，我公司解除劳动合同是合法解除。

法院认为：依据《中华人民共和国劳动合同法》第四十条第（三）项的规定，劳动合同订立时所依据的客观情况发生重大变化，致使劳动合同无法履行，经用人单位与劳动者协商，未能就变更劳动合同内容达成协议的，用人单位提前三十日以书面形式通知劳动者本人或者额外支付劳动者一个月工资后，可以解除劳动合同。能源公司解除劳动合同不属于违法解除劳动合同的情形，无须向吴某支付违法解除劳动合同赔偿金，但应依法向吴某支付解除劳动关系的经济补偿金，具体金额由法院依法核算。用人单位不服，提出上诉，二审维持原判。

二 法律及事实分析

《中华人民共和国劳动合同法》规定，劳动合同订立时所依据的客观情况发生重大变化，致使劳动合同无法履行，经用人单位与劳动者协商，未能就变更劳动合同内容达成协议的，用人单位可以解除劳动合同，依据上述情形解除的，用人单位应当向劳动者支付经济补偿。本案中能源公司根据企业经营状况，决定对吴某所在的国际项目三部的岗位进行调整，是能源公司根据整体运营管理的需要而实施的企业经营自主权，法院对此不持异议。能源公司根据吴某调整后工作岗位的内容及工作量对其降低薪酬，亦属于在合理范围内调整其工资水平，并非针对吴某个人，但双方未能就调岗降薪达成一致意见，属于因客观情况发生重大变化导致合同无法继续履行，能源公司在此情形下，有权解除与吴某的劳动合同。

三 启示建议

1.用人单位以客观情况发生重大变化为由解除劳动合同的，解除的事由应当具备客观性，解除是由客观因素造成的，而不是由用人单位的主观意志导致的，仅就经营困难而言，如果系因用人单位领导层决策错误等人为因素导致经营困难，则很难认定为客观情况发生重大变化，而受新冠肺炎疫情等不可抗力影响，导致经营困难，用人单位据此解除劳动合同的，其合法解除的主张比较容易获得裁判机构的支持。

2.用人单位以客观情况发生重大变化为由解除劳动合同的，应当履行协商程序，在实际操作中由于未履行协商程序而被认定为违法解除劳动合同的案例比比皆是，通常情况下协商程序的表现形式为调整工作岗位、调整工作部门、调整薪酬待遇等。

3.用人单位以客观情况发生重大变化为由解除劳动合同的，应当提前三十日书面通知劳动者或支付代通知金。很多用人单位有如下错误操作，劳动者未主动向用人单位主张代通知金时，用人单位就先不支付，在劳动者主张权利时再向劳动者支付。用人单位如此错误操作危害巨大，其不主动向劳动者支付代通知金的行为已经违反了法律规定，在劳动者启动司法程序后，裁判机构很可能会判定用人单位因违法解除劳动合同而向劳动者支付经济赔偿金（经济赔偿金的数额明显高于代通知金的数额）。

四 相关法条

《中华人民共和国劳动合同法》

第四十条 有下列情形之一的，用人单位提前三十日以书面形式通知劳动者本人或者额外支付劳动者一个月工资后，可以解除劳动合同：

（一）劳动者患病或者非因工负伤，在规定的医疗期满后不能从事原工作，也不能从事由用人单位另行安排的工作的；

（二）劳动者不能胜任工作，经过培训或者调整工作岗位，仍不能胜任工作的；

（三）劳动合同订立时所依据的客观情况发生重大变化，致使劳动合同无法履行，经用人单位与劳动者协商，未能就变更劳动合同内容达成协议的。

6.1.8 用人单位以劳动者医疗期满不能从事用人单位另行安排的工作为由与劳动者解除劳动合同的，应当严格依据法律的程序性规定

案例8：秦某诉东陶公司劳动争议案

一 案情简介

秦某于1994年5月18日入职东陶公司。2004年6月1日双方订立了无固定期限劳动合同书，约定秦某在生产部门工作。2014年3月8日开始，秦某休病假，依法享受医疗期24个月。2016年3月7日秦某的医疗期满。此后秦某继续向东陶公司提供全休假条并申请休病假，最后一份休假申请表的休假时间为2017年8月3日至8月16日，东陶公司均准予秦某休病假，并继续为秦某支付病假工资。东陶公司在征求其工会意见之后，于2017年8月8日制作并送达秦某《劳动合同解除告知书》，载明秦某的医疗期于2016年3月7日期满，由于身体原因（颈椎病）持续休病假至今，不能从事原工作，也不能从事由

公司另行安排的工作，因此根据《中华人民共和国劳动合同法》第四十条的规定，于2017年8月16日解除劳动关系，终止尚未履行完的劳动合同，并进行经济补偿。经核实，秦某离职前12个月的月均工资为1669元，该数额低于秦某离职时当地最低工资标准1890元。秦某向劳动人事争议仲裁委员会提起劳动仲裁，要求东陶公司支付其违法解除劳动合同赔偿金28.2万元。仲裁委裁决驳回秦某的仲裁请求。秦某不服诉至法院。

法院认为：劳动者的合法权益受法律保护，当事人应当对自己的主张提供证据予以证明。用人单位与劳动者解除劳动关系，应当同时具备事实依据与制度依据。请长期病假的职工在医疗期满后，能从事原工作的，可以继续履行劳动合同；不能从事原工作的，用人单位应当为其另行安排工作。如果劳动者无法从事用人单位另行安排的工作，用人单位可以解除劳动合同，并与劳动者协商确定离职待遇。双方对医疗补助费等待遇无法协商一致的，用人单位应当在办理离职手续之前，为劳动者申请劳动能力鉴定，根据鉴定结论给予相应的离职待遇。秦某在2016年3月7日医疗期满之后，继续向东陶公司申请病假，东陶公司亦准予其休病假至2017年8月16日。东陶公司未能举证证明在2017年8月8日作出解除劳动合同决定时，已为秦某另行安排过工作或按照相关规定安排秦某进行了劳动能力鉴定以确定其待遇。东陶公司仅根据秦某提交病假申请即确认秦某不具备劳动能力、无法从事公司安排的任何工作，在秦某尚处在公司批准的病假期间的情况下，直接作出解除劳动关系的决定，缺乏事实与法律依据，属于违法解除劳动合同，东陶公司应当支付秦某违法解除劳动关系赔偿金，对秦某主张的违法解除劳动关系赔偿金的合理部分，法院予以支持，对于其过高的诉请，依据不足，不予支持。

二 法律及事实分析

医疗期是指职工因患病或非因工负伤停止工作治病休息不得解除劳动合同的时限。《关于贯彻执行〈中华人民共和国劳动法〉若干问题的意见》第三十五条规定，请长期病假的职工在医疗期满后，能从事原工作的，可以继续履行劳动合同；医疗期满后仍不能从事原工作也不能从事由单位另行安排的工作的，由劳动鉴定委员会参照工伤与职业病致残程度鉴定标准进行劳动能力鉴定。被鉴定为一至四级的，应当退出劳动岗位，解除劳动关系，办理因病或非因工负伤退休退职手续，享受相应的退休退职待遇；被鉴定为五至十级的，用人单位可以解除劳动合同，并按规定支付经济补偿金和医疗补助费。根据《中华人民共和国劳动合同法》第四十条、第四十六条的规定，劳动者患病或者非因工负伤，在规定的医疗期满后不能从事原工作，也不能从事用人单位另行安排工作的，用人单位提前三十日以书面形式通知劳动者本人或者额外支付劳动者一个月工资后，可以解除劳动合同，应向劳动者支付经济补偿金。劳动者因患病或非因公负伤，医疗期满后不能从事原工作时，用人单位的正确处理方式应当是先根据劳动者的身体状况给劳动者另行安排工作岗位，如劳动者仍无法从事用人单位另行安排的工作时，劳动者应当配合用人单位进行劳动能力鉴定。

三 启示建议

用人单位以“劳动者患病或者非因工负伤，在规定的医疗期满后不能从事原工作，也不能从事用人单位另行安排工作”为由解除劳动合同引发纠纷的案件时有发生。案件争议焦点大多集中在“不能从事用人单位另行安排工作”的认定标准上。劳动者主张用人单位不存在“另行安排工作”这一行为即解除了劳动关系属于违法解除。用人单位的抗辩意见往往是劳动者医疗期满后继续提交全休假条的行为即代表其不能出勤，根本无法提供劳动，用人单位更无法另行安排工作。劳动者在医疗期满后继续提交假条的主观动因往往是身体状况尚无法从事原岗位工作，医院是否为劳动者继续出具假条往往也将劳动者的工作内容及工作强度作为重要参考因素。用人单位不能将劳动者医疗期满后继续提交假条的行为直接推定理解为劳动者必然不能从事另行安排的工作，其在不另行安排工作的情况下径行与劳动者解除劳动合同的，一般会被裁判机构认定为是违法解除。

四 相关法条

《中华人民共和国劳动合同法》

第四十条 有下列情形之一的，用人单位提前三十日以书面形式通知劳动者本人或者额外支付劳动者一个月工资后，可以解除劳动合同：

（一）劳动者患病或者非因工负伤，在规定的医疗期满后不能从事原工作，也不能从事由用人单位另行安排的工作的；

（二）劳动者不能胜任工作，经过培训或者调整工作岗位，仍不能胜任工作的；

（三）劳动合同订立时所依据的客观情况发生重大变化，致使劳动合同无法履行，经用人单位与劳动者协商，未能就变更劳动合同内容达成协议的。

《关于贯彻执行〈中华人民共和国劳动法〉若干问题的意见》

35. 请长病假的职工在医疗期满后，能从事原工作的，可以继续履行劳动合同；医疗期满后仍不能从事原工作也不能从事由单位另行安排的工作的，由劳动鉴定委员会参照工伤与职业病致残程度鉴定标准进行劳动能力鉴定。被鉴定为一至四级的，应当退出劳动岗位，解除劳动关系，办理因病或非因工负伤退休退职手续，享受相应的退休退职待遇；被鉴定为五至十级的，用人单位可以解除劳动合同，并按规定支付经济补偿金和医疗补助费。

6.2　过错性解除劳动合同

6.2.1　劳动者在互联网上诋毁用人单位的，可以合法解除劳动合同

案例9：沈某与某企业管理服务有限公司劳动争议纠纷案

一　案情简介

沈某于2011年1月1日入职某企业管理服务有限公司（以下简称企业管理公司）。2018年7月11日企业管理公司在公证处的公证下向沈某送达了《解除劳动合同通知书》。《解除劳动合同通知书》显示：由于阁下的诸多不当行为，包括但不限于擅自在互联网及社交媒体发布的文章与录音违反公司《员工手册》中有关社交媒体管理以及信息通信技术设施使用之规定，引发给公司造成负面影响的媒体曝光事件，在公司内部和外部造成严重影响和恶劣后果。该行为不仅严重违背最基本的职业道德，更严重违反公司《员工手册》的规

定，公司决定依据《员工手册》依法解除阁下的劳动合同。解除劳动合同后沈某向劳动人事争议仲裁委员会提起仲裁申请，要求企业管理公司支付违法解除劳动合同赔偿金，仲裁委员会驳回其请求后，沈某不服，诉至法院。

沈某诉称：我在工作期间，一直兢兢业业，任劳任怨，然而企业管理公司的新领导不仅不认同我的辛劳付出，还因为个人喜好故意刁难我，我因此诉诸媒体，并无不当，公司此举属于违法解除劳动合同。

企业管理公司辩称：沈某在互联网各大平台包括新浪微博、知乎、微信公众号等发布歪曲事实、造谣抹黑公司的文章四十余篇，时间持续一个多月，截至2019年2月25日，沈某发布的前述文章总点击量已高达18466次，这还不包括沈某在网页上发布的无法统计点击量的文章，该行为已经构成严重违纪，因此，我公司解除劳动合同具有事实依据与法律依据，应当得到支持。

法院认为，劳动者作为公民享有言论表达的自由，这种表达自由不因表达手段的不同而改变，言论自由在劳动关系中也应该得到保障。但是劳动者的言论自由应该受到劳动关系一般原则的限制，也就是不得侵犯公民、法人的名誉权、荣誉权、商业秘密等权利。同时劳动关系具有一定的人身属性，劳动者亦负有忠实义务。沈某病休期间于2018年5月29日至6月29日在各大知名互联网及社交平台“知乎”“微信”“新浪博客”“新浪微博”“民航论坛”用中文、英文、法文共发表了42篇与企业管理公司相关的文章或录音。文章和录音中，除存在部分客观事实的表述之外，亦存在大量“钓鱼执法、设计陷害、罗织罪名”“无情压榨”“仍遭霸凌”“私设公堂”“变本加厉迫害升级”“循循善诱”“威慑欺骗”“恶毒的手段对付”等具有贬损之意或攻击性词汇。对于沈某的申诉，企业管理公司进行了调查，并与之进行了多次谈话，还采用了建议沈某转到其他岗位以解决问题等方法。企业管理公司采取的措施虽然不能达到沈某所满意的程度，但是不能就此认定企业管理公司存在沈某在发表文章中所描述的情形。纵观沈某在涉案的多篇文章中的语言，其所使用的具有贬损之意或攻击性的词语，已经超过了言论自由的限度，引起了阅读受众对企业管理公司名誉的怀疑，随之造成社会评价的降低，对企业管理公司的名誉造成了侵害，并且在企业管理公司向沈某发出书面警告，要求其删除在互联网和社交平台上发布的涉及公司的文章时，沈某拒绝删除，甚至在本案法庭辩论终结前，沈某仍未删除。在此情况下企业管理公司依据

《员工手册》与沈某解除劳动合同的行为并无不妥，故沈某要求支付违法解除劳动合同赔偿金的请求，法院不予支持。

二　法律及事实分析

劳动者作为公民享有言论表达的自由，这种表达自由不因表达手段的不同而改变，言论自由在劳动关系中也应该得到保障。但是劳动者的言论自由应该受到劳动关系一般原则的限制，也就是不得侵犯公民、法人的名誉权、荣誉权、商业秘密等权利。劳动者可以通过社交媒体记录自己的生活状态、表达情绪，但是社交媒体并不是法外之地，劳动者在社交媒体发表言论时也要遵循社会规范及法律规定。劳动者对于私人生活或事务的表达，不能违反社会公序良俗，不能侵犯社会公共利益。劳动者对用人单位的管理行为有参与权，也有批评建议的权利，但是劳动者在表达自己意见的时候，也要注意表达方式和表达范围，尤其是选择社交媒体进行表达时，不能带有诽谤性、侮辱性的语言，内容上不能泄露公司的商业秘密，不能妨害公司的管理秩序。

三　启示建议

根据《中华人民共和国宪法》第三十五条的规定，中华人民共和国公民有言论、出版、集会、结社、游行、示威的自由。也就是说，言论自由是中华人民共和国公民的基本权利，任何组织和个人均无权予以剥夺。但是，享有言论自由，不代表可以随意发表言论，对于胡乱发表言论的，行为人的法律责任分为三种，其一，民事责任，如行为人侵害他人名誉权的，可能会承担赔礼道歉等民事责任；其二，行政责任；其三，刑事责任，如可能构成侮辱罪、诽谤罪。

有一种比较极端的观点，即基于劳资双方的人身依附性，劳动者所发表的言论不应不利于用人单位的经营活动，也就是说，即使用人单位确实存在一定的违法行为，也应通过内部程序，内部解决，而对于诉诸媒体的行为，则违反了劳动者基本的忠实义务，这种观点给劳动者赋予了极高的忠实义务，一般不会得到支持。

在司法实践中，裁判机构一般对劳动者的行为是否具有合法性加以评判，即劳动者的表达是否侵害了用人单位的权利，如名誉权、荣誉权、商业秘密等，对于构成侵权甚至犯罪的行为，会被认定为超过了言论自由的边界。

对于某些情形，即使劳动者行为违反了法律规定，超过了言论自由的边界，用人单位也不一定可以直接解除劳动关系。由于违法行为种类繁多，行为的严重程度也不一样，同时，对于不同的行业，相应的行为规范差异较大，所以，对于哪些违法行为属于禁止性行为，建议用人单位与劳动者通过规章制度、行为守则等方式予以明确限制。如果用人单位对于涉及言论自由的违法行为没有明确的禁止性规定，在劳动者实施了该行为后，用人单位直接单方认定劳动者的行为违法并进行处理的，其合法性较难得到裁判机构的支持。

特别值得注意的是，用人单位对于劳动者的过错行为给予什么样的处罚，需要遵循适当原则。对劳动者的不当言论进行处罚时，需要考虑不当言论发表后传播的范围，是否给用人单位造成实际的损失，劳动者事后是否采取了积极补救措施防止影响进一步扩大等综合因素。

四 相关法条

《中华人民共和国宪法》

第三十五条 中华人民共和国公民有言论、出版、集会、结社、游行、示威的自由。

《中华人民共和国劳动合同法》

第三十九条 劳动者有下列情形之一的，用人单位可以解除劳动合同：

（一）在试用期间被证明不符合录用条件的；

（二）严重违反用人单位的规章制度的；

（三）严重失职，营私舞弊，给用人单位造成重大损害的；

（四）劳动者同时与其他用人单位建立劳动关系，对完成本单位的工作任务造成严重影响，或者经用人单位提出，拒不改正的；

（五）因本法第二十六条第一款第一项规定的情形致使劳动合同无效的；

（六）被依法追究刑事责任的。

6.2.2　用人单位不可以依据新的规章制度处罚劳动者旧的违章行为

案例10：杜某与艾利有限公司劳动争议纠纷案

一　案情简介

杜某于2013年11月20日入职艾利有限公司（以下简称艾利公司）。2019年5月8日艾利公司依据2011年版《员工手册》对杜某作出书面警告，根据该《员工手册》的规定，两次书面警告构成一次严重警告。2019年7月1日，2019年版《员工手册》生效并实施。2019年11月6日艾利公司依据2019年版《员工手册》中关于存在两次可以给予书面警告行为的规定，解除了与杜某的劳动合同。

解除劳动合同后，杜某向劳动人事争议仲裁委员会提起仲裁申请，要求艾利公司支付违法解除劳动合同赔偿金，仲裁委员会驳回其请求后，杜某不服，诉至法院。

杜某诉称：艾利公司依据新版《员工手册》评判劳动者之前违纪行为违反了法治原则及劳动法立法精神，系违法解除劳动合同。

艾利公司辩称：我公司规章制度经民主程序，且已送达杜某，杜某的行为严重违反了规章制度，我公司的解除劳动合同行为具有事实和法律依据。

一审法院认为：艾利公司对杜某作出的两次书面警告，均注明本人收到并诚恳接受上述警告，杜某对两次书面警告均有签字，故应认为杜某对两次书面警告均予以认可。2019年版《员工手册》载明存在两次可以给予书面警告行为的，解除劳动合同。杜某对该版《员工手册》已签收，且签收页注明愿意遵守和接受手册中的条例和规定。法院对艾利公司解除与杜某之间劳动关系的行为予以认可，对杜某要求艾利公司支付违法解除劳动合同赔偿金的请求不予支持。杜某不服，提出上诉。

二审法院认为：杜某所涉两次工作失误虽给艾利公司造成一定经济损失，艾利公司据此对杜某作出的两次书面警告也有相应事实依据与规章制度依据，但是艾利公司系以杜某被两次书面警告为由，依据2019年版《员工手册》的规定作出解除劳动合同的处分，在第一次书面警告所涉违纪行为发生时，2019年版《员工手册》尚未修订，更未生效实施。按照当时实施的2011年版《员工手册》的规定，杜某只能预期受到两次书面警告会被给予严重书面警告的处分，其不能也无法预期受到两次书面警告即被给予解除劳动合同的处分。用人单位对劳动者有管理权，对劳动者违反劳动纪律的行为有惩戒的权利，但解除劳动关系的处分是对劳动者最为严厉的惩戒措施，理当审慎为之。艾利公司2011年版《员工手册》规定两次书面警告的予以严重书面警告，而2019年版《员工手册》则加重修改，规定两次书面警告的即可解除劳动合同。依照法不溯及既往原则，在新的规定对劳动者的处罚较旧的规定为轻时，才可按新的规定处理。反之，在新的规定对劳动者的处罚较旧的规定为重时，不能适用新的规定对劳动者之前的行为进行处理。因此，艾利公司适用2019年版《员工手册》中被两次书面警告的即可解除劳动合同的规定对杜某在该版《员工手册》生效实施之前发生的行为一并处理，其所作出的解除劳动合同处分不当，违反了法不溯及既往这一基本的法治原则。另外，从前后两版《员工手册》规定内容来看，本案所涉两次书面警告的意义与后果不相同。依照2011年版《员工手册》的规定，四次书面警告才达到解除劳动合同处分条件，2019年版《员工手册》虽规定两次书面警告即可解除劳动合同，但该新版《员工手册》也同时规定其自2019年7月1日生效并实施，故也需杜某存在该日期之后被两次书面警告情形才达到解除劳动合同处分的条件。因杜某在该日期之后仅有一次书面警告情形，故从此角度而言，杜某的行为亦未达到2019年版《员工手册》规定的解除劳动合同处分的条件。再者，公正、法治、诚信作为社会主义核心价值观的基本内容，作为社会层面的价值取向，是整个社会、所有组织与个人都应践行的核心价值理念。本案艾利公司新版《员工手册》规定的解除劳动合同处分的条件要较旧版《员工手册》规定严苛，艾利公司适用新的规定一并处理杜某之前的行为，超出了杜某的心理预期。法治是治国理政的基本方式，用人单位的制度建设则是企业管理与持续发展的基本方式。以新的处罚较重的规定去处理员工过去的行为会使得员工无所适从，不仅影响用人单位规章制度对员工行为的指引、评价、预测、教育等作用，也损害用人单位自身的制度建设，对作为处罚对象的杜某来说也不公平。诚信是人类社会的优良道德传统，它不仅要求作为个人的劳动者要诚实劳动、信守承诺，也要求作为用人单位的企业亦要信守承诺。艾利公司在其新版《员工手册》中已经明确生效实施时间并公示劳动者的情况下，却在个案处理时未能信守其承诺的生效实施时间，有违诚信。因此艾利公司解除与杜某劳动合同的行为属于违法解除劳动合同。

二 法律及事实分析

法律只能适用于它颁布并生效后发生的行为和事件，不能适用于它生效以前所发生的行为和事件，这就是法不溯及既往原则的含义。该原则有个例外，如果新法对行为人的处罚较旧法为轻时则按新法处理，即从旧兼从轻。法不溯及既往作为一项基本的法治原则，并不仅仅适用于法律与立法领域。《员工手册》作为用人单位的重要规章制度，如同用人单位内的法律，起着对员工行为进行指引、评价、预测、教育、强制等规范作用。因劳动关系双方存在管理与被管理的隶属性，故劳动者有自觉维护用人单位劳动秩序、遵守用人单位规章制度的义务，但劳动者同时对用人单位能够善意、宽容、合理地履行管理权亦抱有合理期待。正是因为用人单位的《员工手册》等规章制度具有法的基本特征，起着规范员工行为的作用，它必然被要求应是公开的、明确的和行为后果可预期的，一般不应具有溯及既往的效力。只有这样，用人单位的《员工手册》等规章制度才能够起到维护企业劳动、生产、工作秩序的目的。在用人单位的新旧规章制度就相同行为、事项规定的处罚或者处理结果不一致时，按照《中华人民共和国劳动法》与《中华人民共和国劳动合同法》的立法目的与精神，也应作出有利于劳动者权益的选择，即应从旧兼从轻或者有利追溯。因此法不溯及既往原则适用于用人单位的《员工手册》等规章制度，这不仅是法治的应有之义，也是法治国家、法治社会的必然要求，还是用人单位构建企业文化、创造企业价值和可持续发展的需要。该原则在用人单位规章制度里的体现就是，用人单位不能用现在的规定去约束员工过去的行为，当然如果新的规定对员工的处罚较旧的规定为轻时，则可按新的规定处理。

三 启示建议

用人单位修改规章制度必须要经过民主程序和送达程序。仅从法律的角度来看，经民主程序与送达程序是为了保证规章制度的有效性，同时使规章制度对劳动者产生法律约束力。而从法理的角度来看，履行民主程序实际上是劳动者与用人单位共同制定制度的过程，对于自己制定的制度，劳动者当然应当遵守，否则就有违诚信原则。而送达程序，实际上是明确告知劳动者，哪些条款经民主程序已经生效，是劳动者需要自我约束的，以符合规章制度的要求。同时，对于违规行为产生心理预期，在劳动者明知后果仍为之的情况下，用人单位有权行使用工管理权，依据规章制度作出处理决定。

四 相关法条

《中华人民共和国劳动合同法》

第三十九条 劳动者有下列情形之一的，用人单位可以解除劳动合同：

（一）在试用期间被证明不符合录用条件的；

（二）严重违反用人单位的规章制度的；

（三）严重失职，营私舞弊，给用人单位造成重大损害的；

（四）劳动者同时与其他用人单位建立劳动关系，对完成本单位的工作任务造成严重影响，或者经用人单位提出，拒不改正的；

（五）因本法第二十六条第一款第一项规定的情形致使劳动合同无效的；

（六）被依法追究刑事责任的。

6.2.3 劳动者存在严重违纪行为的，用人单位应在合理期限内行使解除权

案例11：潘某与ABB（中国）有限公司杭州分公司劳动争议纠纷案

一 案情简介

自2004年3月22日起，ABB（中国）有限公司杭州分公司（以下简称ABB公司）与潘某建立劳动关系，潘某先后从事销售工程师、分部门销售经理的工作。2007年7月至2013年8月潘某出资设立温州市神鼎电气有限公司（以下简称神鼎公司）并持股49%，担任监事。神鼎公司于2018年3月20日

注销。2007年至2013年神鼎公司系ABB公司的经销商，双方之间存在大量交易。2011年9月11日潘某出资40%成立宁波诺威斯电气有限公司（以下简称诺威斯公司），担任执行董事兼总经理、法定代表人，公司经营范围包括高低压电器元件、自动化设备、仪器仪表、电缆电线、机电设备的销售、电器行业信息咨询；2011年11月9日，诺威斯公司变更工商登记信息，潘某不再是股东也不再担任法定代表人及董事兼总经理。2019年1月14日诺威斯公司注销。2017年10月20日，ABB公司曾就潘某在2011年出资设立并担任诺威斯公司执行董事兼总经理违反员工存在利益冲突需进行披露的规定对潘某进行询问。2018年12月25日ABB公司以潘某从事与公司利益相冲突的活动构成严重违纪，出具《解除劳动合同通知书》。解除劳动合同后，潘某向劳动人事争议仲裁委员会提起仲裁申请，要求ABB公司继续履行劳动合同、支付工资差额，仲裁委员会支持其部分请求后，ABB公司不服，诉至法院。

ABB公司诉称：潘某于2011年9月出资设立诺威斯公司，该公司与我公司存在利益冲突，潘某未如实披露，同时，潘某在该公司担任法定代表人、执行董事兼总经理，与我公司存在明显的利益冲突，构成严重违纪，我公司解除劳动合同应当获得法院支持。

潘某辩称：我未参与诺威斯公司的实际经营，未给ABB公司造成损失，同时，即使法院认定我确实构成严重违纪，但从法律上讲ABB公司行使解除权的期限已过，解除行为违法，双方应当继续履行劳动合同。

法院认为：ABB公司行使解除权已经超过了合理期限，应属违法解除劳动合同。用人单位不服，提出上诉，二审维持原判。

二　法律及事实分析

就ABB公司解除与潘某的劳动合同是否合法的问题，应从实体和程序两方面考察。实体方面，劳动者应当遵守用人单位的规章制度。2007年7月至2013年8月，潘某出资设立神鼎公司并持股49%，担任监事，且2007年至2013年，神鼎公司系ABB公司的经销商，双方之间存在大量交易；2011年9月至11月，潘某出资40%成立诺威斯公司，担任执行董事兼总经理、法定代表人，该公司经营范围包括高低压电器元件、自动化设备、仪器仪表、电缆电线、机电设备的销售、电器行业信息咨询，潘某的上述行为均属与ABB公司有利益冲突的行为，均违反了ABB公司的员工手册、行为准则，且较为严重，符合《中华人民共和国劳动合同法》第三十九条第二项规定的“严重违反用人单位的规章制度的”情形。潘某的行为违反了用人单位的规章制度、违反了基本职业操守，应当予以严厉谴责。潘某称其不存在违反行为准则及员工手册规定。首先，潘某是否参与了该公司的经营不影响其违反行为准则、员工手册的定性，潘某出资设立神鼎公司并持股49%，且神鼎公司系ABB公司的经销商，二者存在大量业务往来，该情形显然与行为准则规定的“利益冲突”相符；其次，虽然潘某在2015年与ABB公司签订劳动合同时已与神鼎公司、诺威斯公司无关系，但潘某与ABB公司之间的劳动关系自2004年即建立，签订的劳动合同亦是连续的，具有连续性，不能将潘某的案涉行为以合同签订的时间进行割裂；最后，虽然两家公司在ABB公司做出解除劳动合同决定时已经注销，但违反规章制度的行为是客观存在的，不因公司的注销而消灭。因此，潘某的案涉行为违反了行为准则及员工手册应无异议，构成严重违反公司规章制度的情形。程序方面，用人单位因劳动者违反公司章程解除劳动合同应在5个月的合理期限内行使。本案中，潘某设立并持有神鼎公司股份发生在2007年7月至2013年8月，且该期间神鼎公司系ABB公司的经销商，时间长达六年，ABB公司应该对神鼎公司有过考察，且二者发生过大量的交易，相互应当较为熟知，ABB公司称其对潘某系该公司股东不知情实难令人信服，何况ABB公司于2017年10月已经开始调查潘某设立诺威斯公司的违规情况，因此ABB公司行使解除权已经超过了合理期限，应属违法解除。

三 启示建议

1.劳动者存在严重违纪行为，用人单位应当及时作出处理

在现行的法律中，对于用人单位行使单方解除权的时间，没有明确的强制性要求，但是法院审理案件的过程中，会将用人单位作出处罚行为的时间作为审查解除行为合理性的因素之一。一般情况下，劳动者出现违纪行为6个月后，用人单位作出处理决定的，就会大大降低解除行为的合理性，对于超过12个月的，一般很难获得法院支持。值得注意的是，部分地区对于单方解除权的行使时间有地方性的强制规定，用人单位应当严格遵守。

2. 本案法官对用人单位的生产经营活动提出了更高的要求

在一般情况下，用人单位在经营活动中，是否对交易公司进行背景调查，是否应当了解交易公司的股东情况、法定代表人情况，没有强制性的规定，但在判决中我们可以看到，法官认为在2007年7月至2013年8月，用人单位与案涉公司存在大量的交易行为，因此用人单位应当了解竞争公司的股东情况，进而认定用人单位早已了解劳动者的任职情况，最终认定违法解除。同时对于用人单位而言，仅仅了解交易公司背景也很难达到合法用工目的，还需要单位的商务人员与人力资源部的人员形成整体联动，才有可能形成及时、合法用工的结果。

四　相关法条

《中华人民共和国劳动合同法》

第三十九条　劳动者有下列情形之一的，用人单位可以解除劳动合同：

（一）在试用期间被证明不符合录用条件的；

（二）严重违反用人单位的规章制度的；

（三）严重失职，营私舞弊，给用人单位造成重大损害的；

（四）劳动者同时与其他用人单位建立劳动关系，对完成本单位的工作任务造成严重影响，或者经用人单位提出，拒不改正的；

（五）因本法第二十六条第一款第一项规定的情形致使劳动合同无效的；

（六）被依法追究刑事责任的。

6.2.4　双方长期“两不找”，可以认定双方劳动关系处于中止履行状态，不存在劳动法上的权利义务关系

案例12：易某与塑料（集团）有限公司劳动争议纠纷案

一　案情简介

易某于2016年5月9日入职塑料（集团）有限公司（以下简称塑料公司），岗位为吹膜操作工。易某于2018年4月15日生育一女，2018年7月1日

返岗工作。自2019年6月30日开始易某就不到塑料公司上班，塑料公司未通知易某返岗，也没向其出具解除劳动关系证明，双方未办理离职交接手续。2019年12月9日易某生育一子，没向塑料公司请产假。2020年7月2日易某向劳动人事争议仲裁委员会提起仲裁申请，要求与塑料公司解除劳动关系，塑料公司支付经济补偿、工资差额、未休年休假工资、生育津贴，返还质量保证金，仲裁委员会支持其部分请求后，塑料公司不服，诉至法院。

塑料公司诉称：易某自2019年7月1日起未到我公司工作，属于自动离职，易某在2020年7月2日申请仲裁，显然已超过仲裁时效，我公司无须支付经济补偿、生育津贴等。

法院认为：根据查明的事实，易某自2019年6月30日起未到塑料公司提供劳动，塑料公司未依法与其解除劳动关系，双方处于"两不找"状态，可以认定双方劳动关系处于中止履行状态，中止履行期间用人单位和劳动者不存在劳动法上的权利义务关系，该期间不计入劳动者的工作年限，用人单位无须承担劳动者享有的工资、奖金、医疗、职工福利补助等待遇。2020年7月2日，易某向仲裁委申请解除劳动关系，应视为双方的劳动关系于2020年7月2日正式解除。

《中华人民共和国劳动合同法》第三十八条规定："用人单位有下列情形之一的，劳动者可以解除劳动合同：……（二）未依法为劳动者缴纳社会保险的；……"第四十六条规定："有下列情形之一的，用人单位应当向劳动者支付经济补偿：（一）劳动者依照本法第三十八条规定解除劳动合同的；……"第四十七条规定："经济补偿按劳动者在本单位工作的年限，每满一年支付一个月工资的标准向劳动者支付。六个月以上不满一年的，按一年计算；不满六个月的，向劳动者支付半个月工资的经济补偿。……"易某以塑料公司未为其缴纳社会保险为由申请解除劳动关系，塑料公司应向其支付经济补偿金，易某在塑料公司的工作期间为：自2016年5月9日起至2019年6月30日止，经济补偿金应为10349.99元（2957.14元/月 ×3.5个月）。

二 法律及事实分析

"长期两不找"并非明确的法律概念，而是在各地司法实践中总结出的俗称，主要是指劳动者与用人单位之间几年、十几年甚至几十年未曾联系，劳动者在此期间未向用人单位提供劳动，用人单位未给劳动者发放工资、福利待遇等，但双方之间未正式解除劳动关系，或者劳动者主张双方之间存在劳动关系，而用人单位主张双方劳动关系已经解除但不能证明已经将解除劳动关系的书面通知送达给劳动者的情况。

关于“长期两不找”的劳动关系存续与否的问题，在司法实践中存在三种观点。观点一，正常存续说。劳动关系既然是依法建立，也应依法解除，根据法律法规的规定，对于劳动关系的解除有着严格的适用条件并且应当遵循一定的解除程序要求，劳动者虽然多年来未向用人单位提供劳动，但用人单位对此行为未作处理存在过错，因此应该认为劳动关系依然正常存续。观点二，解除说。我国既然承认事实劳动关系的存在，那么在双方之间实际上已经多年没有互相履行劳动权利义务的情况下，从公平的角度考虑理应承认劳动关系已经事实解除。观点三，中止说。此观点兼顾劳动者和用人单位的利益，同时意识到观点一与观点二各自存在的问题，从而为各地司法实践所采纳，本案中的法院也采纳了此观点。

三　启示建议

1. 用人单位应当及时有效地行使用工管理权，否则将会引发法律风险

首先，在现行的《中华人民共和国劳动法》《中华人民共和国劳动合同法》中，并没有自动离职的概念，因此用人单位规定劳动者三天不到岗属于自动离职，这种行为一般不会获得法院认可。其次，用人单位要加强自身管理，对于“两不找”的，应当根据情况采取不同的措施，比如通过通知到岗恢复双方合同关系，或者通过解除劳动合同的方式合法终结双方的劳动关系，减少悬而未决的情况。无论是通知到岗还是解除劳动关系，均应采用合法方式将相应材料送达劳动者。纠纷发生后，不可掉以轻心想当然，应积极与劳动者进行协商，制定合理诉讼策略，灵活应对，争取最优解，促使纠纷顺利解决。

2. 关于劳资双方出现“长期两不找”情况的处理，一般认为在此期间双方不享有和承担劳动法上的权利义务

即劳动者长期未到岗，用人单位可以不缴纳社会保险、发放工资或生活费，但是对于何为“长期”，是几个月？几年？还是十几年？法律并没有明确的规定，用人单位何时进行社保减员等问题也就处于飘忽不定的状态，因此建议在劳动者出现类似情形时，用人单位应当及时进行用工管理，避免增加用工成本。

四 相关法条

《中华人民共和国劳动合同法》

第三十八条 用人单位有下列情形之一的，劳动者可以解除劳动合同：

（一）未按照劳动合同约定提供劳动保护或者劳动条件的；

（二）未及时足额支付劳动报酬的；

（三）未依法为劳动者缴纳社会保险费的；

（四）用人单位的规章制度违反法律、法规的规定，损害劳动者权益的；

（五）因本法第二十六条第一款规定的情形致使劳动合同无效的；

（六）法律、行政法规规定劳动者可以解除劳动合同的其他情形。

用人单位以暴力、威胁或者非法限制人身自由的手段强迫劳动者劳动的，或者用人单位违章指挥、强令冒险作业危及劳动者人身安全的，劳动者可以立即解除劳动合同，不需事先告知用人单位。

《北京市高级人民法院 北京市劳动争议仲裁委员会关于劳动争议案件法律适用问题研讨会会议纪要》（2009年8月17日）

14. 劳动者长期未向用人单位提供劳动，用人单位也长期不再向劳动者支付劳动报酬等相关待遇，双方长期两不找的，可以认定此期间双方不享有和承担劳动法上的权利义务。

《山东省高级人民法院关于印发全省民事审判工作会议纪要的通知》（关于劳动争议纠纷案件）（鲁高法［2011］297号）

（七）关于基本生活费是否适用仲裁时效的问题

依照《山东省企业工资支付规定》第31条的规定，非因劳动者原因造成企业停工、停产、歇业时，劳动者可以要求用人单位支付基本生活费。基本生活费并非是劳动者付出劳动的对价，而是用人单位依法承担的一种社会责任。同时，在司法实践中也存在着用人单位与劳动者长期“两不找”，时隔多年以后劳动者要求用人单位支付几年甚至十几年的基本生活费的案件，若对这类案件中劳动者的主张全部支持，不符合社会公平原则。而且这种案件中的企业大多经营状况很差，濒临破产边缘，若对于劳动者的主张全部支持，尤其是一些群体性案件，则很可能使这些企业难以为继，不符合既要保障劳动者合法权益，又要维护用人单位生存发展的审判原则。因此，劳动者请求用人单位支付基本生活费的，在劳动争议调解仲裁法实施之前，适用《劳动法》第八十二条规定的仲裁申请期限，劳动争议调解仲裁法实施之后，应适用该法规定的仲裁时效。

《辽宁省劳动人事争议仲裁委员会审理社会保险争议案件的指导意见（四）》（辽劳人仲字［2012］9号）

21.“两不找”人员要求用人单位缴纳“两不找”期间社会保险费的，不予支持。

《辽宁省高级人民法院民一庭劳动人事争议及劳务纠纷案件审判问题解答》（2013年8月）

问题35：劳动者长期未在单位从事劳动，但档案在单位保管，长期与单位无联系，后向单位主张养老保险、工资等，主张工资是否支持，主张生活费是否支持，主张社会保险是否支持?

参考意见：如果劳动者没有法定事由长期不在单位从事劳动，用人单位也未按照法律规定解除其劳动关系的，用人单位应当按照最低工资标准承担该劳动者的生活费和相应的社会保险费用。

《上海市高级人民法院民一庭关于审理劳动争议案件若干问题的解答》（2002年2月6日）

（十二）劳动合同履行过程中，劳动者长期未提供正常劳动，用人单位又未依法解除劳动关系的，双方之间的关系如何认定?

答：劳动者长期不提供正常劳动，用人单位又未解除劳动关系的，可以认定双方劳动关系处于中止履行状态，中止履行期间用人单位和劳动者不存在劳动法上的权利义务关系。

《湖北省劳动人事争议仲裁委员会关于印发〈全省劳动人事争议疑难问题研讨会会议纪要〉的通知》（鄂劳人仲［2014］2号）

5. 因各类原因，劳动者长期未向用人单位提供劳动，用人单位也不向劳动者支付劳动报酬等相关待遇，即使没有证据显示用人单位已对劳动者作出了离职的处理，也不应认定双方仍然存在劳动关系，双方另有约定的除外。此类劳动者因即将到达法定退休年龄，要求用人单位补缴基本养老保险费的，仲裁机构可不予支持。

《江苏省高级人民法院劳动争议案件审理指南》（2010年5月17日）

4. 劳动者长期未提供劳动，用人单位又未依法与其解除劳动关系，双方“长期两不找”，可以认定双方劳动关系处于中止履行状态，中止履行期间用人单位和劳动者不存在劳动法上的权利义务关系，也不计算为本单位工作年限。如此后一方当事人提出解除劳动关系，另一方因不同意解除而申请仲裁，法院经审查后如认为上述解除符合有关法律规定的，应当确认解除。

6.2.5 以旷工为由解除劳动合同的合法性应全面考虑

案例13：黄某诉某超市公司劳动争议纠纷案

一 案情简介

黄某原系某超市公司美食总监，双方签订了期限为2017年4月10日至2022年4月9日的劳动合同，试用期为2017年4月10日至2017年10月9日。2017年8月15日，某超市公司通知黄某解除劳动合同。关于劳动合同的解除，黄某主张因某超市公司不满其工作业绩，于2017年8月15日将其辞退，并提交劳动合同、试用期员工辞退通知书等。劳动合同载明：“甲方：某超市公司……乙方：黄某……乙方有下列情形之一的，甲方可以提前解除本合同，不需支付乙方任何补偿金……违反《考勤管理办法》达到辞退条件的……”试用期员工辞退通知书载明，“黄先生：试用期间发现你不能胜任本职工作，未能完成入职时签订的KPI考核指标且差距较大。根据《中华人民共和国劳动合同法》第三十九条第一项的规定，在试用期间被证明不符合录用条件的，用人单位可以予以辞退。且根据你在2017年7月的出勤情况，有多次无故旷工行为。按照公司相关规定及《中华人民共和国劳动合同法》规定，单位有权无条件解除劳动合同……某超市公司，2017年8月15日”。某超市公司主张黄某的离职原因为2017年7月存在旷工以及不能胜任本职工作情况，据此与黄某解除劳动合同，并提交2017年4月12日至7月31日考勤记录、薪酬与绩效考核确认书、《考勤管理办法》、2017年7月工资表等予以证明。考勤记录未显示黄某2017年7月3日、4日、18日考勤情况，7月5日、7日、10日、12日至14日、17日、21日、24日至28日未显示黄某下班考勤记录。考勤管理办法部分内容载明：公司员工上下班实行指纹打卡，未打卡者按旷工处理……年内累计迟到及早退达3次者或旷工1次者，公司予以辞退并解除劳动关系。7月工资表显示黄某试用期工资40040元，缺勤扣款30735.66元，另有其他扣款，实发金额4440.22元。黄某主张未见过《考勤管理办法》，2017年7月部分未显示出勤情况或出勤半天的原因为单位安排其出外勤办理业务；对2017年7月工资表中缺勤扣款其不予认可，实发金额其已收到。公司主张未安排黄某7月出外勤办理业务。黄某提起仲裁，要求公司支付解除劳动合同经济补偿等未获支持，黄某不服并就此起诉至法院。

一审法院认为：黄某就2017年7月单位多次安排其出外勤办理业务、未见过单位《考勤管理办法》的主张，未提交相关证据加以证明，难以采信。依据劳动合同载明内容，对某超市公司提交的《考勤管理办法》的真实性予以采信。依据《考勤管理办法》载明内容，结合黄某2017年7月考勤记录，某超市公司依据《考勤管理办法》与黄某解除劳动合同，并无不妥。黄某主张某超市公司支付其解除劳动合同的经济补偿的诉讼请求，缺乏事实依据，不予支持。法院判决，某超市公司支付黄某未休年休假工资11045.51元，驳回了黄某其他诉讼请求。黄某不服，提起上诉。

二审法院认为：双方对黄某在职期间的出勤记录以及2017年5月、6月的考勤异常审批均无异议，应予采信。依据黄某5月、6月的出勤记录与考勤异常审批，其在5月、6月中每月均存在超过10天的考勤异常情形，某超市公司也以审批方式在月末予以认可，说明因开展业务需要每月10次以上的异常考勤情形属于黄某的正常工作状态。在黄某2017年7月的考勤记录与此之前的出勤情况并无明显差异的情况下，某超市公司以黄某多次无故旷工为由解除劳动合同，属违法解除，应支付违法解除劳动合同赔偿金。

二 法律及事实分析

本案中，一审、二审法院均注意到某超市公司与黄某对2017年7月考勤记录的真实性不持异议，但得出了相反的结论。一审法院从表面上的“旷工”入手，依据黄某认可真实性的劳动合同内容而采信了《考勤管理办法》，从而将2017年7月十余天未显示考勤情况的举证责任分配给了黄某，而黄某作为劳动者难以就缺勤这一否定性事实充分举证，导致一审法院认为黄某符合《考勤管理办法》所规定的旷工情形，进而认定某超市公司以旷工为由解除与黄某的劳动合同合法。二审法院则从“未显示考勤情况”这一事实入手，通过对比2017年7月之前的2017年5月、6月考勤情况，力求还原真相。通过分析该三个月的考勤情况，发现黄某每月均存在十余天的考勤异常情形，5月、6月均是在月末提交当月的异常考勤申请，且某超市公司均予以批准。在2017年7月的考勤记录与此之前的出勤情况并无明显差异的情况下，某超市公司仅以其未同意当月的异常考勤申请即主张黄某构成了多次无故旷工，难以令人信服。

劳动合同的解除是用人单位和劳动者在劳动合同履行中的重大事项，用人单位单方解除与劳动者之间的劳动合同，应当具备充分理由，且符合法律规定。本案中，某超市公司主张黄某在2017年7月存在多次无故旷工行为，并据此解除了双方之间的劳动关系，其应当提供充分证据予以证明，否则应承担不利后果。通过上述分析，某超市公司主张黄某存在旷工行为，未能提交充分证据予以证明，未能就其以旷工为由解除与黄某的劳动合同的合法性作出合理解释，故二审法院认定该解除行为违法，并判令某超市公司支付黄某违法解除劳动合同赔偿金。

三 启示建议

通过对本案的分析，用人单位应当对以旷工为由解除劳动合同的合法性判断问题予以重视，对于旷工的认定应当全面考虑。即使考勤记录存在多处异常，也不必然被裁判机构认定为旷工，应结合劳动者出勤规律及用人单位审批规律综合认定；反之，即便劳动规章制度未规定旷工多日的法律后果，劳动者亦应遵守该项社会公众认可并接受的劳动纪律，不能仅以制定或送达程序存在瑕疵作为抗辩理由。总之，在判断用人单位以旷工为由与劳动者解除劳动合同是否合法时，对于旷工的认定应当全面考虑，可结合以下几个方面综合判断：一是劳动者的岗位特点及出勤规律。①劳动者的岗位是否能够做到每天按时出勤；②发生劳动争议之前，劳动者每月的出勤情况是否基本一致，是每月都有大致相当的天数缺勤，还是劳动关系的最后一段时间出勤情况突然变差，对于旷工的认定可能得出不同的结论。二是劳动规章制度的制定或送达程序应当完备，但是对于较为严重的旷工行为，即便用人单位的劳动规章制度未明确规定旷工多日的法律后果，或者该规章制度的制定和送达程序有一定瑕疵，按照用人单位的工作时间要求到岗工作作为社会公众所认可的基本劳动纪律，也应当被劳动者所遵守，劳动者严重违反的，用人单位据此解除劳动合同的决定并无不妥，不宜认定为违法解除。

四 相关法条

《中华人民共和国劳动合同法》

第三十九条　劳动者有下列情形之一的，用人单位可以解除劳动合同：

（一）在试用期间被证明不符合录用条件的；

（二）严重违反用人单位的规章制度的；

（三）严重失职，营私舞弊，给用人单位造成重大损害的；

（四）劳动者同时与其他用人单位建立劳动关系，对完成本单位的工作任务造成严重影响，或者经用人单位提出，拒不改正的；

（五）因本法第二十六条第一款第一项规定的情形致使劳动合同无效的；

（六）被依法追究刑事责任的。

6.2.6 用人单位以孕期女职工严重违反规章制度为由行使单方解除权时需谨慎

案例14：袁某诉某营养品（中国）有限公司劳动争议纠纷案

一 案情简介

袁某于2015年3月23日入职某营养品（中国）有限公司（以下简称营养品公司），双方签订了期限为2015年3月23日至2018年3月31日的固定期限劳动合同，营养品公司最后向袁某支付工资至2016年8月31日。袁某于2016年8月1日至8月14日因先兆早产休病假两周，营养品公司已批准上述期间休假申请，病假到期后其未到岗工作，因其于2016年8月5日前往美国待产，医生开具的证明显示建议其应在家休病假，袁某向营养品公司申请继续休病假，营养品公司不认可医生开具证明的真实性，该申请未获得营养品公司批准，故要求袁某继续到岗工作。2016年9月21日营养品公司以袁某旷工为由单方解除劳动合同。

袁某诉称：①撤销营养品公司于2016年9月21日对袁某作出的违法解除劳动合同的决定并要求继续履行双方的劳动合同；②判令营养品公司支付2016年9月1日至2017年12月12日违法解除劳动合同造成的工资损失334176.96元。

营养品公司辩称：不同意袁某的诉讼请求。袁某在赴美前已明知2016年8月14日后的假期申请因无支持材料并未获公司批准，同时营养品公司已告知继续申请病假所需提交的材料以及可能被认定为旷工的法律后果，其未到岗行为存在明显的主观过错，应属旷工行为。

一审法院认为：袁某已提前四个月向公司告知其到美国生产，双方就请病假事宜曾多次沟通，袁某亦申请公司协助出具签证所需材料并按照公司要求提供了相应的资料，在病假期间前往美国待产。营养品公司在未能证明医生开具的证明系虚假伪造或存在其他违反相关法律规定情形下，以袁某连续旷工为由出具《解除劳动合同通知书》，应属违法解除行为。营养品公司不服一审判决，提起上诉。二审法院维持原判。

二 法律及事实分析

营养品公司并未提供任何证据证明公司存在不接受境外医疗机构出具的病假建议的规章制度并对劳动者依法履行了告知程序。袁某在因身体状况不能正常上班期间已经向营养品公司申请了病假并提供了诊断证明，营养品公司并不能证明该证明内容系虚假或伪造，而且营养品公司知晓袁某曾两次流产并于此次怀孕期间存在先兆早产的症状，其未能证明袁某提供的诊断证明系虚假、伪造或存在其他违反相关法律规定的情况，亦未依据《员工手册》的规定，等待袁某康复上班时向公司提交请假申请及医院出具的有效“病假建议书”和“病历”，以袁某连续旷工为由解除劳动合同，不符合用人单位依法行使单方解除权的法定情形，属于违法解除。

三 启示建议

孕期女职工处于特殊的生理期，劳动能力受到影响。根据《中华人民共和国劳动合同法》第三十九条的规定，劳动者严重违反用人单位的规章制度的，用人单位可以行使劳动合同的单方解除权。许多用人单位依照上述规定以孕期女职工严重违反公司规章制度为由解除劳动关系。对于此类案件，法院一般会对于用人单位是否违法解除劳动关系进行严格审查，以防止用人单位以行使单方解除权为名行就业歧视之实。法院秉持的理念为倾斜保护孕期女职工的合法权益。对于用人单位以孕期女职工严重违反用人单位的规章制度为由行使单方解除权的案件，法院会以保护孕期女职工的合法权益、实现实质公平为出发点，从严审查解除行为的合法性。法院审查解除行为的合法性的范围主要包括以下两个方面：①规章制度的制定程序与内容是否合法、合理、有效，且有证据证明；②劳动者的行为是否违反了公司合法、合理、有效的规章制度，且有证据证明。

四 相关法条

《中华人民共和国劳动合同法》

第三十九条　劳动者有下列情形之一的，用人单位可以解除劳动合同：

（一）在试用期间被证明不符合录用条件的；

（二）严重违反用人单位的规章制度的；

（三）严重失职，营私舞弊，给用人单位造成重大损害的；

（四）劳动者同时与其他用人单位建立劳动关系，对完成本单位的工作任务造成严重影响，或者经用人单位提出，拒不改正的；

（五）因本法第二十六条第一款第一项规定的情形致使劳动合同无效的；

（六）被依法追究刑事责任的。

6.2.7 劳动者被免予刑事处罚，用人单位以此为由解除劳动合同时应考虑合理期限

案例15：王某与某广告传媒有限公司劳动争议纠纷案

一 案情简介

2012年王某与某广告传媒有限公司（以下简称广告公司）签订劳动合同，期限从2012年9月20日至2015年9月19日止。广告公司于2015年5月15日出具劳动关系解除通知，以王某违反公司规章制度为由，单方解除了劳动关系。王某向劳动人事争议仲裁委员会提起仲裁申请，要求广告公司支付其违法解除劳动合同赔偿金。仲裁委员会驳回王某的请求后，王某不服，诉至法院。

王某诉称：广告公司解除劳动合同的理由无事实依据，且在工伤医疗期内解雇自己，因此属违法解除。

广告公司辩称：广告公司是合法解除劳动关系。王某在职期间多次违反员工手册的相关规定；王某2014年、2015年的工作业绩严重不达标；2012年11月30日王某因为酒驾被处罚。基于上述事由，广告公司认为王某已违反公司的规章制度，故解除了与王某的劳动合同，并不属违法解除。

法院查明，2013年6月14日王某因醉酒驾车被法院一审判处犯有危险驾驶罪及拘役等刑罚。2013年7月25日广告公司向醉酒驾车案二审法院出具“同意缓刑帮教的证明”，表示王某一贯表现良好，适用监禁刑将影响广告公司的正常经营，并愿意协助对其进行帮教等。后王某被二审法院判处犯有危险驾驶罪及拘役等刑罚，并宣告适用缓刑，实行社区矫正。2013年12月8日，

王某矫正期满，被依法解除社区矫正。

法院认为：广告公司属于违法解除劳动合同，应支付王某违法解除劳动合同赔偿金。

二 法律及事实分析

广告公司属于违法解除劳动合同。关于王某酒后驾车被依法判处刑罚的事由，虽然广告公司员工手册及《中华人民共和国劳动合同法》等法律规定劳动者被依法追究刑事责任的，用人单位可以解除劳动合同，但本案王某因醉酒驾驶被判犯有危险驾驶罪及相应刑罚系发生在2013年6月，当时广告公司已知晓王某的刑事处罚，并为王某适用缓刑出具了帮教证明，且此后王某也一直在广告公司工作，广告公司也并未据此对王某作出解除劳动合同等处理。据此可以认为，广告公司对王某在职期间所受到的上述刑事处罚已采取了宽容及包容态度，并不予追究。现广告公司在事隔近两年后又以此为由解除王某劳动合同，于理不合，亦违背其当初为王某出具帮教证明的本意，因此法院难以采纳。

三 启示建议

劳动者属于免予刑事处罚的情形，用人单位能否以此为由解除劳动合同？原劳动部《关于贯彻执行〈中华人民共和国劳动法〉若干问题的意见》（劳部发〔1995〕309号）第二十九条规定，被依法追究刑事责任是指：被人民检察院免予起诉的、被人民法院判处刑罚的、被人民法院依据刑法第三十二条免予刑事处分的。该规定中的“刑法”特指1979年7月颁布的《中华人民共和国刑法》。1979年《刑法》第三十二条规定为“对于犯罪情节轻微不需要判处刑罚的，可以免予刑事处分，但可以根据案件的不同情况，予以训诫或者责令具结悔过、赔礼道歉、赔偿损失，或者由主管部门予以行政处分”。1997年3月，全国人民代表大会对刑法进行了修订，1997年《中华人民共和国刑法》第三十七条规定为“对于犯罪情节轻微不需要判处刑罚的，可以免予刑事处罚，但可以根据案件的不同情况，予以训诫或者责令具结悔过、赔礼道歉、赔偿损失，或者由主管部门予以行政处罚或者行政处分”。虽然1979年《中华人民共和国刑法》第三十二条与1997年《中华人民共和国刑法》第三十七条在表述上略有不同，但规定内容实质上是一致的。《关于贯彻执行〈中华人民共和国劳动法〉若干问题的意见》（劳部发〔1995〕309号）第二十九条中虽然仍旧用的是“处分”，但实质内容应当随着《中华人民共和国刑法》的修改而变动，其“免予刑事处分”与《中华人民共和国刑法》中的“免予刑事处罚”意义一致。由此可见，即使劳动者免予刑事处罚，但其仍然是被追究了刑事责任的，用人单位能够以此为由解除劳动合同。

“被依法追究刑事责任”能够被用人单位追究的合理期限是多久？“被依法追究刑事责任”是用人单位解除劳动合同的法定情形之一，用人单位有权据此解除劳动合同且无须支付任何经济补偿或赔偿金。但实际上任何权利的行使都必须具有合理性，解除劳动合同的权利也不例外。《中华人民共和国劳动合同法》第三十九条是授权性规范，而非强制性规范，用人单位在解除事由成立时，可以行使解除权使双方的劳动关系确定地消灭，也可以不行使解除权使双方的劳动关系存续。虽然《中华人民共和国劳动合同法》并没有除斥期间的规定，但公平起见，司法实践中依然受到合理期限的限制。劳动者被依法追究刑事责任，用人单位应该及时处理，不应该记录在案而“秋后算账”，让劳动者处于不安状态，让劳动关系处于不稳定的状态。那么“合理期限”是多长时间？法律对此并没有明确的规定。劳动监察处理违法行为，应该在两年内处理。司法实践中，劳动者存在违法违纪行为的，法院一般认为用人单位应当在一年内处理。

四 相关法条

《中华人民共和国劳动合同法》

第三十九条 劳动者有下列情形之一的，用人单位可以解除劳动合同：

（一）在试用期间被证明不符合录用条件的；

（二）严重违反用人单位的规章制度的；

（三）严重失职，营私舞弊，给用人单位造成重大损害的；

（四）劳动者同时与其他用人单位建立劳动关系，对完成本单位的工作任务造成严重影响，或者经用人单位提出，拒不改正的；

（五）因本法第二十六条第一款第一项规定的情形致使劳动合同无效的；

（六）被依法追究刑事责任的。

6.2.8 劳动者被拘留、取保候审期间，用人单位不得依据《中华人民共和国劳动合同法》第三十九条第六项规定与其解除劳动合同

案例16：某商业集团公司与张某劳动争议纠纷案

一 案情简介

张某于2009年3月2日入职某商业集团公司（以下简称商业公司），双方于2015年4月1日起签订了无固定期限劳动合同。2015年4月19日，由于商业公司的举报，张某被市公安局某分局以涉嫌职务侵占罪为由刑事拘留。2015年5月26日市公安局某分局作出取保候审决定书。因人民检察院不批准逮捕，公安机关以需要继续侦查为由决定对张某取保候审，期限从2015年5月27日起算。2016年5月16日市公安局某分局作出解除取保候审决定书，因取保候审期限届满，决定予以解除。

取保候审结束后，张某以要求与商业公司存在劳动关系，确认2016年6月1日解除劳动合同，办理离职手续并支付终止劳动合同赔偿金、补偿金，支付工资，补缴社保和住房公积金为由，向劳动人事争议仲裁委员会提出申请，仲裁委员会裁决商业公司与张某2015年4月1日至2016年5月31日存在劳动关系，其中2015年4月19日至5月27日劳动关系处于中止状态；商业公司支付张某2015年4月1日至2016年5月31日的工资及生活费32379元；驳回张某其他仲裁请求。商业公司和张某均不服仲裁裁决，提起诉讼。

商业公司诉称：公司无须支付张某2015年4月1日至2016年5月31日的工资及生活费32379元，依据《关于贯彻执行〈中华人民共和国劳动合同法〉若干问题的意见》第二十八条的规定，依法与张某中止劳动合同符合法律的规定，另根据《北京市工资支付规定》第二十五条的规定，如果劳动者在取保候审期间未到用人单位提供劳动的，用人单位无须支付取保候审期间的工资待遇。因张某的原因，未告知我公司其被公安机关释放，因此双方劳动关系处于“两不找”状态，不再有继续履行劳动合同的基础和条件。

张某辩称：要求继续履行劳动合同，支付2015年4月1日至2016年5月31日的工资及生活费420000元。张某认为自己的涉刑情况是商业公司到公安

机关举报立案的，公安机关告知商业公司可以随时查询案件进展情况，自己被释放后，也及时联系了商业公司要求上岗，但商业公司一直不允许自己上岗工作，因此要求商业公司继续履行劳动合同，并支付拖欠的工资。

法院经审理认为，依据《关于贯彻执行〈中华人民共和国劳动合同法〉若干问题的意见》第二十八条的规定：劳动者涉嫌违法犯罪被有关机关收容审查、拘留或逮捕的，用人单位在劳动者被限制人身自由期间，可与其暂时停止劳动合同的履行。2015年4月19日至2015年5月27日张某被拘留期间，商业公司可以暂停与张某劳动合同的履行，此案在仲裁期间，商业公司主张与张某的劳动关系并未解除，张某也没有提出辞职，因此，2015年4月19日至2015年5月27日张某被拘留期间双方劳动关系处于暂时停止履行状态。张某涉嫌职务侵占罪的举报人是商业公司，且张某是商业公司的高管，该案件的进展与商业公司的财务和人事密切相关，商业公司应当跟进该案的进展。商业公司主张双方处于“两不找”状态，法院不予采信。商业公司亦未就双方不具备履行劳动合同的基础和条件提出更为实质的理由和证据，故对商业公司提出无须继续履行劳动合同的请求，不予支持。法院判令双方2015年4月1日至2016年5月31日存在劳动关系，继续履行劳动合同，商业公司支付给张某2015年4月1日至2016年5月31日的工资及生活费。

二 法律及事实分析

本案中，劳动者被有关机关依法限制人身自由，此时的劳动合同处于暂时停止履行状态，在实际操作中，用人单位往往以劳动者已经被刑事拘留为由，依据《中华人民共和国劳动合同法》第三十九条第六项与劳动者解除劳动合同。这种做法虽然很常见，用人单位也觉得理所应当，却违反了我国相关法律法规的规定。一旦和劳动者发生纠纷，用人单位很可能处于不利地位，承担很大的败诉风险。

三 启示建议

依据《中华人民共和国劳动合同法》第三十九条第六项的规定，劳动者被处以刑事处罚的，用人单位可以解除劳动合同。劳动者被拘留、取保候审期间，因尚未经过法院宣判，劳动者是否犯罪尚无法确定，此时用人单位不享有单方解除劳动合同的权利，如果此时解除，会涉嫌违法解除。因此，建议用人单位加强劳动人事方面法律法规学习，提高防范意识。

四 相关法条

《关于贯彻执行〈中华人民共和国劳动合同法〉若干问题的意见》

28. 劳动者涉嫌违法犯罪被有关机关收容审查、拘留或逮捕的，用人单位在劳动者被限制人身自由期间，可与其暂时停止劳动合同的履行。

暂时停止履行劳动合同期间，用人单位不承担劳动合同规定的相应义务。劳动者经证明被错误限制人身自由的，暂时停止履行劳动合同期间劳动者的损失，可由其依据《国家赔偿法》要求有关部门赔偿。

6.2.9 劳动者伪造考勤记录的，用人单位可以依据规章制度解除劳动合同

案例17：曾某诉某信息科技有限公司劳动合同纠纷案

一 案情简介

2018年3月22日曾某入职某信息科技有限公司（以下简称信息公司），入职后双方签订了书面劳动合同，劳动合同期限至2021年3月31日。双方在劳动合同中明确约定，若曾某在试用期内存在连续旷工2天以上，伪造、篡改考勤记录等不诚信行为的，视为不符合录用条件，信息公司可以立即解除劳动合同。另外在信息公司制订的《员工手册》中规定，员工考勤和请假统一在手机App考勤系统中进行操作。员工向公司申请各类休假，必须按公司规章制度报领导审批同意，如果员工确实因急诊或意外事故不能出勤，也必须于当日上午电话告知部门主管，并在手机App考勤系统中提交请假申请，否则视为旷工。每个自然月的月底公司将App考勤系统统计的考勤信息发送至员工邮箱，员工如果有异议，可在收到考勤信息后一周内向公司人力资源部门提出。

曾某于2018年4月8日、4月16日、4月23日口头向信息公司直属领导请

假后到医院看病，但并未在手机App提交病假申请，而是分别在其病假当天的20：43、18：05、19：30进行了正常下班考勤打卡。信息公司按照2018年4月全勤的考勤记录向曾某发放了当月工资。信息公司人力资源部在2018年5月从曾某提交的医药费报销申请单和监控中发现，曾某上述三天下午离开公司后未再返回公司工作。2018年5月10日，信息公司向曾某送达了《解除劳动合同通知书》，通知书中显示的解除理由为曾某构成旷工，且伪造考勤记录，属于试用期内不符合录用条件。曾某收到《解除劳动合同通知书》后不服，向仲裁委员会申请劳动争议仲裁，要求公司继续履行劳动合同。

曾某诉称：自己去医院就诊，已经向领导请假并获批准，不存在旷工的行为；看病结束后，自己打算回公司上班，但到公司楼下后身体感到不适，所以没回公司上班，下班打卡不存在主观恶意，也不存在伪造考勤记录的情况，公司解除劳动合同的理由不成立。

信息公司辩称：曾某没有按照公司的规章制度流程申请病假，应当视为旷工。公司将员工手机App考勤系统的考勤距离设定为离公司50米以内，曾某在旷工的情况下特意到公司楼下进行下班考勤打卡，构成伪造考勤记录，公司解除劳动合同并无不当。

仲裁委员会认为：曾某的行为虽然不宜直接认定为旷工，但确实存在伪造考勤记录的情形，信息公司以曾某试用期内严重违反公司规章制度、存在不诚信行为、不符合录用条件为由解除劳动合同符合双方劳动合同的约定，也符合公司规章制度的规定，于法有据，对曾某的仲裁请求不予支持。

二 法律及事实分析

曾某在2018年4月有3天下午离开信息公司时，本应按照公司的请假流程履行请假手续，但其没有按照公司规章制度办理请假手续，行为确有不当。但由于曾某已向领导口头请假，且曾某确实是去医院就诊，不存在故意不工作的主观恶意，因此不宜直接认定为旷工。

关于曾某是否构成伪造考勤记录需要从合法性与合理性两方面考虑，曾某就诊后回到公司，本应依照信息公司规章制度在手机App考勤系统上进行补请假的操作，但曾某不仅没有补办请假手续，反而在手机上操作了正常下班考勤打卡。曾某主张其想回公司继续上班，但到了公司后因为身体不适才没再上楼，该解释明显缺乏合理性。根据该公司的规章制度，手机App考勤系统于每月月底向员工发送当月本人考勤信息。即使曾某确实由于身体不适未再去公司上班，也应当在事后或收到考勤信息后及时向公司说明情况、补办请假手续，但曾某并没有这么做，而是按照全勤的考勤记录领取了工资，因此公司主张其伪造考勤记录，符合公司规章制度及法律规定。

三 启示建议

用人单位以劳动者伪造考勤记录为由解除劳动合同时应特别注意：

1. 如果用人单位在规章制度中或者劳动合同中对虚假考勤情形进行了明确的解释和规定，那么在解除劳动合同的程序方面应当严格遵守规定或约定，避免造成程序瑕疵。

2. 用人单位对虚假考勤情形进行处理时，除了从合法性层面考虑，还应当从合理性层面考虑。例如，某劳动者因让他人代打卡被解除劳动合同，但用人单位对其他有代打卡行为的劳动者仅给予了警告和罚款的处分，那么解除劳动合同就属于显失公平且缺乏合理性。

3. 针对员工虚假考勤事实的证据收集，首先建议用人单位固定好考勤记录，其次如果用人单位和劳动者面谈协商，用人单位可以在劳动者知情的情况下对面谈过程进行录音录像。

四 相关法条

《中华人民共和国劳动合同法》

第三十九条　劳动者有下列情形之一的，用人单位可以解除劳动合同：

（一）在试用期间被证明不符合录用条件的；

（二）严重违反用人单位的规章制度的；

（三）严重失职，营私舞弊，给用人单位造成重大损害的；

（四）劳动者同时与其他用人单位建立劳动关系，对完成本单位的工作任务造成严重影响，或者经用人单位提出，拒不改正的；

（五）因本法第二十六条第一款第一项规定的情形致使劳动合同无效的；

（六）被依法追究刑事责任的。

6.2.10 劳动者夜班骚扰女同事，用人单位可以与其解除劳动合同

案例18：杨某列与某实业有限公司劳动争议纠纷案

一 案情简介

2008年1月1日，杨某列入职某实业有限公司（以下简称实业公司）。杨某列是实业公司员工杨某的带班师傅。2020年4月10日凌晨2时29分许，杨某因机台操作问题致电杨某列，杨某列到达现场后未经杨某同意对其做出拥抱举动。杨某报警，经派出所调解，实业公司与杨某达成调解协议并签署《治安调解协议书》，其上载明："双方同意公司开除杨某列，杨某不再追究杨某列的行为。"2020年4月11日，实业公司依据《治安调解协议书》解除与杨某列的劳动合同。

解除劳动合同后，杨某列向劳动人事争议仲裁委员会提起仲裁申请，要求实业公司支付违法解除劳动合同赔偿金，仲裁委员会支持了其部分请求后，实业公司不服，诉至法院。

实业公司诉称：杨某列骚扰女职工违反了公司的规章制度，公司有权解除劳动合同，同时公司的解除行为也是在履行《治安调解协议书》的主要内容，应当获得支持。

杨某列辩称：第一，公司未曾告知相关规章制度，且规章制度中并未提及严重违反规章制度的相关处罚。第二，公司所提及根据《治安调解协议书》上写的"公司开除员工，不再追究其他责任"单方面与我解除劳动合同，虽然我已经在协议书上签字，但该协议书是我与案外人就报警事项达成的协议，协议签订后我并未以口头或书面形式要求公司按照前述的调解协调内容给予辞退的意思表示。公司的诉求不符合法律相关规定，恳请依法驳回公司的诉求。

法院认为，杨某列的行为已经违反公司规定的男员工不得言语调戏、猥亵女员工的行为规范，虽然该行为没有受到行政处罚，但其行为不仅违反了公司规章制度和劳动纪律，也违反了《中华人民共和国妇女权益保障法》第四十条"禁止对妇女实施性骚扰，受害妇女有权向单位和有关机关投诉"，以

及《女职工劳动保护特别规定》第十一条“在劳动场所，用人单位应当预防和制止对女职工的性骚扰”的规定，属于双方劳动合同约定的严重违反规章制度情形。实业公司作为用人单位解除与杨某列的劳动合同，不仅是履行保障女职工的工作环境条件，制止职场性骚扰行为发生的职责义务，也是执行公安机关的《治安调解协议书》内容，无须征得杨某列的同意。实业公司解除杨某列的劳动关系，属于合法行为。

二 法律及事实分析

根据本案证据显示，用人单位举证的与杨某列的劳动合同中约定，劳动者严重违反规章制度、被依法追究刑事责任的，可以随时解除劳动合同，以及《公司员工行为规范》第3.8条规定“男员工不得言语调戏，猥亵女员工”之内容，杨某列在工作场所、工作期间强行搂抱女员工的行为，违反法律规定已经得到公安机关确认，并且经过公安机关调解，与女员工达成协议，以实业公司开除作为条件，获得女员工谅解，免除了其行政处罚。杨某列在工作场所猥亵上夜班的女员工，不仅侵犯了女员工个人的人身权利，也扰乱了用人单位正常的生产工作秩序，如果纵容这种行为，就会造成用人单位的女员工人人自危，不敢再上夜班，用人单位的生产工作秩序将受到严重影响。因此用人单位以杨某列猥亵女员工的行为不仅违法，也严重违反了用人单位的规章制度和劳动纪律为由，解除与杨某列的劳动合同，属于合法解除。

三 启示建议

1. 用人单位应当依法解除劳动合同，否则很容易构成违法解除

本案中，杨某列对女职工实施性骚扰行为，显然违反了规章制度的规定，破坏了劳动者应当遵守的最基本的劳动纪律，用人单位解除劳动合同的条件已经形成，只要用人单位操作得当，其解除行为就很容易获得法院的支持。应当指出的是，本案中用人单位犯了一个严重的错误，就是其以《治安调解协议书》作为解除依据，而不是以法律规定作为解除依据，这就给劳动者留下了诉讼空间，导致了本案在劳动仲裁阶段劳动者获得了仲裁委员会的支持。

考虑到性骚扰的行为被法律明确禁止，用人单位也在规章制度中对此予以规范，劳动者的确严重违反了劳动纪律，法院最终还是支持了用人单位的

诉求。需要特别注意的是，如果劳动者的行为并没有这么严重，用人单位还像本案一样，仅依据劳动者与第三方之间的协议解除劳动合同，用人单位合法解除的主张，是很难获得支持的。

2. 劳动者出现性骚扰行为后，用人单位应当做好取证工作

用人单位因劳动者猥亵他人解除劳动合同的，很容易获得法院的支持，原因在于这种行为不仅违反了法律规定，还违背了社会道德底线，与社会主义核心价值观相背离，被社会公众所厌恶。但是在实践中，用人单位因此而主张解除劳动合同是合法解除的，也有很多案例没有获得裁判机构的支持，究其原因大多是因为用人单位无法对员工性骚扰行为履行举证责任。正常情况下，行为人在作出违法行为时，为了获取受害人的谅解，加之行为人内心的极度紧张，一般会对自己的行为供认不讳，而一旦争议纠纷诉诸法院，行为人大多会矢口否认，在这种情况下，用人单位如果无法履行举证责任，必然无法获得法院支持。因此在性骚扰行为发生后，用人单位应当及时通过让劳动者亲笔书写悔过书等方式确认该事实行为，在完成全部取证工作后，再作出相应的处理。

四 相关法条

《女职工劳动保护特别规定》

第十一条 在劳动场所，用人单位应当预防和制止对女职工的性骚扰。

《中华人民共和国妇女权益保障法》

第四十条 禁止对妇女实施性骚扰。受害妇女有权向单位和有关机关投诉。

第七章 劳动关系终止

7.1 新单位承继了原单位对劳动者的义务，连续计算工龄、工资及福利待遇有所提高，则原单位无须向劳动者支付经济补偿金

案例1：苏某与某供电分公司经济补偿金纠纷案

一 案情简介

苏某与某供电分公司在2007年6月至2016年8月26日为劳动合同关系，工种为“农网配电营业工”。2009年3月31日双方签订了合同期间为2009年3月31日至2013年3月31日的书面劳动合同，其余期间没有签订书面劳动合同。2015年9月至2016年8月12个月苏某月平均实发工资额为4268.00元。2016年8月，某供电分公司根据上级公司的批复，成立了“某供电服务有限公司”，承担县级供电公司委托的乡镇供电业务，工作人员来源主要为县级供电公司农电工。某供电服务有限公司在各县设立分理处，与供电分公司“乡镇供电所管理部”合署办公。2016年8月27日，苏某与某供电服务有限公司签订了无固定期限劳动合同，约定合同开始时间为2016年8月30日，没有约定工资等福利待遇标准。2017年6月14日，某供电服务有限公司采用文件批复的方式，以苏某“2017年调动其到某镇供电所工作，但一直没有上班，连续旷工15天以上”为由，解除了劳动合同，并自2017年5月开始停发工资等福利待遇。苏某与某供电服务有限公司签订了无固定期限劳动合同后，仍然在原工作场所、工作岗位工作，享受延续工龄，工资等福利待遇较原单位有所增长、提高。

一审法院认为，根据《中华人民共和国劳动合同法》第四十七条的规定，经济补偿按劳动者在本单位工作年限计算，经济补偿应为因用人单位原因致

使劳动合同合法解除的某些情形下的工龄利益。《中华人民共和国劳动合同法实施条例》第十条及《最高人民法院关于审理劳动争议案件适用法律若干问题的解释（四）》（2013年）第五条规定，仅是对新用人单位在发生经济补偿时是否对原用人单位的工龄连续计算的情况规定，并不是规定劳动者被原用人单位安排到新用人单位时，原用人单位必须给付经济补偿。本案中，苏某从原用人单位被安排到新用人单位，新用人单位承继了原用人单位所有的相对于劳动者的义务，体现为连续计算工龄、工资等福利待遇的增加及提高，劳动者工龄利益在新用人单位得到了体现，所以本案中该种"被安排"并不符合《中华人民共和国劳动合同法》第四十六条规定中的"劳动者被动失去工作时"给付经济补偿的情况，原用人单位没有主动支付的情况下，在"被安排"时不产生经济补偿。当然，在新用人单位因解除合同，出现依法应向劳动者支付经济补偿情形时，经济补偿条件成就，劳动者可以向新用人单位主张包含原用人单位工作年限的经济补偿。故此，一审法院认为，苏某向原单位主张经济补偿，无事实及法律依据，予以驳回。

二审法院判决认为，经苏某自愿申请并经原用人单位某供电分公司同意，其与新用人单位某供电服务有限公司签订了无固定期限劳动合同，新用人单位已承继了原用人单位相对于劳动者的义务，体现为连续计算工龄、工资及福利待遇有所提高，此种情况不符合《中华人民共和国劳动合同法》第四十六条规定的用人单位应当向劳动者支付经济补偿的情形，某供电分公司不需支付经济补偿金，故判决驳回苏某的上诉，维持原判。

二 法律及事实分析

经济补偿金是用人单位解除劳动合同时，给予劳动者的经济补偿。经济补偿金是在劳动合同解除或终止后，用人单位依法一次性支付给劳动者的经济上的补助。《中华人民共和国劳动合同法》第四十六条明确规定，只有符合法定情形之一时，用人单位才需要向劳动者支付经济补偿，具体需要支付的法定情形如下。

1.劳动者依照本法第三十八条规定解除劳动合同的。第三十八条是指，劳动者因用人单位有下列情形之一时，提出解除劳动合同，具体情形包括：未按照劳动合同约定提供劳动保护或者劳动条件的；未及时足额支付劳动报酬的；未依法为劳动者缴纳社会保险费的；用人单位的规章制度违反法律、法规的规定，损害劳动者权益的；因本法第二十六条第一款规定的情形致使劳动合同无效的；法律、行政法规规定劳动者可以解除劳动合同的其他情形。用人单位以暴力、威胁或者非法限制人身自由的手段强迫劳动者劳动的，或者用人单位违章指挥、强令冒险作业危及劳动者人身安全的，劳动者可以立即解除劳动合同，不需事先告知用人单位。除上述情形外，劳动者提出解除劳动合同的，用人单位无须支付经济补偿金。

2.用人单位依照本法第三十六条规定向劳动者提出解除劳动合同并与劳动者协商一致解除劳动合同的。第三十六条是指，用人单位与劳动者协商一致，可以解除劳动合同。即用人单位与劳动者协商一致解除劳动合同时，需要支付经济补偿金。

3.用人单位依照本法第四十条规定解除劳动合同的。第四十条是指劳动者有下列情形之一的，用人单位提前三十日以书面形式通知劳动者本人或者额外支付劳动者一个月工资后，可以解除劳动合同，具体情形包括：劳动者患病或者非因工负伤，在规定的医疗期满后不能从事原工作，也不能从事由用人单位另行安排的工作的；劳动者不能胜任工作，经过培训或者调整工作岗位，仍不能胜任工作的；劳动合同订立时所依据的客观情况发生重大变化，致使劳动合同无法履行，经用人单位与劳动者协商，未能就变更劳动合同内容达成协议的。即用人单位在上述无过失辞退劳动者时，与劳动者解除劳动合同的，需要支付经济补偿金。

4.用人单位依照本法第四十一条第一款规定解除劳动合同的。第四十一条第一款是指，用人单位因存在下列情形之一，需要裁减人员二十人以上或者裁减不足二十人但占企业职工总数百分之十以上的时候，具体情形包括：依照企业破产法规定进行重整的；生产经营发生严重困难的；企业转产、重大技术革新或者经营方式调整，经变更劳动合同后，仍需裁减人员的；其他因劳动合同订立时所依据的客观经济情况发生重大变化，致使劳动合同无法履行的。即用人单位在上述经济性裁员时，与员工解除劳动合同的，需要支付经济补偿金。

5.除用人单位维持或者提高劳动合同约定条件续订劳动合同，劳动者不同意续订的情形外，依照本法第四十四条第一项规定终止固定期限劳动合同的，具体情形包括：劳动合同期满的；劳动者开始依法享受基本养老保险待遇的；

劳动者死亡，或者被人民法院宣告死亡或者宣告失踪的；用人单位被依法宣告破产的；用人单位被吊销营业执照、责令关闭、撤销或者用人单位决定提前解散的；法律、行政法规规定的其他情形。本条在适用时，一定要特别注意法律规定的除外情形，即“除用人单位维持或者提高劳动合同约定条件续订劳动合同，劳动者不同意续订的情形外”，且有第四十四条第一项规定终止固定期限劳动合同的情形时，用人单位才需要向劳动者支付经济补偿金。

6.依照本法第四十四条第四项、第五项规定终止劳动合同的。第四十四条第四项、第五项是指，用人单位被依法宣告破产的；用人单位被吊销营业执照、责令关闭、撤销或者用人单位决定提前解散的。即因用人单位出现上述情形，导致劳动合同终止的，用人单位需要支付经济补偿金。

7.法律、行政法规规定的其他情形。法律规定中常规性兜底条款。

可见，本案并不符合上述法定情形之一，所以两审法院均未支持苏某的诉请请求。

三 启示建议

关于支付经济补偿的问题，在何种情形下需要支付，在《中华人民共和国劳动合同法》第四十六条中规定得非常明确，从第四十六条的内容又引申出了第三十六条、第三十八条、第四十条、第四十一条第一款、第四十四条第一项、第四十四条第四项、第五项之内容。法条之间、法定情形之间具有内在逻辑关系。所以，用人单位在实践中适用法条时，一定要在充分理解法条意思的基础上，辨析与员工终止劳动合同的原因，在符合法定情形时，才涉及需要支付经济补偿金的义务。归根结底，“经济补偿金”主要是在用人单位解除劳动合同时，以经济形式给予员工的补偿，其本质具有补偿性。出现下列情形时，用人单位是无须支付经济补偿金的，具体包括以下几种。

1.如果劳动者主动提出解除劳动合同，或者用人单位提高劳动合同工资待遇但劳动者不愿意续签的，用人单位可以不支付经济补偿金。

2.劳动者在劳动合同期限内，由于主管部门调动或转移工作单位而被解除劳动合同，未造成失业的，用人单位可以不支付经济补偿金。

3.由于劳动者的过失，根据《中华人民共和国劳动合同法》第三十九条所述，用人单位可以单方解除劳动合同，并且可以不支付经济补偿金。第三十九条的情形包括：在试用期间被证明不符合录用条件的；严重违反用人单位的规章制度的；严重失职，营私舞弊，给用人单位造成重大损害的；劳动者同时与其他用人单位建立劳动关系，对完成本单位的工作任务造成严重影响，或者经用人单位提出，拒不改正的；因本法第二十六条第一款第一项规定的情形致使劳动合同无效的；被依法追究刑事责任的。即用人单位单方解除劳动合同（过失性辞退）劳动者的时候。

四　相关法条

《中华人民共和国劳动合同法》

第四十六条　有下列情形之一的，用人单位应当向劳动者支付经济补偿：

（一）劳动者依照本法第三十八条规定解除劳动合同的；

（二）用人单位依照本法第三十六条规定向劳动者提出解除劳动合同并与劳动者协商一致解除劳动合同的；

（三）用人单位依照本法第四十条规定解除劳动合同的；

（四）用人单位依照本法第四十一条第一款规定解除劳动合同的；

（五）除用人单位维持或者提高劳动合同约定条件续订劳动合同，劳动者不同意续订的情形外，依照本法第四十四条第一项规定终止固定期限劳动合同的；

（六）依照本法第四十四条第四项、第五项规定终止劳动合同的；

（七）法律、行政法规规定的其他情形。

7.2　职工退休须由所在单位报经主管部门同意，经当地社会保险管理机构审核后，由当地劳动部门批准

案例2：乔某与某供电有限公司劳动合同纠纷案

一　案情简介

乔某系原某旗农电局职工，某旗农电局现更名为某供电有限公司，2002

年6月10日某供电有限公司作出关于离退休职工增发工资性补贴的通知文件，文件中规定“2001年1月1日前已经办理完离退休手续的离退休职工，本次可增发工资性补贴，而2000年1月1日以后离退休的职工不享有本次新增的工资性补贴。增补标准为实行岗位技能工资后至2000年元月底前离退休的职工每人每月可以给予100元的工资性补贴，并从2001年1月1日起执行”。乔某认为自己符合该规定，主张某供电有限公司应补发每月100元工资性补贴。乔某提交的工人退休审批表中显示1999年9月10日经某旗农电局申请、某电业局同意，批准乔某提前退休，但没有相关社会保险管理机构、劳动部门审核批准。2004年10月29日，乔某达到法定退休年龄后正式办理了退休相关手续。人事争议仲裁委员会以乔某的仲裁申请超过时效为由，决定不予受理。乔某诉至法院。

一审法院认为，《劳动部关于严格按规定办理职工退休的通知》（劳险字〔1993〕3号）第二条规定：职工退休须经所在单位报经主管部门同意，经当地社会保险管理机构审核后，由当地劳动部门批准。乔某主张1999年9月已办理退休手续，但其提供的本人工人退休审批表仅有所在单位报经主管部门同意的审批表，没有相关社会保险管理机构、劳动部门审核批准，不能证明乔某于1999年办理退休手续。乔某的退休时间应以法定办理退休手续的时间即2004年10月29日为准。所以乔某不符合文件中增发工资性补贴的条件，判决驳回乔某的诉讼请求。

二审法院认为，职工办理退休手续应当依据相关法律规定履行审批程序，本案中某供电有限公司提供的乔某的退休工人审批表符合相关审批程序，能够证明乔某于2004年10月29日退休的事实。乔某主张其于1999年9月已办理退休手续，手续上没有相关社会保险管理机构、劳动部门审核批准，是因单位相关工作人员责任导致的，但其未能提供任何合法、有效的证据予以证明，且在1999年其并未达到法定退休年龄，故对其已于1999年9月办理退休手续的主张，法院不予支持，判决驳回乔某的上诉，维持原判。

二 法律及事实分析

本案是因为乔某希望依据关于离退休职工增发工资性补贴的通知文件获得补贴而引发的，根据该文件内容，2001年1月1日前已经办理完离退休手续的离退休职工，可以作为享受增发工资性补贴的对象。故此，乔某到底是否可以作为享受补贴的对象，即乔某是否在2001年前就已办理完退休手续，就成了本案的争议焦点。按照乔某自己的主张，其在1999年9月就已经办理了退休手续。但是，法院审理查明，乔某提供的本人工人退休审批表仅有所在单位报经主管部门同意的审批表，没有相关社会保险管理机构、劳动部门审核批准。《劳动部关于严格按规定办理职工退休的通知》（劳险字〔1993〕3号）第二条规定：职工退休须经所在单位报经主管部门同意，经当地社会保险管理机构审核后，由当地劳动部门批准。由此可见，职工在办理退休手续时，是有法律规定的审批程序的，换言之，如果职工办理退休的时候，未经该审批流程，不能认定该职工已将退休手续办理完毕。本案中，乔某即属于此种情况，乔某虽然自称早已办理了退休手续，但是只能提供仅有所在单位审批同意的审批表，没有社会保险管理机构、劳动部门的审核批准，即乔某办理退休的申请，只是得到了乔某所在单位的同意，尚未获得社会保险管理机构、劳动部门的审核批准，因此，乔某的退休手续尚未办理完成。

即使退一步讲，乔某认为是单位管理疏忽，导致其未在1999年将退休手续办理完毕，就该事实，乔某也缺乏证据予以证明。一方面，乔某在1999年并未达到法定退休年龄，如果乔某称其在1999年就可以办理退休手续，明显不合法，也不合理；另一方面，如果乔某因特殊政策或其他原因在1999年的确可以办理退休手续，但是，乔某就该事实并未向法庭提供充足的证据，即乔某不能证明自己在1999年可以办理退休手续是合法的。故此，法院根据查明的事实认定，在乔某不符合办理退休手续的情况下，单位并不存在未为乔某及时办理退休手续的工作过错。进而认定，乔某办理退休手续的时间以其获得社会保险管理机构、劳动部门审核批准的时间为准，即2004年10月29日。

三　启示建议

1.注重历史证据收集和保留

本案中，虽然用人单位胜诉了，但是乔某既然可以提供其所在单位审批同意的审批表，说明就乔某办理提前退休的问题，用人单位与乔某在当年是有过沟通、协商的。如果乔某进一步向法庭提供自己在1999年可以办理退休手续是符合法律规定的，是用人单位原因导致退休手续未全部办理完成，则用人单位就将面临需要向乔某增发工资性补贴、赔偿等法律责任。所以，用人单位应尽量保留每位员工的原始档案资料，严格按照国家有关政策，严格执行内部申报审批流程，严把员工档案收集和保管关，确保员工档案随着工作变动等情况，及时更新和补充，确保员工档案资料不断档，档案完整、规范。

2.建立系统的档案保管和借阅等制度

员工档案管理应当是一项系统工程，从档案的收集、分类、组卷、编目、装订、更新、移交、归档、保管、借阅登记等各个环节，制定相应的规范操作手册。与时俱进，建立电子档案管理系统。随着无纸化办公进程的推进，档案管理工作也要与时俱进，推行电子化的实体档案（照片、扫描件、影像等多媒体数据文件）等。电子档案可以避免纸质档案因意外或者年代久远而毁损的风险。

3.严格按照国家规定办理职工的退休手续

《劳动部关于严格按规定办理职工退休的通知》第二条规定，职工退休须经所在单位报经主管部门同意，经当地社会保险管理机构审核后，由当地劳动部门批准。该通知在1999年8月3日，根据《劳动和社会保障部关于废止部分劳动和社会保障规范性文件的通知（二）》的内容，于1999年废止。《劳动和社会保障部关于制止和纠正违反国家规定办理企业职工提前退休有关问题的通知》(劳社部发〔1999〕8号）现行有效，在新通知中虽没有了原通知第二条的内容，但是重新通知关于“对国家关于企业职工退休年龄和条件的规定，各地区、各部门和企业及职工必须认真执行，不得随意降低，严禁扩大适用范围，今后，凡是违反国家规定办理提前退休、退职的企业，要追究有关领导和当事人的责任，已办理提前退休、退职的职工要清退回企业”的内容可以看出，国家对于职工办理退休手续的态度较之前更为严格，故此，虽然法律规定略微发生了变化，但是国家要求用人单位必须严格按照规定、程序为职工办理退休手续的态度并没有改变，用人单位不能随意为员工办理提前退休手续，需审慎。

四 相关法条

《劳动部关于严格按规定办理职工退休的通知》[失效]

第二条 职工退休须经所在单位报经主管部门同意，经当地社会保险管理机构审核后，由当地劳动部门批准。

《劳动和社会保障部关于制止和纠正违反国家规定办理企业职工提前退休有关问题的通知》（劳社部发［1999］8号）

二、规范退休审批程序，健全审批制度

（一）加强企业职工退休审批工作的管理。各地区要严格按《通知》规定的企业职工退休、退职审批权限，规范企业职工退休审批工作，要建立审批工作制度，规范审批程序，加强对审批工作的监督。

7.3　在办理特殊工种退休手续时，特殊工种的认定要依据充分、程序合法

案例3：宫某与某供电分公司劳动合同纠纷案

一　案情简介

宫某自1985年开始在某电管站工作，2000年国家进行电力体制改革，乡镇电管站改为县供电企业所属的供电营业所，原乡镇电管站人员纳入供电企业统一管理，对供电营业所人员实行聘用制，并签订劳动合同，宫某的身份为农村电工，工作部门为某供电所，隶属某农电局某供电分公司的前身即为某农电局。2009年5月，某农电局开始为包括宫某在内的24名农村电工办理特殊工种退休手续。2009年12月31日，某农电局将宫某等24人的人事档案移交至社会保险事业管理局，该局经审批同意宫某等24名农电工按特殊工种待遇办理退休，并经人事劳动和社会保障局审批，自2010年1月起执行。在某农电局按特殊工种待遇为其办理退休手续过程中，因宫某不同意按特殊工种办理退休，拒绝签字确认，故自2009年12月开始宫某未享受养老保险待遇，宫某自行主动补缴了2009年和2010年两年的社会保险费用，2009年5月开始停发宫某工资。宫某认为自己1974年起即为电管站工作人员，1985年担任电管站站长，从此再未从事过电工工作，所以自己的身份不是农村电工。而且，某供电分公司2009年5月开始停发工资违法，所以宫某提起仲裁，后诉至法院，要求某供电分公司支付2009

年5月开始停发的工资及经济补偿金。本案的争议焦点之一：宫某是否属于特殊工种，某供电分公司按特殊工种为宫某办理退休手续是否具有法律及政策依据。

一审法院关于上述问题认为：宫某自1985年在某电管站工作，至2000年电力系统改革后在某供电所工作，其虽称从事的不是电工工作，而是长期担任供电所所长职务，但未提交充分有效的证据予以证明，且根据某供电分公司提交的劳动合同、应聘农村电工岗位登记表等证据显示，宫某登记身份明确为农村电工，故其从事农村电工这一特殊工种工作已达到法定年限，某供电分公司为其按特殊工种办理退休符合相关规定。一审判决未采纳宫某的观点。

二审法院认为：按照相关规定，经当地人民政府召开会议研究同意、当地人事劳动和社会保障局审批，当地社会保险事业管理局审核，某供电分公司认定宫某系特殊工种，并按特殊工种为其办理退休手续程序合法。虽然宫某在2016年自行办理了退休，但在“某企业职工退休待遇核定表”中，仍注明“该同志属于因病、特殊工种退休，经公示无异议”，因此宫某仍系特殊工种退休。二审判决驳回了宫某的上诉，维持原判。

再审法院认为：关于宫某申请再审时提出的其不是农村电工，不应给其按特殊工种办理提前退休的问题，因上述问题属于国家有关部门认定、审批并最终决定的事项，不属人民法院民事诉讼审理范围。原审判决认定的基本事实，有双方当事人提供的经原审法院查明属实的证据予以证明，原审判决结果正确，故宫某称原审判决认定事实错误的申请再审理由不能成立。再审裁定驳回宫某的再审申请。

二 法律及事实分析

1.特殊工种认定的依据充分、政策明确、程序合法

《劳动部复水电系统从事高空、特别繁重体力劳动的工人、职员退休的意见》规定，电力工业企业中从事杆上操作的线路架设工、线路检修工等属于特别繁重体力劳动的工种。《国务院关于工人退休、退职的暂行办法》第一条规定，符合下列条件之一的，应该退休：从事井下、高空、高温、特别繁重体力劳动或者其他有害身体健康的工作，男年满五十五周岁、女年满四十五周岁，连续工龄满十年的。《关于水利、电力系统三十六个提前退休工种的若干规定的通知》补充规定，符合本通知规定的提前退休工种的职工，如经医院检查证

明身体条件仍能继续胜任本工种工作，本人申请延长退休年龄的，经组织批准，可以适当延长。但延长的时间最多不得超过三年。《劳动部关于严格按规定办理职工退休的通知》规定，职工退休须经所在单位报经主管部门同意，当地社会保险管理机构审核后，由当地劳动部门批准。本案中，关于宫某的身份问题。在宫某的人事档案内存放有“农村电工登记表”“劳动合同”“应聘农村电工岗位登记表”“外线电工岗位审批表”，注明宫某系农村电工身份；在“某旗农电局供电营业所农村电工工资表”内，记载有宫某的名字；在2004年12月31日的协议书中，明确载明“为解决农电系统营业所外线电工老有所养问题，经甲乙双方协商……”，宫某认可自己属于该协议书中记载的人员；在2009年3月4日的完税凭证上，记载纳税人名称为宫某（农电农村电工）。一系列证据形成证据链，均证明了一个事实，即宫某的身份为农村电工。再结合宫某已连续工作的工龄，宫某被认定为特殊工种的依据充分，符合法律和政策规定。关于某供电分公司为宫某办理特殊工种退休手续的程序问题。2009年5月，某农电局开始为包括宫某在内的24名农村电工办理特殊工种退休手续。同年12月，当地人民政府主持召开了由某旗人事劳动和社会保障局、当地社会保险事业管理局相关部门负责人参加的工作会议，听取了关于当地农电局24名达到法定退休年龄的外线临时电工退休情况的工作汇报，在会议上作出了议定事项，即同意某农电局24名外线临时电工按国家规定的特殊工种退休政策办理退休手续。所以，某供电分公司为宫某等人按特殊工种办理退休手续的程序亦合法。故此，两审判决都采纳了某供电分公司的观点，未支持宫某的诉讼请求。

2.再审程序不同于一审程序、二审程序，法院审理角度不同

《中华人民共和国民事诉讼法》第二百条规定了只有当事人的申请符合法定十三种情形之一时，法院才会再审。宫某作为非法律专业人士，其提出的再审申请并不符合第二百条的规定，故此，再审法院以宫某的再审申请不符合《中华人民共和国民事诉讼法》第二百条规定的情形为由，驳回了宫某的再审申请。

三　启示建议

1.特殊工种的认定需报当地人社部门备案，严格执行国家的退休规定和政策

本案中，某供电分公司对宫某等人岗位为特殊工种的定性，不仅有充分的证据，还有政策和法规依据。而且，因为该决议是在某旗人民政府主持召开、

某旗人事劳动和社会保障局、某旗社会保险事业管理局相关部门负责人均参加了的工作会议上作出的，为本案认定宫某的身份奠定了坚实的事实基础。

2.妥善保管的完整档案资料，为本案的胜诉保驾护航

关于宫某身份问题，其并没有提出有力证据，作为承担更多举证责任的用人单位，先后提供了人事档案（内存放有“农村电工登记表”“劳动合同”“应聘农村电工岗位登记表”“外线电工岗位审批表”）、农电局供电营业所农村电工工资表、与宫某签订的协议书、完税凭证等一系列的证据，这些证据内容都可以证明宫某是农村电工的身份。职工本人档案对特殊工种和工种工作年限要内容完整、连续、真实，否则不能以特殊工种对待，一旦发生争议，用人单位也将陷入被动处境。所以，在日常工作过程中，一定保证对员工档案保管的完整性。

四 相关法条

《劳动部复水电系统从事高空、特别繁重体力劳动的工人、职员退休的意见》［62］中劳薪字第157号［已废止］

电力工业企业中从事杆上操作的线路架设工、线路检修工、水利电力工地的专业架子工属于高空作业的工种。发电厂的人力卸煤工和人力除灰工，从事主要依靠人力的起重工（从事指挥起重工作的除外），水利电力工地的风钻工属于特别繁重体力劳动的工种。

《国务院关于工人退休、退职的暂行办法》

第一条 全民所有制企业、事业单位和党政机关、群众团体的工人，符合下列条件之一的，应该退休。

（二）从事井下、高空、高温、特别繁重体力劳动或者其他有害身体健康的工作，男年满五十五周岁、女年满四十五周岁，连续工龄满十年的。

《关于水利、电力系统三十六个提前退休工种的若干规定的通知》［87］水电劳字第114号

二、符合本通知规定的提前退休工种的职工，如经医院检查证明身体条件仍能继续胜任本工种工作，本人申请延长退休年龄的，经组织批准，可以

适当延长。但延长的时间最多不得超过三年。

《中华人民共和国民事诉讼法》

第二百零七条　当事人的申请符合下列情形之一的，人民法院应当再审：

（一）有新的证据，足以推翻原判决、裁定的；

（二）原判决、裁定认定的基本事实缺乏证据证明的；

（三）原判决、裁定认定事实的主要证据是伪造的；

（四）原判决、裁定认定事实的主要证据未经质证的；

（五）对审理案件需要的主要证据，当事人因客观原因不能自行收集，书面申请人民法院调查收集，人民法院未调查收集的；

（六）原判决、裁定适用法律确有错误的；

（七）审判组织的组成不合法或者依法应当回避的审判人员没有回避的；

（八）无诉讼行为能力人未经法定代理人代为诉讼或者应当参加诉讼的当事人，因不能归责于本人或者其诉讼代理人的事由，未参加诉讼的；

（九）违反法律规定，剥夺当事人辩论权利的；

（十）未经传票传唤，缺席判决的；

（十一）原判决、裁定遗漏或者超出诉讼请求的；

（十二）据以作出原判决、裁定的法律文书被撤销或者变更的；

（十三）审判人员审理该案件时有贪污受贿，徇私舞弊，枉法裁判行为的。

7.4　用人单位应于劳动关系解除后及时为劳动者办理人事档案转移手续、开具离职证明，否则应承担由此产生的损失

案例4：李某与上海某投资管理有限公司劳动纠纷案

一　案情简介

李某于2012年6月11日入职上海某投资管理有限公司（以下简称投资公司）。双方的劳动关系于2013年12月31日解除，2014年1月14日双方办理离职交接。2014年12月30日，李某向上海市某区劳动人事争议仲裁委员会提出申诉，

要求投资公司支付2012年6月11日至2013年12月31日未休年休假工资人民币（以下币种相同）4,827.58元及2014年3月10日至4月9日延误退工损失885元。该仲裁委员会裁决：①投资公司支付李某2013年6月11日至12月31日未休年休假工资1195.40元；②投资公司支付李某2014年3月10日至4月9日延误退工损失885元。投资公司不服该裁决，遂诉至法院，请求：①判令投资公司不支付李某2013年6月11日至12月31日未休年休假工资1195.40元；②判令投资公司不支付李某2014年3月10日至4月9日延误退工损失885元。另查明：①2014年3月9日，李某曾提起仲裁，其中一项请求为要求投资公司支付2014年1月1日至3月9日的延误退工损失13000元，经仲裁委员会裁决，投资公司支付李某2014年1月16日至3月9日的延误退工损失1576.72元。投资公司不服该裁决，起诉至法院，法院于2014年7月21日判决投资公司支付李某2014年1月16日至3月9日的延误退工损失1576.72元，该判决已发生法律效力。②李某于2014年4月9日收到投资公司开具的退工证明。原审审理中，双方确认，公司需支付李某2013年6月11日至12月31日未休年休假工资、2014年3月10日至4月9日延误退工损失，对仲裁裁决的数额并无异议。投资公司未提供证据证明其已安排李某休2013年年休假。

一审判决认为，根据法律规定，用人单位应当在解除或者终止劳动合同时出具解除或者终止劳动合同的证明，并在十五日内为劳动者办理档案和社会保险关系转移手续。本案中，双方劳动关系于2013年12月31日解除，投资公司于2014年4月9日才向李某出具退工证明，确已存在延迟退工情形，理应支付李某延误退工损失。一审判决支持了李某的诉请。

二审判决认为，投资公司未履行在解除或者终止劳动合同时出具解除或者终止劳动合同的证明的法定义务，延迟办理退工手续，理应支付被上诉人相应退工损失。二审判决驳回了投资公司的上诉请求，维持原判。

二 法律及事实分析

《中华人民共和国劳动合同法》第五十条规定，“用人单位应当在解除或者终止劳动合同时出具解除或者终止劳动合同的证明，并在十五日内为劳动者办理档案和社会保险关系转移手续。”可以说，本条已经将用人单位的法定义务规定得相当明确了。第八十九条规定，“用人单位违反本法规定未向劳动者出具解除或者终止劳动合同的书面证明，由劳动行政部门责令改正；给劳动者造成损害的，应当承担赔偿责任。”可见，如果用人单位未履行其法定义务，给劳动者造成损害的，还需要依法承担赔偿责任。本案中，投资公司未及时为李某办理退工证明，存在延迟退工情形，故此，法院依法支付了李某要求投资公司赔偿因延误退工而造成的损失。

三 启示建议

1.用人单位除了需要及时办理人事档案转移手续外，还应当为劳动者及时开具离职证明

办理人事档案转移手续、开具离职证明，这都是用人单位的法定义务。用人单位未依法开具离职证明、未依法为劳动者办理人事档案转移手续，会导致劳动者不能及时办理失业登记，不仅会导致劳动者无法领取失业救济金，而且在劳动者办理失业登记后，劳动者的医疗保险视同缴纳，在办理失业登记的期间劳动者发生的医疗费用符合医疗保险报销范围内的费用，仍可进行报销。如因用人单位未及时开具离职证明、未办理人事档案转移劳动者无法办理失业登记，无法享受医疗保险报销待遇的损失，用人单位亦应按照法律规定承担赔偿责任。

2.用人单位不得扣押劳动者的身份证等证件，否则也会面临处罚

《中华人民共和国劳动合同法》第八十四条规定：“用人单位违反本法规定，扣押劳动者居民身份证等证件的，由劳动行政部门责令限期退还劳动者本人，并依照有关法律规定给予处罚。”所以，在与劳动者解除或终止劳动关系后，即使劳动者出现不配合交接工作或者其他情绪化行为时，用人单位也不能采取扣押劳动者证件的行为，这会使用人单位面临处罚。

3.在办结工作交接时，用人单位向劳动者支付经济补偿

在劳动关系解除或终止时，如果需要向劳动者支付经济补偿，用人单位可与劳动者约定，先办理工作交接，工作交接办结后，再向劳动者支付经济补偿。

4.用人单位对已经解除或者终止的劳动合同的文本，应至少保存二年备查

“二年”的时间是法定的最少时间，在实践中，还是建议用人单位长期保留劳动者的档案资料，特别是国企单位，一般与劳动者建立劳动关系的时间较长，永久保留劳动者的全部档案资料，以备不时之需，可以降低用人单位的法律风险。

四 相关法条

《中华人民共和国劳动合同法》

第五十条 用人单位应当在解除或者终止劳动合同时出具解除或者终止劳动合同的证明，并在十五日内为劳动者办理档案和社会保险关系转移手续。

劳动者应当按照双方约定，办理工作交接。用人单位依照本法有关规定应当向劳动者支付经济补偿的，在办结工作交接时支付。

用人单位对已经解除或者终止的劳动合同的文本，至少保存二年备查。

第八十四条 用人单位违反本法规定，扣押劳动者居民身份证等证件的，由劳动行政部门责令限期退还劳动者本人，并依照有关法律规定给予处罚。

第八十九条 用人单位违反本法规定未向劳动者出具解除或者终止劳动合同的书面证明，由劳动行政部门责令改正；给劳动者造成损害的，应当承担赔偿责任。

7.5 《中华人民共和国劳动合同法》施行前，用人单位应当向劳动者支付经济补偿的，按照当时有关规定执行

案例5：张某与某电器销售公司劳动合同纠纷案

一 案情简介

张某于2003年8月26日入职某电器销售公司，自2012年10月1日起双方建立无固定期限劳动关系。2017年6月8日，某电器销售公司发出《医疗期满通知书》，称“由于您的医疗期于2017年7月8日结束，请您在医疗期结束后按时到岗工作，如因身体原因无法到岗，请至人力资源部进行新岗位协商，公司可以安排更为轻松并且不影响病情的工作，如医疗期期满请至相关劳动能力鉴定部门进行劳动能力鉴定，否则我司不承担相关费用。如逾期未到岗，也无任何情况说明，且对医疗期间无任何书面意见，公司将因您医疗期满后不能从事原工作，也不能从事我司另行安排的工作，医疗期期满解除双方劳

动合同关系……”。2017年7月11日，某电器销售公司发出了《解除劳动合同通知函》，称“您的医疗期已到期。因您无法回原岗位，也未与公司协商新岗位，且公司已提前一个月告知您医疗期到期时间，您无任何书面形式回复，也没有进行劳动能力鉴定。基于以上情况，根据相关法律规定，现公司依法与您解除劳动合同。请您于收函后立即至公司人力资源部办理相关离职手续并在一周内领取劳动手册”。双方劳动合同于2017年7月11日解除。张某向仲裁委员会提出申请，要求某电器销售公司支付解除劳动合同的经济补偿金等各项请求。裁决作出后，张某不服，诉至法院。

一审判决认为，双方对于应支付经济补偿金无异议，但对如何计算经济补偿金的工作年限存在分歧。2003年8月26日张某入职，至2017年7月11日某电器销售公司与其解除劳动关系。根据《中华人民共和国劳动合同法》第九十七条的规定，在劳动合同法实施之前用人单位如何支付经济补偿金，适用当时有关规定执行。根据《中华人民共和国劳动法》第二十六条、第二十八条的规定，某电器销售公司也应支付张某2003年8月26日至2007年12月31日的经济补偿金。

二审判决认为，双方对于某电器销售公司应支付经济补偿金无异议，但某电器销售公司认为经济补偿金应从《中华人民共和国劳动合同法》施行之日即2018年1月1日起计算，然该法第九十七条规定，在《中华人民共和国劳动合同法》施行前用人单位需向劳动者支付经济补偿的，按照当时有关规定执行。原审法院结合相关事实及法律，认定某电器销售公司也应支付2003年8月26日至2007年12月31日的经济补偿金，显属合理。二审判决驳回了某电器销售公司的上诉，维持原判。

二 法律及事实分析

本案的争议焦点问题之一，用人单位支付经济补偿金的起算时间。本案中的劳动者2003年8月26日入职，2017年7月11日双方解除劳动关系。根据《中华人民共和国劳动合同法》第九十七条第三款的规定，“本法施行前按照当时有关规定，用人单位应当向劳动者支付经济补偿的，按照当时有关规定执行。”故此，用人单位向劳动者支付经济补偿金的起算时间应当适用《中华人民共和国劳动法》第二十六条、第二十八条规定，劳动者患病，医疗期满后，不能从事原工作也不能从事由用人单位另行安排的工作的，用人单位可以与劳动者解除劳动关系，但需要给予经济补偿。所以，计算张某经济补偿起算时间应当为2003年8月26日。

三 启示建议

用人单位需要注意《中华人民共和国劳动法》和《中华人民共和国劳动合同法》的过渡衔接问题。《中华人民共和国劳动合同法》就经济补偿金的计算问题，第九十七条第三款针对两种情况作出了不同规定，即“本法施行之日存续的劳动合同在本法施行后解除或者终止，依照本法第四十六条规定应当支付经济补偿的，经济补偿年限自本法施行之日起计算；本法施行前按照当时有关规定，用人单位应当向劳动者支付经济补偿的，按照当时有关规定执行。”本案例的情形属于“本法施行前按照当时有关规定，用人单位应当向劳动者支付经济补偿的，按照当时有关规定执行”之情形。如果本法施行之日存续的劳动合同在本法施行后解除或者终止，依照本法第四十六条规定应当支付经济补偿的，经济补偿年限自本法施行之日起计算。比如，劳动者与用人单位在2008年1月1日前签订，在2008年1月1日后解除或终止，在计算经济补偿金时，就从2008年1月1日起计算。

四 相关法条

《中华人民共和国劳动法》(2018修正)

第二十六条 有下列情形之一的，用人单位可以解除劳动合同，但是应当提前三十日以书面形式通知劳动者本人：

（一）劳动者患病或者非因工负伤，医疗期满后，不能从事原工作也不能从事由用人单位另行安排的工作的；

（二）劳动者不能胜任工作，经过培训或者调整工作岗位，仍不能胜任工作的；

（三）劳动合同订立时所依据的客观情况发生重大变化，致使原劳动合同无法履行，经当事人协商不能就变更劳动合同达成协议的。

第二十八条 用人单位依据本法第二十四条、第二十六条、第二十七条的规定解除劳动合同的，应当依照国家有关规定给予经济补偿。

《中华人民共和国劳动合同法》

第九十七条第三款　本法施行之日存续的劳动合同在本法施行后解除或者终止，依照本法第四十六条规定应当支付经济补偿的，经济补偿年限自本法施行之日起计算；本法施行前按照当时有关规定，用人单位应当向劳动者支付经济补偿的，按照当时有关规定执行。

第八章 劳动争议处理

8.1 退役军人要求接收单位发放生活费的请求，属于法院的受理范围

案例1：李某诉某供电公司劳动纠纷案

一 案情简介

李某主张，自己在2015年持某市退伍军人和军队离退休干部安置办公室出具的《退伍义务兵分配工作介绍信》，到某供电公司处要求其接收并为自己安置工作，但是，某供电公司对李某主张的事实予以否认，且并未为李某安置工作。故此，李某向有关国家机关提出申诉。劳动人事争议仲裁委员会经审查以“本争议不属于本仲裁委员会管辖范围”为由，下达了不予受理通知书，李某诉至法院。

一审法院认为，依据《最高人民法院关于审理劳动争议案件适用法律若干问题的解释（一）》（2001）第七条“劳动争议仲裁委员会仲裁的事项不属于人民法院受理的案件范围，当事人不服，依法向人民法院起诉的，裁定不予受理或者驳回起诉”的规定，李某与某供电公司争议的法律关系及事实，不属于人民法院受理民事诉讼的范围，故裁定驳回李某的起诉。

二审法院认为，根据《中华人民共和国兵役法》第五十六条第一款第二项的规定，接收单位根据退役士兵安置工作主管部门开具的《退伍义务兵分配工作介绍信》按时完成安排退役士兵工作系其法定义务。如果接收单位拒绝或者无故拖延执行相关人民政府下达的安排退役士兵工作任务或未依法与退役士兵签订劳动合同、聘用合同的，根据《退役士兵安置条例》第三十八

条、第五十条的规定，既要承担相应的行政责任也要承担相应的民事责任。李某向一审法院提出的诉讼请求为：“要求某供电公司按照不低于本单位同等条件人员平均工资80%的标准（包括奖金等）支付2015年7月31日起至裁决之日期间的生活费。”即要求由接收单位承担相应民事责任，该请求属于《中华人民共和国民事诉讼法》的调整范围。一审法院以李某的请求事项不属于人民法院受理民事案件范围为由裁定驳回起诉不当，应当予以纠正。故此，二审法院裁定并指令一审法院重新审理。

二　法律及事实分析

本案的核心焦点问题：退役军人的安置及补偿问题，是否属于法院受理民事案件范围。劳动人事争议仲裁委员会和一审法院均认为，该问题所涉及的法律关系及事实，不属于人民法院受理民事诉讼的范围。而二审法院认为一审裁定不当，指令重审。两审法院之所以作出了不同判断，其原因在于，退役士兵的安置问题是由国家政策主导，国务院退役士兵安置工作主管部门及县级以上地方人民政府退役士兵安置工作主管部门通过国家指令性安置计划实现退役士兵的就业安置，从而导致退役军人与安置单位之间类似未签订书面劳动合同、未给予应有的待遇等争议，看似符合一般劳动争议的类型和内容，但又由于劳动关系建立的原因和当事人身份的特殊性导致该类争议从法律角度上来讲，不能简单认为退役军人与用人单位之间的上述争议属于劳动争议的受案范围。故此，退役军人与安置单位之间的争议是否属于劳动争议的问题，还需要结合退役军人安置的历史变化等因素进行讨论，不能一概而论，同时还需要结合每个案件的焦点争议问题进行具体分析。二审法院就是根据本案的实际情况，认为李某向安置单位主张生活补贴的请求，是要求由安置单位承担相应民事责任，属于《中华人民共和国民事诉讼法》的调整范围，所以认定李某与某供电公司的争议属于法院受案范围。

三　启示建议

（1）涉及退役军人的劳动争议案件，一定要在个案中仔细辨析争议焦点。例如，退役军人与安置单位之间就安置问题引发的纠纷就不是《中华人民共和国劳动法》调整的劳动争议。安置单位与退役军人就安置问题建立的关系是安置与被安置的关系，不是《中华人民共和国劳动法》第十七条规定的在“平等自愿、协商一致”基础上建立的劳动关系，双方发生的争议是安置争议，不是《中华人民共和国劳动法》调整的劳动争议。但是，如果退役军人被临时安排在安置单位工作期间的工资及保险福利待遇问题，与安置单位之间发生争议，由于双方当事人之间存在事实劳动关系，劳动争议仲裁委员会作出裁决后，当事人依法诉至人民法院的，人民法院应当作为劳动争议案件受理。

（2）安置争议或劳动争议的分界点，可以参考政府安置工作是否已执行完毕。通过案例检索发现，如果政府主导安置部门已经出具介绍信、退役军人已经到接收单位报到，在接收单位接收了退役军人的档案及安置介绍信后，法院往往认为，退役军人已经开始与接收单位建立了劳动关系。所以，判断退役军人与安置单位之间是否属于劳动争议，除了需要结合案情看具体诉请内容以外，还可以参考争议发生的期间。

（3）退役军人的转业安置，主要出现在国企和事业单位，接收单位应当积极履行相应的义务。如果安置不当，会导致相应的赔偿和处罚。《中华人民共和国兵役法》和《退役士兵安置条例》都对退役军人安置进行了明文规定。在安置的过程中一旦出现安置人员不符合岗位要求等情况，一定要及时和当地安置责任单位保持联系，不要私下解决。如果发生纠纷，需要仔细甄别争议焦点问题，针对此类特殊人群的纠纷做好案例、法规检索工作。

四 相关法条

《中华人民共和国兵役法》（2021年修订）

第五十三条 对退出现役的义务兵，国家采取自主就业、安排工作、供养等方式妥善安置。

义务兵退出现役自主就业的，按照国家规定发给一次性退役金，由安置地的县级以上地方人民政府接收，根据当地的实际情况，可以发给经济补助。国家根据经济社会发展，适时调整退役金的标准。

服现役期间平时获得二等功以上荣誉或者战时获得三等功以上荣誉以及属于烈士子女的义务兵退出现役，由安置地的县级以上地方人民政府安排工作；待安排工作期间由当地人民政府按照国家有关规定发给生活补助费；根据本人自愿，也可以选择自主就业。

因战、因公、因病致残的义务兵退出现役，按照国家规定的评定残疾等级采取安排工作、供养等方式予以妥善安置；符合安排工作条件的，根据本人自愿，也可以选择自主就业。

《退役士兵安置条例》

第三十八条 非因退役士兵本人原因，接收单位未按照规定安排退役士兵上岗的，应当从所在地人民政府退役士兵安置工作主管部门开出介绍信的当月起，按照不低于本单位同等条件人员平均工资80％的标准逐月发给退役士兵生活费至其上岗为止。

最高人民法院关于安徽省高级人民法院关于李向阳等十人与亳州市烟草专卖局劳动争议纠纷一案的请示的复函
（2004年7月21日 ［2004］民－他字第15号）

安徽省高级人民法院：

你院《关于李向阳等十人与亳州市烟草专卖局劳动争议纠纷一案的请示报告》收悉。据你院报告查明的事实：李向阳等人为退伍士兵安置问题与亳州市烟草专卖局发生争议，并集体到有关部门上访，该局为解决李向阳等人的生活困难遂临时安排其在局机关所属的稽查队工作。此后，李向阳等人向劳动争议仲裁委员会申诉，请求裁决亳州市烟草专卖局与其签订无固定期限的劳动合同，并支付其在稽查队工作期间的工资及保险福利待遇。经研究认为：

1.依据《中华人民共和国兵役法》、国务院《退伍义务兵安置条例》的规定，安置单位与退伍义务兵就安置问题建立的关系是安置与被安置的关系，不是《中华人民共和国劳动法》第十七条规定的在“平等自愿、协商一致”基础上建立的劳动关系，双方发生的争议是安置争议，不是《中华人民共和国劳动法》调整的劳动争议。如果亳州市烟草专卖局将李向阳等人临时安排在稽查队工作，不是对他们的安置，当然不发生与之签订无固定期限的劳动合同的任务，按照《最高人民法院关于审理劳动争议案件适用法律若干问题的解释》第1条的规定，李向阳等人与亳州市烟草专卖局之间的安置争议，不符合人民法院受理劳动争议案件的条件。

2.李向阳等人就其被临时安排在稽查队工作期间的工资及保险福利待遇问题与亳州市烟草专卖局之间发生争议，由于双方当事人之间存在事实劳动关系，符合上述司法解释第1条第（2）项之规定，劳动争议仲裁委员会作出裁决后，当事人依法诉至人民法院的，人民法院应当作为劳动争议案件受理。

8.2 政府主管部门在对企业国有资产进行行政性调整、划转过程中发生的纠纷，不属于民事纠纷，人民法院不予受理

案例2：邸某等47人与某市供电分公司劳动合同纠纷案

一 案情简介

邸某等47名员工与某市供电分公司劳动合同纠纷案，邸某等47名员工认为，自己于1971年到电管站连续工作32年，但电管站未从1996年1月为他们办理社会保险，邸某等47名员工通过上访的方式，使电管站于2016年仅补办了2001年5月至2008年8月的基本养老保险。1996年1月到2001年4月及2008年9月至2016年11月基本养老费，是由员工自行承担的，由此造成利息损失。而且，电管站与自己解除劳动关系，应该按照《中华人民共和国劳动法》支付经济补偿金。某市供电分公司辩称，认可自己确实与邸某等47名员工存在劳动合同关系，自2001年接收原属于乡、村集体所有的电力资产开始，接收原属于乡镇、村的资产及该资产原农电工后，由于改革需要，在2002年、2003年陆续按照中央及部委的相关文件要求进行减员，继续聘用的签订劳动合同，其余的解除了劳动合同。而且，邸某等47名员工诉求已经超过法定仲裁时效。关于诉求支付赔偿金问题，《中华人民共和国劳动合同法》自2008年1月1日施行，双方发生争议时，该法尚未施行，所以邸某等47名员工主张经济补偿金的请求没有法律依据。邸某等47名员工诉求的社会保险缴纳问题，不属于人民法院审理范围。邸某等47名员工与某市供电分公司之间的劳动争议问题，

是国家在农电体制改革过程中基于改革需要及企业改制转制产生的，也不应由法院作为民事案件审理。

一审判决认为，某市供电分公司对原农电企业资产划转与人员接收、分流均按国家经贸委、某省经贸委的相关规定进行，并非公司自主进行的。根据《最高人民法院关于审理与企业改制相关的民事纠纷案件若干问题的规定》中相关法律条文的规定，政府主管部门在对企业国有资产进行行政性调整、划转过程中发生的纠纷，不属于民事纠纷，人民法院不予受理。

二　法律及事实分析

《最高人民法院关于审理与企业改制相关的民事纠纷案件若干问题的规定》（2003-01-03发布）第三条规定，政府主管部门在对企业国有资产进行行政性调整、划转过程中发生的纠纷，当事人向人民法院提起民事诉讼的，人民法院不予受理。政府主管部门根据企业申请划转国有资产，系行政行为，由此发生的纠纷，人民法院不应作为民事纠纷案件受理。政府主管部门作为国有资产的代理人，实施资产重组而划转企业国有资产，属行政行为，使国有资产在企业之间无偿流转，按照企业债务随责任、财产转移而转移的原则，被改制企业的债务一般由接受该企业资产的民事主体在接受改制企业资产的范围内承担。但是，因政府主管部门对企业国有资产进行划转发生的纠纷，当事人提起民事诉讼的，人民法院不予受理。这与《最高人民法院关于因政府调整划转企业国有资产引起的纠纷是否受理问题的批复》（法复〔1996〕4号）的规定是一致的。

本案中，邸某等47名员工原系某市各乡镇的农电工，最早自1971年开始在乡镇电管站工作。1999年1月4日，国务院批转国家经贸委《关于加快农村电力体制改革加强农村电力管理的意见》，对农电管理体制提出明确要求。此后，国家经贸委同意某省农电体制改革实施方案，该方案确立了取消乡电管站、实现城乡用电一体化、电力企业定编定岗定员，逐年减员分流的目标。某市供电分公司于2001年按照上述文件精神及某市文件的精神接收了全市乡镇农电工，并为他们缴纳了部分时段的养老保险费用。由此可见，某市供电分公司与这些员工发生纠纷是由政府主管部门对企业国有资产进行行政性调整而引发的，故此，根据最高人民法院相关规定，该类纠纷不属于民事纠纷，人民法院不予受理。

三 启示建议

（1）企业国有资产无偿划转后，如该企业变更为接受资产企业的分支机构，则原企业的法人资格丧失，形成企业债权债务的承继关系。根据企业法人财产原则，接受资产的企业应承担原企业的原有债务。

（2）企业国有资产无偿划转后，接受人将所接受的企业国有资产作为自身资产作价入股与他人组建新公司，被划转企业的原有债务应由接受人承担，包括以接受人在新组建的新公司中的股权承担民事责任。

（3）企业国有资产无偿划转后，该企业原资产虽减少，但系政府主管部门行政性划转的结果。利害关系人只能按行政纠纷解决，不得提起民事诉讼。

四 相关法条

《最高人民法院关于审理与企业改制相关的民事纠纷案件若干问题的规定》

第三条 政府主管部门在对企业国有资产进行行政性调整、划转过程中发生的纠纷，当事人向人民法院提起民事诉讼的，人民法院不予受理。

8.3 劳动者以一直处于生病状态、与用人单位失去联系为由主张不适用诉讼时效的，法院不予支持

案例3：付某与某省某电网技术发展有限公司、某省某电力通信工程有限责任公司、某电力（集团）有限责任公司等劳动纠纷案

一 案情简介

付某称，自己于1986年到2003年一直在某电力中调所劳动服务公司做木工活，后因工作中得病就向单位请假休病假，把请假手续交给了单位，单位领导同意自己休假。付某认为，单位准许自己请假回家休息，且休息没有时

间限制，只要付某的病情好转后完全可以再回去上班，因此并不能适用诉讼时效规定。而且，付某请假后一直在治疗，病情至今还未好转，加上之前的通信不发达，付某无从知道单位撤销后，某电力中调所劳动服务公司将所有业务和人员并入了某省某电网技术发展有限公司，导致付某与单位之间失去了联系。之后，付某找某省某电网技术发展有限公司、某省某电力通信工程有限责任公司、某电力（集团）有限责任公司主张权利，三家公司都曾经为付某出具过工资证明，证明加盖单位公章且有负责人签字，而出具的时间均是最近几年。付某拿到证据后一直在通过法律途径主张自己的权利。付某向仲裁委申请，请求确认自己与三家公司存在劳动关系。

一审法院认定，付某于1986年到某电力中调所劳动服务公司做木工工作，2003年因病请假休息再未去该公司上班。某省某电力通信工程有限责任公司于1996年成立，某电力中调所劳动服务公司作为某省某电力通信工程有限责任公司股东出资，无合并分立情况。某省某电网技术发展有限公司于2000年成立，无合并分立情况。庭审中，付某明确表示，与其有劳动关系的公司是某省某电网技术发展有限公司。付某于1986年至2003年在某电力中调所劳动服务公司工作，2003年后再未去该公司工作，至今未签订书面劳动合同，也没有证据显示其自2003年休病假以来领取工资、病假期间生活费等情况，其最迟在2004年就应当知道自己的权利受到侵害，但法定期限内一直未主张权利，其提起本次诉讼，已过法定诉讼时效。付某亦未提供证据证明存在诉讼时效中断、中止的情形。故，一审判决驳回付某的诉讼请求。

二审法院认定，付某于2003年离开公司后再未去该公司上班，直到2016年12月向劳动仲裁委员会申请，付某的该请求已超过仲裁时效，具体理由一审法院已详细论述。二审判决驳回上诉，维持原判。

二　法律及事实分析

本案的争议焦点在于，付某以一直处于生病状态、与用人单位失去联系为由不适用诉讼时效的主张是否能成立。付某的主张显然缺乏事实依据和法律依据。而且根据法律规定，只有下列情形之一，才存在时效中断的问题：①权利人向义务人提出履行请求；②义务人同意履行义务；③权利人提起诉讼或者申请仲裁；④与提起诉讼或者申请仲裁具有同等效力的其他情形。虽然付某自称，三家公司都曾经为付某出具过工资证明，证明加盖单位公章且有负责人签字，出具的时间均是最近几年，而且其拿到证据后一直在通过法律途径主张自己的权利。但是该主张存在两个问题，其一，付某陈述的事实，并不能证明符合时效中断的法定情形之一；其二，付某的主张也没有证据予以支持。根据“谁主张、谁举证”的原则，付某无法证明存在时效中断的情形。所以，付某在2003年后就再没有去过公司，直到2016年才向仲裁委申请仲裁，已经明显超过了一年的法定时效期间。所以，两审法院均未采纳付某的主张，没有支持付某的诉讼请求。

三 启示建议

（1）诉讼时效中断必须符合法定情形，且有证据予以支持方可。法律已经明确规定了诉讼时效中断的法定情形，在实践中，除了劳动争议案件，其他诉讼纠纷也会涉及时效中断的问题。权利人如果希望通过诉讼时效中断的方式，变相延长保护自身权益的周期，一定要严格按照法律规定的方式中断时效，例如：①可以向义务人提出要求其履行义务的请求；②取得义务人同意全部或部分履行义务的证明、书面承诺等；③提起诉讼或者申请仲裁；④向对方发出书面材料，比如：关于××的通知、律师函。权利人采取中断诉讼时效的措施时，一定要注意保留各种形式的证据，例如：证人证言、电话录音、短信、电子邮件、邮寄签收证据等。

（2）用人单位需要对外出具盖章文件时，严格按照审批流程，增强证据意识，防范法律风险。本案中，付某曾要求三家公司都为其开具工资收入证明，而且付某也说了，拿到工资收入证明后，就一直在用法律手段维权。由此可见，付某取得三家公司为其出具的工资收入证明，很大可能性就是为了证明自己与公司之间存在劳动关系，是付某为了维权而使用的证据。在本案判决中无法看到三家公司是否实际出具了工资证明，如果付某的陈述属实，三家公司基于不同的原因都为付某出具了工资收入证明，足见三家公司在对外需要出具盖章文件的管理过程中，存在着管理漏洞。实践中，用人单位人力资源管理部门在日常工作中，经常会遇到劳动者因购房贷款审批、出国出境签证或者子女就学等原因，要求单位帮助出具收入证明的情况。有些单位在开具此类证明时，面对劳动者提供的各类形形色色的收入证明模板，由于内部公章用印管控不规范、经办人员审查不严、风险防范机制不到位或者碍于同事情面等众多因素，会出现比较随意就给劳动者出具的情形。但是，单位人力资源管理部门的疏忽或随意开具“收入证明”，会给用人单位埋下较大的法律风险和隐患。比如，如果用人单位给非本单位的劳动者出具收入证明，就很有可能被认定为与该劳动者在某段期间存在劳动关系，那么用人单位就需要按照《中华人民共和国劳动合同法》等相关规定，承担用人单位所需要承担的法律责任。再如，有的劳动者为了申请贷款，要求用人单位出具虚高的收入证明，在该劳动者离职后，该劳动者有可能拿着该份工资收入证明，要求用人单位补足收入证明所载工资标准与工资表（条）发放的工资差额部分。在出现纠纷后，很多用人单位会以公章是劳动者私自加盖、偷盗加盖、欺骗了人力资源部门而加盖等理由来抗辩真实性，但是，用人单位这些主张往往很难被法院采纳。换而言之，用人单位出具的加盖了公章的“收入证明”具有法律上的证明作用，如果没有足够充分的证据，其真实性很难被否定，用人单位就需要因此而承担相应的法律责任。

（3）用人单位在操作细节上，可以从以下几个方面多加注意。①尽量做到收入证明所载收入情况与劳动者实际工资相符，避免虚开。即使劳动者承诺由此导致的法律责任自行承担，用人单位也会因协助劳动者虚开收入证明的行为，涉嫌帮助伪造证据，按照法律规定用人单位及有关人员有可能面临罚款、拘留等民事制裁，情节严重者将涉嫌刑事犯罪。劳动者自己的承诺不能与法律规定的责任对抗，不能成为用人单位承担法律责任的免责事由，所以用人单位为了防范风险，还是应该尽量做到不虚开收入证明。②审核劳动者所用证明的真实用途，在证明文件中注明接收单位及证明用途。③妥善保管公章，建立使用登记制度。规范企业内部印鉴使用登记制度，对于须加盖公章、财务章或其他印章的合同、文件，建议保存印章使用登记记录并将文本影音留存，清楚记录年月日、使用部门及人员、用途或文件名称、收文单位，最后要求使用人亲笔签名并按捺手印。④如果劳动者提出需要虚开收入证明，用人单位的人力资源部门应示明其中利害关系并严正拒绝，实在不得已而为之的情况下，用人单位需要求劳动者就该份“不真实”的收入证明出具书面说明，说明内容包括但不限于：该份证明用于何种用途、其真实的工资收入情况、表示愿意承担因证明内容不真实而导致的法律后果，并赔偿因此给用人单位或第三方造成的损失，最后由该劳动者亲笔签名并按捺手印。虽然如前所述，该份背书说明不能完全免除用人单位的法律责任，但是可以起到威慑作用，避免劳动者乱用、滥用不真实的收入证明，可以相对降低用人单位的法律风险。

四 相关法条

《中华人民共和国劳动争议调解仲裁法》

第二十七条第一款 劳动争议申请仲裁的时效期间为一年。仲裁时效期间从当事人知道或者应当知道其权利被侵害之日起计算。

《中华人民共和国民事诉讼法》

第一百一十四条 诉讼参与人或者其他人有下列行为之一的，人民法院可以根据情节轻重予以罚款、拘留；构成犯罪的，依法追究刑事责任：

（一）伪造、毁灭重要证据，妨碍人民法院审理案件的；

……

《中华人民共和国刑法》

第三百零七条第二款 帮助当事人毁灭、伪造证据，情节严重的，处三年以下有期徒刑或者拘役。

8.4 基于同一法律关系再次提出相同的给付请求，法院不予支持

案例4：陈某诉某县供电公司劳动纠纷案

一 案情简介

陈某于1989年11月至2012年11月在某县供电公司所属单位某变电所一

直从事厨师工作，现已达退休年龄。2008年至2012年，某县供电公司与某通公司每年分别签订了《劳务派遣协议书》。协议中约定某县供电公司向某通公司支付劳务人员的劳务报酬。在《劳务派遣协议书》中，某县供电公司未与某通公司约定为陈某缴纳养老保险事宜，也未为陈某缴纳养老保险。

一审判决认定，陈某在某县供电公司所属单位某变电所从事厨师工作，其工作时间、地点、工作单位一直未发生变更。某县供电公司虽与某通公司签订了《劳务派遣协议书》，但某县供电公司直接或通过派遣单位为陈某支付工资，陈某为某县供电公司所属单位某变电所提供劳动。在《劳务派遣协议书》中，某县供电公司未与某通公司约定为陈某缴纳养老保险事宜，某县供电公司作为用工单位应当为陈某支付工资并自1996年1月1日起为陈某缴纳养老保险。故此，一审判决某县供电公司应当为陈某支付生活费。

二审判决认定，陈某于1989年11月至2012年11月在某县供电公司所属单位某变电所一直从事厨师工作，双方因履行劳动合同、缴纳社会保险、支付双倍工资等问题发生争议，陈某于2013年2月27日申请劳动仲裁，某县劳动争议仲裁委员会于2013年5月26日作出了仲裁裁决，裁决驳回陈某的仲裁请求。陈某对该仲裁裁决不服，在法定期限内向法院起诉，2014年8月22日，陈某与某县供电公司、某通公司达成和解协议，陈某申请撤回起诉。后陈某于2015年4月8日再次提起本案诉讼。陈某就涉案争议与用人单位及用工单位已达成和解协议，双方当事人应根据诚实信用原则全面履行该协议，因履行该协议发生的纠纷应另案起诉。现陈某再次提起本案诉讼，要求某县供电公司及某通公司赔偿因未能为其缴纳养老保险造成的损失，本案系基于同一法律关系再次提出相同的给付请求，故此，二审判决撤销了一审判决，驳回了陈某的诉请请求。

二　法律及事实分析

“一事不再理”原则是民事诉讼中的重要原则，又称“禁止重复起诉”原则，起源于罗马法的诉权消耗理论，意思是对于已经裁判并发生法律效力的案件，当事人的诉权已经消耗，不得再行提起诉讼，否则构成重复起诉。此原则对于已经起诉或者正在审理的案件也适用。所谓一事不再理，大体上可以分为两类情形：①同一诉讼标的的案件，已经为前诉法院所判决，且判决已经生效，当事人对此又提起诉讼，法院将不予受理；②同一诉讼标的的案件，前诉法院已经受理正在诉讼系属中，尚未作出生效判决（具体包括：前诉案件已经审理但没有作出裁判；前诉案件一审已经作出判决，但该判决尚未生效；前诉在上诉过程中尚未作出生效判决），当事人向后诉法院再行起诉的，后诉法院将不予受理。虽然我国民事诉讼法没有明确规定一事不再理原则，但从《中华人民共和国民事诉讼法》第一百二十七条第五项的规定中可部分推出一事不再理原则。该项规定为：对判决、裁定、调解书已经发生法律效力的案件，当事人又起诉的，告知原告申请再审，但人民法院准许撤诉的裁定除外。《最高人民法院关于适用〈中华人民共和国民事诉讼法〉的解释》第二百四十七条明确了属于重复起诉的前提条件为“在诉讼过程中或者裁判生效后”。本案中，二审法院认为，陈某与用人单位在此次诉讼中的争议问题，双方已经在2013年5月26日通过仲裁、诉讼方式解决了，双方在2014年8月22日达成了和解协议，现在陈某基于同一法律关系再次提出相同的给付请求，构成重复起诉，二审法院基于“一事不再理”原则，未支持陈某的诉讼请求。

三 启示建议

是否一事再理是民事诉讼中经常遇到的问题，而且不仅在民事诉讼，在仲裁程序适用中也同样会遇到这一问题。用人单位考虑用一事不再理作为抗辩理由时，首先需要判断清楚，此次争议问题较之前的问题，是否属于“一事”，可以考虑从以下几个方面加以判断。

1.前诉与后诉的当事人是否相同

判断是否重复诉讼，首先就是要看当事人是否相同。如果前诉与后诉的当事人是不同的，那么就不会构成重复诉讼，因为民事诉讼是一种“只要达到纠纷相对性解决之程度即可”的纠纷解决手段。例如，前诉与后诉尽管都是关于同一土地使用权的确认之诉，但前诉是甲向乙提起的确认诉讼，而后诉是甲向丙提起的确认诉讼，这种情形并不构成二重起诉。

2.前诉与后诉的审判对象（请求对象）是否相同

如果前诉和后诉在审判的对象（诉讼上的请求、诉讼标的）上是相同的，那么后诉就会因为构成重复诉讼（一事再理）而被法院予以拒绝。审判对象或请求对象是否笼统，更精确或细致的判断标准通常以诉讼标的为依据。按照传统诉讼标的理论，当事人所主张的实体请求权或双方争议的法律关系就是诉讼标的。实体请求作为诉讼标的的判断根据，主要针对给付之诉和形成之诉（过去往往称为变更之诉）。给付之诉和形成之诉都要求有相应的实体请求权，如本金返还请求权、侵权损害赔偿请求权、解除合同请求权等。因为实体法中对各种实体请求权都有具体的规定，因此，以实体请求权为依据就可以更具体地判定诉讼标的，判定审判对象。

3.前诉与后诉在主要争议点是否是共通的

如果前诉与后诉在其主要争议点方面是共通的，那么后诉的提起也同样应被视为重复诉讼。因为这种情形与前诉和后诉在审判对象方面相同或近似的情形相同，法院对于共同争议点的审理也必然形成重复，因此在内容上，也有可能产生实质性矛盾的判决。例如，在确认买卖标的物所有权请求与交付买卖标的物请求的场合，尽管两个诉讼的诉讼标的是不同的，但是作为主要争点的买卖效力问题却是共通的，如果允许后诉当事人提起请求交付买卖标的物的诉讼，则可能发生两个判决实质上相互矛盾的情形。

四 相关法条

《中华人民共和国民事诉讼法》

第一百二十七条 人民法院对下列起诉，分别情形，予以处理：

……

（五）对判决、裁定、调解书已经发生法律效力的案件，当事人又起诉的，告知原告申请再审，但人民法院准许撤诉的裁定除外；

……

第一百七十七条 第二审人民法院对上诉案件，经过审理，按照下列情形，分别处理：

……

（三）原判决认定基本事实不清的，裁定撤销原判决，发回原审人民法院重审，或者查清事实后改判；

……

《最高人民法院关于适用〈中华人民共和国民事诉讼法〉的解释》

第二百四十七条 当事人就已经提起诉讼的事项在诉讼过程中或者裁判生效后再次起诉，同时符合下列条件的，构成重复起诉：

（一）后诉与前诉的当事人相同；

（二）后诉与前诉的诉讼标的相同；

（三）后诉与前诉的诉讼请求相同，或者后诉的诉讼请求实质上否定前诉裁判结果。

当事人重复起诉的，裁定不予受理；已经受理的，裁定驳回起诉，但法律、司法解释另有规定的除外。

8.5 用人单位处理劳动争议时，可与劳动者达成和解协议

案例5：陈某诉内某劳动纠纷案

一 案情简介

陈某因与内某劳动争议纠纷一案，陈某不服某县人民法院在2019年作出的一审民事判决，所以向第二审人民法院提出上诉。第二审人民法院，在收到陈某的上诉请求后，于2019年8月12日立案，并依法组成合议庭对本案进行了审理。在二审法院的审理过程中，上诉人陈某于2019年10月23日，以双方自愿达成和解为由，向第二审人民法院提出撤回上诉的申请。二审法院受理了上诉人陈某的撤回申请书，经审理后，二审法院认为，上诉人陈某在本案审理期间提出撤回起诉的请求，已经其他当事人同意，且不损害国家利益、社会公共利益、他人合法权益，法院予以准许。依照《中华人民共和国民事诉讼法》（2017修正）第一百五十四条第一款第五项、《最高人民法院关于适用〈中华人民共和国民事诉讼法〉的解释》（2020修正）第三百三十八条的规定，裁定撤销一审民事判决；准许上诉人陈某撤回起诉。

二 法律及事实分析

产生劳动争议后，劳动仲裁和诉讼是最后的处理方式，用人单位可以考虑在仲裁前与劳动者达成和解，就是协商解决。如果双方的纠纷已经进入仲裁、诉讼程序中，双方也可以在仲裁、诉讼程序中达成诉讼和解，即在民事诉讼过程中，双方在相互协商的基础上达成解决争议的协议，并请求法院结束诉讼程序。本案中，陈某与内某就是在二审诉讼程序中达成了和解协议。根据法律规定，在宣判前，双方达成和解协议的，需要向法院提出撤诉申请，是否准许，是由法院裁定的。如果法院裁定准许撤诉，才可以撤诉。如果法院不准许撤诉，发起诉讼的一方（即原告或上诉人）依然需要到庭。所以，在诉讼程序中，即使劳动者与用人单位达成了和解协议，诉讼程序是否能结束，还需要由法院裁定方可。

三 启示建议

1. 善用劳动和解方式解决劳动争议

产生劳动争议后，并不必然导致双方对簿公堂。很多用人单位在与劳动者产生矛盾时，首先想到的就是劳动仲裁、诉讼，但这是不理性的做法。除了仲裁、诉讼之外，双方和解、第三方调解等方式也能有效解决问题。和解，就是解决劳动争议的方式之一。而且，和解是一种快速、简便的争议解决方式，无论是对劳动者还是对用人单位，都是一种理想的纠纷解决途径。即使已经在仲裁、诉讼程序中，只要双方愿意，仍然可以和解。

2. 在达成和解时，及时签订和解协议，注意和解协议内容不得违反法律规定

如果与劳动者就争议问题达成了和解意见，用人单位应当及时将和解意见落实在书面上。在签订和解协议时，一定要注意和解协议内容不得违反法律规定，否则，会影响和解协议的效力。最常见的违法内容有，“约定公司在赔偿了 ×× 元后，××× 不得再以公司为被告提起诉讼。”此类以约定方式让劳动者放弃诉讼权利的方式，在实践中屡见不鲜，这样的约定是无效的。因为诉讼权利是《中华人民共和国民事诉讼法》赋予劳动者的权利，是公法上的权利。对此，法院不会因为和解协议的约定而不予受理或裁定驳回

起诉等。所以，劳动者的诉讼请求只要符合《中华人民共和国民事诉讼法》关于起诉的规定，法院对于该民事案件的管辖并不会因为约定放弃而消灭。

3.和解协议不具有法律强制执行力

需要明确的是，经过协商达成的和解协议，对于当事人双方是具有效力的，当事人双方也应当严格履行和解协议的内容。如果任何一方未履行，另一方可以向法院起诉，可以就劳动争议事项申请调解组织或者劳动仲裁委员会予以处理。但是，和解协议的效力与调解协议的效力不同，两者的区别详见本章案例6。

四 相关法条

《中华人民共和国民事诉讼法》

第一百二十二条 起诉必须符合下列条件：

（一）原告是与本案有直接利害关系的公民、法人和其他组织；

（二）有明确的被告；

（三）有具体的诉讼请求和事实、理由；

（四）属于人民法院受理民事诉讼的范围和受诉人民法院管辖。

第一百四十八条 宣判前，原告申请撤诉的，是否准许，由人民法院裁定。

人民法院裁定不准许撤诉的，原告经传票传唤，无正当理由拒不到庭的，可以缺席判决。

8.6 用人单位处理劳动争议时，可与劳动者达成调解协议

案例6：张某诉北京某理财顾问有限公司劳动争议案

一 案情简介

原告张某与被告北京某理财顾问有限公司劳动争议纠纷一案，北京市某区人民法院已于2012年7月19日作出（2011）某民初字第27297号民事判决。一审判决生效后，北京某理财顾问有限公司不服，向北京市第一中级人民法院

提出再审申请。北京市第一中级人民法院在2013年5月27日，作出了（2013）一中民申字第03305号民事裁定，裁定提审本案。在2013年11月20日，北京市第一中级人民法院作出（2013）一中民提字第12733号民事裁定，裁定撤销（2011）某民初字第27297号民事判决，并将本案发回北京市某区人民法院重审。

在本案重审过程中，原告张某诉称，其于2010年1月7日入职被告公司，担任设计师以及客户总监一职，原被告双方约定，原告的月工资为1万元，每月10日以打卡的形式，由被告打入原告的工资账户。后因拖欠工资原告多次找被告，被告对原告的要求不予理睬。原告于2011年2月15日被迫离职，并向劳动仲裁委提出仲裁申请：①判令被告支付2010年1月7日到2011年2月15日未签订书面劳动合同的双倍工资差额110000元（10000元/月 ×11个月）；②判令被告支付2010年9月、10月、11月、12月和2011年1月、2月的工资60000元（10000元/月 ×6个月）以及经济补偿金15000元；③判令被告支付2010年1月7日到2011年2月15日被迫离职的经济补偿金15000元（10000元/月 ×1.5个月）；④判令被告支付2010年未休年假工资7201元（10000元 ÷20.83天 ×5天 ×300%）；⑤判令被告支付2010年1月7日至2011年2月15日周六、周日加班工资99855元（10000元 ÷20.83天 ×104天 ×200%）以及25%的经济补偿金24964元。在审理过程中，经人民法院主持调解，双方当事人自愿达成如下协议：①被告北京某理财顾问有限公司支付原告张某人民币2万元。②双方就本案无其他纠纷。各方当事人一致同意本调解协议的内容，自各方在调解协议上签名或捺印后即具有法律效力。

二 法律及事实分析

劳动争议调解是指第三方在劳动者与用人单位之间进行居间协调，促成双方相互谅解、妥协，最终形成调解协议而解决劳动争议。我国的劳动争议调解有企业劳动争议调解委员会主持的调解，劳动争议仲裁委员会主持的调解，人民法院主持的调解三种方式。其中，企业劳动争议调解委员会主持的调解具有民间性质，因而没有强制执行效力。而劳动争议仲裁委员会和人民法院主持的调解达成的调解协议具有法律效力，可以作为生效的法律文书要求强制执行。本案中，张某与北京某理财顾问有限公司之间，就是在劳动争议仲裁委员会主持下达成了调解协议，并由仲裁委员会制作了调解书。该调解书送达双方当事人后，即具有法律效力。

三 启示建议

1.劳动争议调解也是解决劳动争议的方式之一

劳动争议调解一般由三方参与，即用人单位、劳动者和调解方。调解不具有强制性，依据双方自愿的态度进行，不能通过强制、命令等手段强迫某一方参与调解。一般情况下，可以有三种选择方案：①企业劳动争议调解委员会；②依法设立的基层人民调解组织，比如，人民调解委员会；③在乡镇、街道设立的具有劳动争议调解职能的组织。

2.“调解协议”不同于“调解书”

调解协议不具有强制性，可以反悔不履行（依法进行司法确认后的，不得反悔）。而调解书具有强制力，非法定理由不得反悔，必须履行，否则可以申请法院强制执行。调解协议，可以由仲裁或者其他调解组织达成，而调解书只能由仲裁机构、法院依法制作。调解协议是调解书的前提，调解书依调解协议的内容依法制作。

3.和解与调解的区别

两者都是解决劳动争议的一种手段，最大区别在于，是否有第三方组织参与调停。和解协议，是双方自行达成的和解意见；而调解协议一般都是在第三方主持下，双方达成的调解意见。和解协议与调解协议类似，同样是不具有强制执行力的。

4.关于和解、调解的实操建议

由于和解、调解可以发生在劳动争议任一阶段，建议用人单位可以根据不同阶段，采取不同的处理方式。例如：在劳动争议发生之初，双方尚可以进行友好协商、任何一方均未向仲裁委员会提交仲裁申请时，双方可以自行协商并达成和解协议，签订和解协议书。如果任何一方不履行和解协议的，即刻考虑启动仲裁程序。如果双方的劳动争议已经在仲裁或者诉讼中了，无论是双方自行达成的和解，还是在第三方主持下达成的调解，都建议用人单位根据和解或调解意见，申请仲裁机构或者法院依法制作调解书。因为调解书具有强制执行力，如果劳动者不履行，用人单位可以直接向法院申请强制执行，避免用人单位额外产生另行仲裁或者诉讼的诉累。

四　相关法条

《中华人民共和国劳动争议调解仲裁法》

第五条　发生劳动争议，当事人不愿协商、协商不成或者达成和解协议后不履行的，可以向调解组织申请调解；不愿调解、调解不成或者达成调解协议后不履行的，可以向劳动争议仲裁委员会申请仲裁；对仲裁裁决不服的，除本法另有规定的外，可以向人民法院提起诉讼。

第十四条　经调解达成协议的，应当制作调解协议书。

调解协议书由双方当事人签名或者盖章，经调解员签名并加盖调解组织印章后生效，对双方当事人具有约束力，当事人应当履行。

自劳动争议调解组织收到调解申请之日起十五日内未达成调解协议的，当事人可以依法申请仲裁。

第十五条　达成调解协议后，一方当事人在协议约定期限内不履行调解协议的，另一方当事人可以依法申请仲裁。

第四十二条　仲裁庭在作出裁决前，应当先行调解。

调解达成协议的，仲裁庭应当制作调解书。

调解书应当写明仲裁请求和当事人协议的结果。调解书由仲裁员签名，加盖劳动争议仲裁委员会印章，送达双方当事人。调解书经双方当事人签收后，发生法律效力。

调解不成或者调解书送达前，一方当事人反悔的，仲裁庭应当及时作出裁决。

8.7　企业改革中与职工签订《离岗退养协议》并对工资待遇作了具体承诺，后因工资事宜发生的纠纷，属于劳动争议

案例7：刘某等十一人与某电业局劳动纠纷案

一　案情简介

1993年国务院颁布的《国有企业富余职工安置规定》中规定：职工距退休

年龄不到五年的，经本人申请，企业领导批准，可以退出工作岗位休养；职工退出工作岗位休养期间，由企业发给生活费，生活费在企业工资基金中列支。2000年3月9日，某电业局根据某省电力公司下发的内电劳〔2000〕8号《关于职工离岗退养有关问题的通知》（依照《国有企业富余职工安置规定》精神制定），作出兴电人劳〔2000〕6号《某电业局关于职工离岗退养有关问题的通知》：男职工连续工龄满30年、女职工连续工龄满25年，且属体弱多病不能坚持正常工作或长期待岗的人员，由本人提出申请、单位批准并与本人签订离岗退养协议；离岗退养人员属在册职工，在离岗期间发给生活费，办理离岗退养手续后不得再回工作岗位，到达退休年龄办理正式退休手续。刘某等十一人于2000年至2003年陆续与某电业局签订了《某电业局职工离岗退养协议》，约定：①离岗退养人员在离岗退养期间属在册职工，职工在离岗退养期间发给生活费（具体数额不等），不含三项补贴；②三项补贴根据上级规定，按比例代扣代缴，职工离岗退养期间需按规定继续上缴养老金，缴费基数随职工每年收入做相应调整；③职工在离岗退养期间涉及的养老、医疗、住房、失业等待遇按所在单位的在册职工对待并进行管理，在离岗退养期间工龄连续计算，待达到法定退休年龄办理正式退休手续时，按新办法计算养老金；④离岗退养期间，浮动工资、奖金取消，除享受普调性工资待遇外，不再享受其他增资项目的工资政策，福利按50%执行；⑤职工办理离岗退养手续后不得再回工作岗位。某省电力公司分别于2001年3月27日、2002年4月3日发出文件，对于在职在岗职工的工资结构和数额进行了上调。因离岗退养后的工资待遇问题，刘某等十一人与单位发生争议，多次协商，未达成一致意见。刘某等十一人提起仲裁、诉讼。本案历经了仲裁程序、一审程序、二审程序、再审程序、抗诉程序、申诉程序、最高人民检察院抗诉程序，最终由最高人民法院作出了终审判决。在每个程序中，司法机关的认定观点都有所不同。具体如下。

劳动争议仲裁委员会，驳回了刘某等人的申请要求。一审法院判决，刘某等人与某电业局签订了《某电业局职工离岗退养协议》，系双方当事人真实意思表示，应认定为合法有效。十一名职工离岗后的工资待遇，应按协议履行并区别于在岗职工。某电业局对在岗职工的工资进行了上调，应当视为系统内工资的普调。十一名职工虽签订了《某电业局职工离岗退养协议》，但并未达到法定退休年龄，未办理正式退休手续，应当享受其部分待遇，以保证十一名职工离岗退养后的合法权益。某电业局于2006年已经对十一名职工岗位工资按照上级机关文件进行上调和补发，故该项诉请不予支持。职工离岗退养期间只发生活费，当时生活费的工资构成在改革前包括技能工资、岗位工资、年功工资和效益工资四部分，后经工资改革技能工资与效益工资合并为技能工资。离岗退养协议未对除生活费外的其他工资进行特别约定，故十一名职工请求补发岗位效益工资、岗位级差工资、岗位基数工资的诉讼请求不当，不予支持。岗位效益工资属于奖励工资性质，不能作为离岗退养人员生活费的基数依据。十一名职工未到法定退休年龄，应将增加后的养老金、住院补贴、医疗补贴、住房公积金、增加工资计入个人的工资档案，待正式退休时作为确定退休后工资的依据，以保护十一名职工的合法权益，且该补贴系国家强制规定对职工工资的补助待遇。某电业局虽对十一名职工离岗退养后的工资进行部分上调，但与上级主管部门的文件精神有一定差距，年功工资在工资制度改革后虽改为技能补偿工资，但其实质为工龄工资，对该项诉请予以支持。对十一名职工请求效益工资的诉讼请求也予以支持。一审判决支持了刘某等人的部分诉讼请求。

二审判决认为，企业内部退养是国家在国有企业改制时允许企业按照国家有关法规对老职工的照顾而制定的相关政策。某电业局与刘某等十一人签订的《某电业局职工离岗退养协议》是双方当事人的真实意思表示，但是，某电业局的工资项目和标准均由某省电力公司自主进行确定，本单位无权自行确定，只能执行某省电力公司的相关规定。且根据《国有企业富余职工安置规定》（第111号令）和《中华人民共和国劳动法》的规定，在不低于当地最低工资标准的情况下，企业有权根据本单位的生产经营特点和经济效益，依法自主确定本单位的工资分配方式和工资水平。刘某等十一人主张养老金、医疗补贴、住房公积金补贴、增补工资计入档案，因某电业局已经按照规定均计入其个人档案，刘某等十一人也没有提供证据证明某电业局没有将养老金、医疗补贴、住房公积金补贴、增补工资计入档案的事实，故刘某等十一人此项请求也无实质意义。刘某等十一人上诉理由不能成立。二审裁定撤销了一审判决，驳回了刘某等十一人的起诉。

中级人民法院再审认为，某省电力公司自主确定本单位职工的工资分配方式并不违反法律规定，对职工工资分配执行上级精神并无不当。本案不属于人民法院民事案件主管范围，二审认定事实清楚，适用法律正确。再审裁定维持了二审裁定。

经检察院抗诉，某省高级人民法院再审认为，离岗退养是企业为分流企业下岗人员而采取的企业内部安置形式，是企业制度改革和劳动用工制度改革中出现的特殊现象。某电业局与刘某等十一人签订了《某电业局职工离岗退养协议》，由此引发的纠纷不属于履行劳动合同中的问题，应当由有关部门按照企业改制的政策规定统筹解决，不属于人民法院应当受理的劳动争议案件。高院再审裁定维持了中院的再审裁定。

经最高人民检察院抗诉，最高人民法院再审认为，某电业局在《某电业局职工离岗退养协议》中作出了离岗退养人员享受普调性工资待遇等方面的具体承诺，体现了劳动者与用人单位之间是通过平等协商一致的真实意思表示。该承诺与《中华人民共和国劳动法》第四十七条规定的“用人单位根据本单位的生产经营特点和经济效益，依法自主确定本单位的工资分配方式和工资水平”精神并不矛盾，属于用人单位确定工资分配方式和工资水平的一种具体形式。现刘某等十一人与某电业局之间就用人单位是否按照双方关于工资待遇等问题的具体约定履行了《某电业局职工离岗退养协议》发生争议，属于劳动者与用人单位发生的劳动争议。刘某等十一人不服劳动争议仲裁委员会作出的裁决，依法向人民法院起诉，人民法院应当受理。最高人民法院再审判决撤销了高院的、中院的再审裁定、二审裁定，支持了刘某等十一人诉讼请求中合理合法的部分。

二 法律及事实分析

刘某等十一人与某电业局之间签订了《某电业局职工离岗退养协议》，双方在履行《某电业局职工离岗退养协议》过程中发生了争议。关于因履行《某电业局职工离岗退养协议》发生的争议是否属于劳动争议的问题，刘某等十一人是否可以根据《某电业局职工离岗退养协议》的约定与在岗员工一样享受普调性工资待遇的问题。本案经过一审、二审和两次再审，各级法院对此问题的认定均不同。

关于第一个问题，除一审法院和最高人民法院外，二审法院、中院的再审合议庭、高院的再审合议庭，普遍认为在1993年国务院颁布《国有企业富余职工安置规定》的特殊政策导向下，允许国有企业按照国家有关政策分流企业富余职工，是企业为了响应国家政策，分流企业下岗人员而采取的企业内部安置形式，虽然是企业制度改革和劳动用工制度改革中的特殊现象，但是归根结底，还是应当由有关部门按照企业改制的政策规定统筹解决，不宜通过人民法院判决的方式解决。故此，除一审法院和最高人民法院外，各级法院均以因履行《某电业局职工离岗退养协议》引发的争议，不属于劳动争议为由，驳回了刘某等十一人的诉请。而一审法院和最高人民法院则认为，《某电业局职工离岗退养协议》是企业与劳动者关于退养后工资等待遇问题的约定，属于劳动合同性质。根据《中华人民共和国劳动法》第七十九条、《中华人民共和国企业劳动争议处理条例》（1993年）第六条和《最高人民法院关于审理劳动争议案件适用法律若干问题的解释》（2001年）第一条的规定，劳动者与用人单位在履行劳动合同过程中发生的纠纷，当事人不服劳动争议仲裁委员会作出的裁决，依法向人民法院起诉的，人民法院应当受理。故此，一审法院和最高人民法院该争议属于劳动纠纷，应当做实体审理并判决。

关于第二个问题，在《某电业局职工离岗退养协议》真实有效的情况下，该协议明确约定了：①离岗退养人员在离岗退养期间属在册职工，职工在离岗退养期间发给生活费（具体数额不等），不含三项补贴；②三项补贴根据上级规定，按比例代扣代缴，职工离岗退养期间需按规定继续上缴养老金，缴费基数随职工每年收入做相应调整；③职工在离岗退养期间涉及的养老、医疗、住房、失业等待遇按所在单位的在册职工对待并进行管理，在离岗退养期间工龄连续计算，待达到法定退休年龄办理正式退休手续时，按新办法计算养老金；④离岗退养期间，浮动工资、奖金取消，除享受普调性工资待遇外，不再享受其他增资项目的工资政策，福利按50%执行；⑤职工办理离岗退养手续后不得再回工作岗位。虽然刘某等十一人已经签订了《某电业局职工离岗退养协议》，从大众的认知角度以及某电业局的认知角度均认为，刘某等十一人的待遇应当有别于在岗职工，但是，该观点并不符合法律规定。刘某等十一人签订的《某电业局职工离岗退养协议》内容合法、有效，没有违反法律禁止性规定，所以在履行该协议的过程中，某电业局就应当严格遵守协议约定。

三 启示建议

1.本案具有典型意义，已经作为最高人民法院劳动案例的典型案例之一，其典型意义在于，如何准确认定企业改革时出现的哪些纠纷属于劳动争议，劳动关系双方均可通过诉讼方式寻求自己合法权益的保护。我国社会主义市场经济发展过程中，国务院制定的重要改革措施需要严格执行。离岗退养协议中就有贯彻执行国有企业改革政策性质的内容，这些方面的问题确实需要由有关部门按照企业改制的政策统筹解决，但是，协议中也有用人单位与劳动者之间通过协议确定工资待遇的内容，例如，离岗退养职工享受普调性工资待遇的约定。工资是劳动合同的重要组成部分，确定工资标准的内容具有劳动合同的性质，当时对于是否按照劳动合同的约定支付了工资而引发的争议，经过法定程序起诉后，人民法院应当受理。

2.用人单位在起草、签署协议时，应当尽严格的审慎义务。本案中，某电业局认为，对于在岗职工出台的工资政策，并不适用于离岗退养人员，离岗退养职工工资按照档案工资管理，必须依据上级单位的文件精神办理。这与《某电业局职工离岗退养协议》中关于“离岗退养人员在离岗退养期间属在册职工”的陈述相矛盾。既然“离岗退休人员”的定性仍为“在册职工”，那么“离岗退休人员”必然会据此主张与“在册职工”同样的待遇。虽然“在册职工”与“在岗职工”仅有一字之差，但是用人单位作为起草协议的一方，更应当在起草过程中斟词酌句，避免产生歧义，为日后留下法律风险点。在用人单位与员工因履行协议发生纠纷时，于情，法院一般会倾向保护劳动者的利益。本案中，最高院就认为，刘某等十一人为使国有企业减轻负担、增加活力，顾全大局，以离岗退养的方式为企业的发展作出了奉献和牺牲，他们在离岗退养后长期领取基本生活费，生活存在困难，诉讼请求中大部分仅仅是协议中所约定的工资内容。在企业经营转好的情况下，应当使得这些依法主张权利的职工与在岗职工共同分享改革成果。所以，除了在协议中明确约定不能享有的工资待遇，最高院满足了刘某等十一人的合理请求。可见，用人单位如果也想保护自身利益，在起草和签署协议时，必须要保持谨慎的态度，斟词酌句。

四 相关法条

《中华人民共和国劳动争议处理条例》[已失效]

第二条 本条例适用于中华人民共和国境内的企业与职工之间的下列劳动争议：

（一）因企业开除、除名、辞退职工和职工辞职、自动离职发生的争议；

（二）因执行国家有关工资、保险、福利、培训、劳动保护的规定发生的争议；

（三）因履行劳动合同发生的争议；

（四）法律、法规规定应当依照本条例处理的其他劳动争议。

第六条　劳动争议发生后，当事人应当协商解决；不愿协商或者协商不成的，可以向本企业劳动争议调解委员会申请调解；调解不成的，可以向劳动争议仲裁委员会申请仲裁。当事人也可以直接向劳动争议仲裁委员会申请仲裁。对仲裁裁决不服的，可以向人民法院起诉。

《国有企业富余职工安置规定》

第一条　为了妥善安置国有企业富余职工，增强企业活力，提高企业经济效益，制定本规定。

《最高人民法院关于审理劳动争议案件适用法律问题的解释（一）》
法释［2020］26号

第一条　劳动者与用人单位之间发生的下列纠纷，属于劳动争议，当事人不服劳动争议仲裁机构作出的裁决，依法提起诉讼的，人民法院应予受理：

（一）劳动者与用人单位在履行劳动合同过程中发生的纠纷；

（二）劳动者与用人单位之间没有订立书面劳动合同，但已形成劳动关系后发生的纠纷；

（三）劳动者与用人单位因劳动关系是否已经解除或者终止，以及应否支付解除或者终止劳动关系经济补偿金发生的纠纷；

（四）劳动者与用人单位解除或者终止劳动关系后，请求用人单位返还其收取的劳动合同定金、保证金、抵押金、抵押物发生的纠纷，或者办理劳动者的人事档案、社会保险关系等移转手续发生的纠纷；

（五）劳动者以用人单位未为其办理社会保险手续，且社会保险经办机构不能补办导致其无法享受社会保险待遇为由，要求用人单位赔偿损失发生的纠纷；

（六）劳动者退休后，与尚未参加社会保险统筹的原用人单位因追索养老金、医疗费、工伤保险待遇和其他社会保险待遇而发生的纠纷；

（七）劳动者因为工伤、职业病，请求用人单位依法给予工伤保险待遇发生的纠纷；

（八）劳动者依据劳动合同法第八十五条规定，要求用人单位支付加付赔偿金发生的纠纷；

（九）因企业自主进行改制发生的纠纷。

8.8 劳动关系解除后，用人单位与劳动者因办理人事档案转移手续发生的纠纷，属于劳动争议

案例8：刘某与某人民医院人事档案纠纷案

一 案情简介

2012年8月1日，刘某通过老乡的介绍，入职某人民医院，任保安，并与某人民医院签订了书面的劳动合同。在刘某工作期间，某人民医院发现刘某的协调能力差、应急反应能力不够，所以在2013年3月31日，以刘某不能胜任保安工作的理由，通过口头的方式向刘某告知，其因上述原因已被某人民医院解聘了。刘某得到某人民医院的口头通知后，对某人民医院作出的解聘决定明确表示了不服。刘某认为，某人民医院是借故与自己解聘，并没有充分的事实或者证据来证明自己存在能力不足的问题。所以，在该人民医院作出口头解聘通知后，刘某仍然继续到该人民医院上班，但某人民医院不再给刘某安排具体的工作内容。

2013年4月9日下午，某人民医院向刘某书面送达了落款日期为2013年3月31日的《关于解聘刘某的通知》。2013年5月8日，刘某以某人民医院在双方终止劳动合同后，没有为自己办理人事档案转移手续，导致自己的社保关系无法转移为由，向当地劳动争议仲裁委员会申请仲裁，请求某人民医院出具解除劳动合同证明，并办理档案转移手续及社保转移手续。

一审法院判决认为，根据《中华人民共和国劳动合同法》第五十条的规定，用人单位应当在解除或者终止劳动合同时出具解除或者终止劳动合同的

证明，并在十五日内为劳动者办理档案和社会保险关系转移手续。刘某请求某人民医院为自己出具《解除劳动合同证明》，并办理档案转移手续，于法有据，予以支持；鉴于某人民医院未为刘某办理社会保险登记，尚不具备办理社会保险关系转移手续的条件，刘某可在具备办理社会保险关系转移手续的条件后，另行主张权利。一审判决支持了刘某关于要求某人民医院为其办理档案转移手续的请求，驳回了刘某的其他诉讼请求。在一审判决作出后，刘某和某人民医院均未向第二审人民法院提起上诉，一审判决生效。

二　法律及事实分析

本案争议焦点为：人事档案纠纷是否属于劳动纠纷。对此，案件审理过程中主要有四种观点。

第一种观点，在计划经济时代，政府对劳动者的档案进行统一管理。实行市场经济改革后，根据1992年制定的《企业职工档案管理工作规定》第五条，职工档案由所在企业的劳动（组织人事）职能机构管理。实行档案综合管理的企业单位，档案综合管理部门应设专人管理职工档案。因此，用人单位管理劳动者的档案是履行行政义务，并不是用人单位基于劳动合同应当对劳动者履行的义务，人事档案纠纷属于行政争议而非劳动者争议，劳动仲裁机构及人民法院不应受理。

第二种观点，《中华人民共和国劳动合同法》第八十四条第二款规定：用人单位违反本法规定，扣押劳动者居民身份证等证件的，由劳动行政部门责令限期退还劳动者本人，并依照有关法律规定给予处罚。用人单位违反本法规定，以担保或者其他名义向劳动者收取财物的，由劳动行政部门责令限期退还劳动者本人，并以每人五百元以上二千元以下的标准处以罚款；给劳动者造成损害的，应当承担赔偿责任。劳动者依法解除或者终止劳动合同，用人单位扣押劳动者档案或者其他物品的，依照前款规定处罚。据此，人事档案纠纷应由劳动行政部门责令用人单位办理或/及处以罚款，而不应由人民法院受理，并且法院受理之后也难以执行。

第三种观点，人事档案独立于劳动合同，但由于用人单位与职工存在管理与被管理的关系，用人单位对劳动者的人事档案负有保管义务。因此，人事档案纠纷是用人单位与劳动者之间因保管合同产生的纠纷，属于一般民事争议，劳动者无须申请劳动仲裁，可以直接向人民法院起诉。

第四种观点，《企业职工档案管理工作规定》第十八条规定：企业职工调动、辞职、解除劳动合同或被开除、辞退等，应由职工所在单位在一个月内将其档案转交其新的工作单位或其户口所在地的街道劳动（组织人事）部门。据此，在企业职工调动、辞职、解除劳动合同或被开除、辞退等情况下，用人单位负有将档案移转到相应部门的法定义务。性质上，这是劳动合同解除时和解除后所产生的附随义务。用人单位未履行该附随义务而发生纠纷的，属于劳动合同履行争议的延伸，性质上仍属于劳动争议，劳动仲裁机构及人民法院应当受理。

一审法院的判决明显采纳了第四种观点，而且最高人民法院将该劳动案例作为指导与参考案例之一，可见最高院民一庭目前也赞同第四种观点，即人事档案纠纷从性质上属于劳动争议。

三 启示建议

关于人事档案纠纷从性质上属于劳动争议的问题，因为存在四种观点，不排除在实践中，其他各级法院在裁判时，以其他三种观点意见为主，此时，用人单位可以考虑如下理由作为自己的代理意见。具体理由如下。

1.在计划经济时代，劳动者的人事档案属于人事管理的一部分，用人单位对于人事管理制度实质上是行政管理的延伸，档案完全属于国家，在这个时期用人单位的人事档案管理实际上是用人单位行政管理职能的功能之一，政企不分的时代，用人单位对人事档案的管理完全参照了国家机关的档案管理办法。但是，随着我国从计划经济走向市场经济，人事档案制度也开始随之改革，用人单位逐渐成为市场经济中独立的个体，不再行使对劳动者的行政管理职权，劳动者的人事档案开始逐渐实现市场化管理的模式，实行“人才”管理与存放档案、当事人付费的市场模式，由人才市场和劳动力市场代管劳动者的档案。这一改革尚不彻底，还存在很多问题，但总体而言，无论是根据《企业职工档案管理工作规定》第十八条，还是依据《中华人民共和国劳动合同法》第五十条，管理档案都是用人单位的法定义务之一，其来源并非平等主体之间的保管合同义务。在劳动关系解除或终止时，用人单位有义务为劳动者办理档案转移手续。

2.实践中，人事档案争议往往只是一种表象，实际上还是劳动者与用人单位因为其他纠纷引起的另一种反应。用人单位扣押劳动者的档案，一般来说或者是因为用人单位不同意劳动者离开本单位，或者是因为用人单位通过扣押劳动者档案可以获得其他利益。所以，人事档案纠纷的背后，实际上是劳动权利义务纠纷。

3.《中华人民共和国劳动合同法》第八十四条规定劳动行政部门对于用人单位扣押劳动者档案的，可以责令用人单位限期归还，并依照有关法律给予处罚。这是劳动合同法赋予劳动行政部门的职权，但与人民法院受理人事档案纠纷并不冲突，并非意味着此类纠纷只能由劳动行政部门处理。人民法院通过判决的方式，促使用人单位限期办理人事档案转移手续也不一定不具有可执行性。

四 相关法条

《企业职工档案管理工作规定》

第十八条 企业职工调动、辞职、解除劳动合同或被开除、辞退等，应由职工所在单位在一个月内将其档案转交其新的工作单位或其户口所在地的街道劳动（组织人事）部门。职工被劳教、劳改，原所在单位今后还准备录用的，其档案由原所在单位保管。

《中华人民共和国劳动合同法》

第五十条 用人单位应当在解除或者终止劳动合同时出具解除或者终止劳动合同的证明，并在十五日内为劳动者办理档案和社会保险关系转移手续。

劳动者应当按照双方约定，办理工作交接。用人单位依照本法有关规定应当向劳动者支付经济补偿的，在办结工作交接时支付。

用人单位对已经解除或者终止的劳动合同的文本，至少保存二年备查。

第八十四条第一款 用人单位违反本法规定，扣押劳动者居民身份证等证件的，由劳动行政部门责令限期退还劳动者本人，并依照有关法律规定给予处罚。

8.9 用人单位处理劳动争议时，劳动仲裁程序必须前置

案例9：文某与北京某公司线路器材厂等劳动争议纠纷案

一 案情简介

文某与北京某公司线路器材厂（以下简称某线路器材厂）、北京某送变电公司、北京某利发劳务服务有限公司、北京某意祥劳务服务有限公司发生劳动争议纠纷。文某向北京市某区劳动人事争议仲裁委员会申请仲裁：①确认与某线路器材厂于2007年3月至2015年3月存在劳动关系；②裁决某线路器材厂支付违法解除劳动合同经济补偿金49600元；③某线路器材厂支付解除劳动合同经济补偿金24800元；④某线路器材厂支付2007年3月至2015年3月法定节假日加班费30000元、休息日加班费350000元、带薪年休假费30000元；⑤某线路器材厂补办2011年7月至2015年9月21日社会保险登记和补缴社会保险费，支付2007年3月至2011年6月30日未缴纳养老保险损失8000元、未缴纳失业保险损失6000元。2016年3月28日，某区仲裁委员会作出了裁决书，驳回了文某的申请请求。文某不服该仲裁裁决，于法定期间内以某线路器材厂及北京某送变电公司为被告诉至一审法院。文某在向一审法院起诉时，其诉讼请求为：①确认我与某线路器材厂于2007年3月至2015年3月25日存在劳动关系；②北京某送变电公司与某线路器材厂连带支付我2014年9月至2015年3月25日未订立书面劳动合同而应支付的双倍工资差额21300元；③北京某送变电公司与某线路器材厂连带支付我违反法律规定解除劳动合同的赔偿金51425元；④北京某送变电公司与某线路器材厂连带支付我周末加班费139748元，法定节假日加班费26730元；⑤北京某送变电公司与某线路器材厂连带支付我未休年休假工资报酬11930.7元；⑥北京某送变电公司与某线路器材厂连带支付我2007年3月至2011年6月30日未缴纳养老保险损失9379元，未缴纳失业保险损失770元，为我补办2011年7月至2015年3月的社会保险登记和补缴各项社会保险费。文某在一审起诉的时候，增加了请求某线路器材厂等支付未订立书面劳动合同而应支付的双倍工资差额21300元。

关于文某在一审中增加诉讼请求的问题，一审判决认定，文某所诉未签

劳动合同二倍工资差额之请求，未经劳动仲裁前置程序的审理，所以法院对此项增加的请求不予处理。二审法院判决认定，一审法院对增加的请求作不予处理的决定，符合法律规定。

二　法律及事实分析

一般情况下，劳动争议必须仲裁前置处理。在劳动争议发生后，如果用人单位和劳动者之间不能进行和解或调解，劳动者可以依法提起劳动争议仲裁。仲裁是劳动争议仲裁机构对当事人请求解决的劳动争议，依法作出裁决从而解决劳动争议的方式。我国劳动争议仲裁采取强制原则，即只要劳动者一方提起劳动争议，用人单位必须参加劳动争议仲裁，并尊重仲裁结果。劳动仲裁程序前置，是指劳动争议必须经过仲裁处理后，才能向人民法院起诉，否则人民法院不予受理。实践中最常见的是本案中的情形，即劳动者在一审诉讼阶段额外增加了新的诉讼请求，此时，劳动者新增加的诉讼请求没有经过前置的仲裁程序，一般情况下，法院会因该新增诉讼请求未经仲裁前置程序审理而不予处理。故此，本案中对于文某新增加的诉讼请求，两审法院均未作出处理。

三　启示建议

1.劳动争议仲裁前置的例外情形

如前所述，劳动争议仲裁前置为原则，但也有例外情形，用人单位需要知道以下五种例外情形。

（1）工资欠条争议。《最高人民法院关于审理劳动争议案件适用法律问题的解释（一）》第十五条规定，劳动者以用人单位的工资欠条为证据直接向人民法院起诉，诉讼请求不涉及劳动关系其他争议的，视为拖欠劳动报酬争议，按照普通民事纠纷受理。

（2）工会管理争议。《中华人民共和国工会法》第五十条、第五十五条规定，工会对用人单位违反工会法侵犯其合法权益、侵占工会经费和财产拒不返还的，工会可以向人民法院提起诉讼。

（3）调解协议争议。《最高人民法院关于审理劳动争议案件适用法律问题的解释（一）》第十三条规定，根据调解仲裁法第十六条规定申请支付令被人民法院裁定终结督促程序后，劳动者依据调解协议直接向人民法院提起诉讼的，人民法院应予受理。

（4）就业歧视争议。《中华人民共和国就业促进法》第六十二条规定，违反本法规定，实施就业歧视的，劳动者可以向人民法院提起诉讼。

（5）用工之前的争议。主要是指在劳动合同签订前，实际用工之前，双方产生的相关招聘录用等纠纷，任何一方均可以向人民法院起诉。因用工之前，双方之间未实际用工，不存在劳动关系，因此不受劳动法律的调整。

2."四金"争议型和劳动标准型属于"一裁终局"，用人单位要格外注意

劳动争议通常情况下是"一裁两审"，即对劳动争议仲裁委作出的仲裁结果不服的，可以向人民法院提起诉讼，在人民法院经历第一审程序、第二审程序。但是，劳动争议调解仲裁法中规定了几种例外情形，该情形下，属于"一裁终局"，即劳动争议仲裁委一旦裁决，用人单位非法定理由，不得再起诉，该裁决直接生效。而劳动者却不受限，可以自由决定是否起诉。所以，对于"一裁终局"的情形，用人单位在实践处理中，要格外注意。具体情形如下：①"四金"争议型：是指因"追索劳动报酬、工伤医疗费、经济补偿或赔偿金，不超过当地月最低工资标准十二个月金额的争议"。比如，当地每月最低工资标准是1000元，那么某员工要求支付赔偿金在12000元以内的，仲裁裁决对用人单位来说是一裁终局的。②劳动标准型：是指因"执行国家的劳动标准在工作时间、休息休假、社会保险等方面发生的争议。"比如，某员工因与单位在工作时间每周是按44小时，还是40小时执行产生争议时，仲裁裁决，对用人单位来说是一裁终局。

3.逾期终局原则

当事人可以自收到仲裁裁决书之日起十五日内向人民法院提起诉讼，期满不起诉的，裁决书发生法律效力。发生法律效力后，任何一方在没有法定理由的情形下，必须依法履行裁决内容，否则另一方可以申请强制执行。所以，用人单位在接收到仲裁裁决书之后，如果对裁决结果不服，需要提起诉讼，一定要格外关注法定的提起诉讼的期间，如果超过法定提起诉讼的期间，仲裁裁决书就会发生法律效力。

四 相关法条

《最高人民法院关于审理劳动争议案件适用法律问题的解释（一）》

第十三条第一款 劳动者依据劳动合同法第三十条第二款和调解仲裁法第十六条规定向人民法院申请支付令，符合民事诉讼法第十七章督促程序规定的，人民法院应予受理。

第十五条 劳动者以用人单位的工资欠条为证据直接提起诉讼，诉讼请求不涉及劳动关系其他争议的，视为拖欠劳动报酬争议，人民法院按照普通民事纠纷受理。

第十九条 仲裁裁决书未载明该裁决为终局裁决或者非终局裁决，劳动者依据调解仲裁法第四十七条第一项规定，追索劳动报酬、工伤医疗费、经济补偿或者赔偿金，如果仲裁裁决涉及数项，每项确定的数额均不超过当地月最低工资标准十二个月金额的，应当按照终局裁决处理。

第五十一条第二款 当事人在调解仲裁法第十条规定的调解组织主持下仅就劳动报酬争议达成调解协议，用人单位不履行调解协议确定的给付义务，劳动者直接提起诉讼的，人民法院可以按照普通民事纠纷受理。

《中华人民共和国工会法》（2021年修正）

第五十条 工会对违反本法规定侵犯其合法权益的，有权提请人民政府或者有关部门予以处理，或者向人民法院提起诉讼。

第五十五条 违反本法第四十七条规定，侵占工会经费和财产拒不返还的，工会可以向人民法院提起诉讼，要求返还，并赔偿损失。

《中华人民共和国就业促进法》

第六十二条 违反本法规定，实施就业歧视的，劳动者可以向人民法院提起诉讼。

8.10 劳动者离职后，劳动争议申请仲裁的时效期间为一年

案例10：李某与某电力有限责任公司劳动合同纠纷案

一 案情简介

李某于1993年入职某电力有限责任公司（以下简称电力公司）从事农电工工作，后电力公司于2010年3月10日以李某截留电费为由，与李某解除了劳动关系。2010年3月开始，李某再没有去电力公司处上班，电力公司也没有给李某发过工资。李某于2014年7月21日向某县人事劳动争议仲裁委员会提出仲裁申请，某县劳动仲裁委在2014年7月22日，以李某提出的仲裁请求超过仲裁申请时效为由，作出了不予受理通知书。李某不服，在2014年7月29日起诉至法院，提出以下诉求：①同电力公司解除劳动关系；②要求电力公司支付2009年10月至12月工资5060元及2010年1月至6月工资9000元；③要求补发自上班以来从1993年至2010年的经济补偿金17个月工资30600元；④赔偿第三项请求的两倍经济损失61200元；⑤要求补交自上班以来1993年至2010年的医疗养老保险费；⑥由电力公司承担本案的诉讼费用。此外，李某在2010年《劳动争议申请书》中表明，其知道电力公司解除劳动关系的事实及时间即2010年3月10日。李某在2014年7月21日申请仲裁，且未在庭审的过程中提供存在仲裁时效中止、中断情形的证据。

一审判决认为，根据《中华人民共和国劳动争议调解仲裁法》第二十七条的规定，劳动争议申请仲裁的时效期间为一年。仲裁时效期间从当事人知道或者应当知道其权利被侵害之日起计算。李某于2014年7月21日申请仲裁，且李某在庭审的过程中也未提供存在仲裁时效中止、中断情形的证据，其诉求已超过申请仲裁时效，故对李某基于劳动关系提出的所有诉讼请求不予支持。

二审判决认为，李某在2010年已知道了电力公司于2010年3月10日以其截留电费为由与其解除劳动关系的事实，但并未在法定的一年仲裁时效内就该劳动争议提起仲裁申请，也没有提供证据证明本案仲裁时效存在中止、中断的情形，故李某于2014年7月21日就本案劳动争议申请劳动仲裁明显超过了法定仲裁时效。二审判决驳回了李某的上诉请求。

二 法律及事实分析

本案的争议焦点问题之一：李某的诉讼请求是否超过仲裁时效。根据法律规定，“仲裁时效期间从当事人知道或者应当知道其权利被侵害之日起计算。”这一时效规定区别于民事争议的诉讼时效期间，这是基于劳动争议案件的特殊性而作出的规定，旨在尽快地解决劳动争议。根据本条规定，仲裁时效期间从当事人知道或者应当知道其权利被侵害之日起计算。权利人知道自己的权利遭到了侵害，这是其请求劳动争议仲裁机构保护其权利的基础。从这一时间点开始计算仲裁时效期间，符合仲裁时效是权利人请求仲裁机构保护权利的法定期间的本意。知道权利遭受了侵害，指权利人主观上已了解自己权利被侵害事实的发生；应当知道权利遭受了侵害，指权利人尽管主观上不了解其权利已被侵害的事实，但根据他所处的环境，有理由认为他已了解被侵害的事实，他对侵害的不知情，是出于对自己的权利未尽到必要的注意或将其作为推延仲裁时效期间起算点的借口的情况。仲裁时效的起算，以权利人的权利客观上受到了侵害，且主观上已知晓权利被侵害的事实为构成要件。本案中，李某明确知道电力公司与其解除劳动关系的事实及时间即2010年3月10日。也就是说，如果李某认为电力公司解除劳动关系的行为侵犯了自己的权利，其在2010年3月10日开始，主观上就已明知了。而且，李某并没有提出诉讼时效存在仲裁时效中止、中断情形的证据。故此，两审法院以李某于2014年7月21日申请劳动仲裁明显超过了法定仲裁时效为由，驳回了李某的诉讼请求，于法有据。

三 启示建议

1.区分诉讼时效中断和诉讼时效中止

诉讼时效中断是指，因当事人一方向对方当事人主张权利，或者向有关部门请求权利救济，或者对方当事人同意履行义务而中断。从中断时起，仲裁时效期间重新计算。当事人能够证明在申请仲裁期间具有下列情形之一的，人民法院应当认定申请仲裁期间中断：①权利人向义务人提出履行请求；②义务人同意履行义务；③权利人提起诉讼或者申请仲裁；④与提起诉讼或者申请仲裁具有同等效力的其他情形。

诉讼时效中止是指，在诉讼时效期间的最后六个月内，因下列障碍，不能行使请求权的，诉讼时效中止：①不可抗力；②无民事行为能力人或者限制民事行为能力人没有法定代理人，或者法定代理人死亡、丧失民事行为能力、丧失代理权；③继承开始后未确定继承人或者遗产管理人；④权利人被义务人或者其他人控制；⑤其他导致权利人不能行使请求权的障碍。

“诉讼时效中止”和“诉讼时效中断”两者明显不同：①两者适用情形不同。前者只在“在诉讼时效期间的最后六个月内”适用，后者不存在此限制。②造成“诉讼时效中止”和“诉讼时效中断”的法定情形不同。③法律效果不同。前者从中止时效的原因消除之日起，诉讼时效期间继续计算，即自中止时效的原因消除之日起满六个月，诉讼时效期间届满。后者从中断、有关程序终结时起，诉讼时效期间重新计算。

2.根据案情需要，用人单位需要主动提出诉讼时效问题

根据《最高人民法院关于审理民事案件适用诉讼时效制度若干问题的规定》第二条的规定，当事人未提出诉讼时效抗辩，人民法院不应对诉讼时效问题进行释明，如果劳动争议纠纷涉及诉讼时效的问题，人民法院是不会主动对诉讼时效问题进行释明的，也就是说，如果用人单位没有发现劳动争议已经超过了法定诉讼时效，劳动者自己或者人民法院都不会提出时效问题的。所以，建议用人单位在处理案件的时候，着重关注案件是否已经超过诉讼时效的问题，一旦发现存在明显超过法定诉讼时效情形的，要主动提出此点抗辩意见。

四 相关法条

《中华人民共和国劳动争议调解仲裁法》

第二十七条 劳动争议申请仲裁的时效期间为一年。仲裁时效期间从当事人知道或者应当知道其权利被侵害之日起计算。

《中华人民共和国民法典》

第一百九十四条 在诉讼时效期间的最后六个月内，因下列障碍，不能行使请求权的，诉讼时效中止：

（一）不可抗力；

（二）无民事行为能力人或者限制民事行为能力人没有法定代理人，或者

法定代理人死亡、丧失民事行为能力、丧失代理权；

（三）继承开始后未确定继承人或者遗产管理人；

（四）权利人被义务人或者其他人控制；

（五）其他导致权利人不能行使请求权的障碍。

自中止时效的原因消除之日起满六个月，诉讼时效期间届满。

第一百九十五条　有下列情形之一的，诉讼时效中断，从中断、有关程序终结时起，诉讼时效期间重新计算：

（一）权利人向义务人提出履行请求；

（二）义务人同意履行义务；

（三）权利人提起诉讼或者申请仲裁；

（四）与提起诉讼或者申请仲裁具有同等效力的其他情形。

《最高人民法院关于审理民事案件适用诉讼时效制度若干问题的规定》

第二条　当事人未提出诉讼时效抗辩，人民法院不应对诉讼时效问题进行释明。

8.11　在一审诉讼程序中增加反诉请求，法院不予准许

案例11：北京某空调设备公司在劳动争议诉讼中申请反诉未被准许案

一　案情简介

2008年4月6日，许某经过多轮面试后，入职北京某空调设备公司，并与其签订了书面劳动合同。许某具有二级建造师资格，在任职期间，许某将自己的二级建造师资格证书交由北京某空调设备公司保管和使用。2009年1月，北京某空调设备公司参与了某区工程项目的投标工作，在该项目的投标过程中，北京某空调设备公司使用了许某的二级建造师注册证书，并任命许某为该项目的项目经理。在项目的运营过程中，许某多次向北京某空调设备公司提出资源支持的请求，但是北京某空调设备公司并未理会李某的请求，该项

目在实施过程中，一直无法顺利推进，北京某空调设备公司认为项目无法顺利推进完全是许某工作能力有限所致。为此，许某与北京某空调设备公司就项目的推进问题发生了多次争议。2010年8月31日，许某迫于无奈，向北京某空调设备公司提出了离职申请，并且解除了劳动关系。但是，北京某空调设备公司并未向许某返还二级建造师注册证书，许某就此问题多次与北京某空调设备公司进行交涉，但均被北京某空调设备公司以各种理由拖延办理，最终北京某空调设备公司直接明确拒绝了许某的请求。许某无奈之下只得向北京某区劳动仲裁提起仲裁申请，请求北京某空调设备公司向自己返还二级建造师注册证书。北京某区劳动仲裁作出仲裁裁决后，北京某空调设备公司不服裁决结果，并在法律规定的期限内，向北京市某区人民法院提起了诉讼。在提起诉讼的过程中，北京某空调设备公司提出了反诉申请，请求判决许某赔偿因工程项目给公司造成的经济损失人民币2万元。北京某空调设备公司主张，因许某个人工作能力有限导致项目无法顺利推进，而且，许某擅自提出离职的行为，也导致了项目更加无法再继续进行，所以，许某的行为给公司造成了重大经济损失。一审人民法院经审查认为，在劳动争议中不宜直接启动反诉程序，建议北京某空调设备公司另行提出仲裁申请，所以，对北京某空调设备公司的反诉申请未予准许。

二 法律及事实分析

在劳动争议案件的司法审判实践中，经常会遇到一方当事人当庭提出反诉申请。本案中，北京某空调设备公司就是在劳动诉讼过程中提出了反诉，但是，人民法院认为，北京某空调设备公司的反诉申请没有经过仲裁前置程序审理，劳动仲裁案件具有仲裁前置程序的特殊性。而反诉是独立的诉讼，如果在劳动争议案件的诉讼过程中支持了反诉申请，则在一定程度上架空了“仲裁前置”的程序要求，故此法院未接受北京某空调设备公司的反诉申请。

三 启示建议

如果用人单位需要向劳动者提出反诉请求，建议在仲裁阶段提出。例如：在张某与某园林建设有限公司的劳动纠纷案中，张某在申请劳动仲裁时要求某园林建设有限公司为其办理档案和社会保险转移手续，某园林建设有限公司提出反诉申请，要求张某赔偿经济损失9万元。一审判决对双方的请求均作了实质性审查并作出了判决。可见，用人单位不是不可以提出反诉请求，而是要在恰当的阶段、及时地提出反诉申请，即用人单位需要在仲裁阶段就提出对劳动者的反诉请求。逾期，就会像本章案例11中的北京某空调设备公司一样需要另案提起仲裁，增加了用人单位的诉累。

四　相关法条

《最高人民法院关于审理劳动争议案件适用法律问题的解释（一）》

第四条　劳动者与用人单位均不服劳动争议仲裁机构的同一裁决，向同一人民法院起诉的，人民法院应当并案审理，双方当事人互为原告和被告，对双方的诉讼请求，人民法院应当一并作出裁决。在诉讼过程中，一方当事人撤诉的，人民法院应当根据另一方当事人的诉讼请求继续审理。双方当事人就同一仲裁裁决分别向有管辖权的人民法院起诉的，后受理的人民法院应当将案件移送给先受理的人民法院。

8.12　因用人单位作出开除、除名、辞退、解除劳动合同等决定发生的劳动争议，用人单位负举证责任

案例12：冯某与某中学劳动合同纠纷案

一　案情简介

冯某于2008年1月12日进入某中学工作，担任后勤维修人员，双方签订无固定期限劳动合同。2013年1月14日某中学以冯某违反《设备定期检修巡查制度》为由依据《学校奖惩制度》，作出《关于对冯某违纪问题的处分决定》。同年5月30日，该中学向冯某送达《关于对冯某违纪事件的处理决定》《解除劳动合同通知书》，决定与冯某解除劳动合同。冯某认为某中学系违法解除劳动合同，遂提出仲裁请求，要求继续履行劳动合同。仲裁委审理后认为，依照法律的相关规定，因用人单位作出开除、除名、辞退、解除劳动合

同等决定发生的劳动争议，用人单位负举证责任，同时用人单位对其实行的规章制度是经民主程序产生及劳动者知晓该制度负有举证责任。尤其是，在解除劳动合同前征求了工会的意见。而本案中，用人单位并未征求工会意见。最终，结合本案情况对冯某的仲裁请求予以支持。

二 法律及事实分析

因劳动者违纪而被解除劳动合同是用人单位对劳动者最为严厉的处罚，解除劳动合同后用人单位无须支付劳动者经济补偿金。根据法律规定，涉及解除劳动合同的争议，由用人单位负举证责任，也就是所谓的举证责任倒置，用人单位需要提供的证据如下：①劳动者存在违纪的事实；②用人单位据以解除劳动合同的规章制度；③规章制度的产生系依据法律规定经过了民主程序；④规章制度产生后依法向劳动者明示；⑤在解除劳动合同前征求了工会的意见。本案中，某中学作为用人单位，需要从以上五个方面承担举证责任。但是，某中学未证明《学校奖惩制度》经民主程序产生并依法进行公示，亦未证明冯某存在违纪行为，某中学与冯某解除劳动合同的行为，在实体和程序上均存在问题，已构成违法解除。鉴于劳动合同尚有条件继续履行，冯某又有此要求，所以仲裁委依法对冯某的仲裁请求予以支持。

三 启示建议

本案例是北京仲裁委员会发布2014年度十大劳动争议典型案例之一。法律对于用人单位违法解除劳动合同的处罚是相当严厉的，用人单位在解除劳动合同时应当慎重。

1.用人单位在因“开除、除名”解除劳动合同时需要承担的举证责任

除名，是指用人单位以劳动者违反了劳动纪律或是规章，根据规章制度的规定，对劳动者作出开除的处理决定，从而解除双方的劳动关系。除名不是处罚的一种。在除名这一争议里，用人单位至少要证明如下事实：员工有何违纪行为；员工的违纪行为违反了何种规章制度；用单人位作为除名的依据，即用人单位的规章制度是合法有效的。用人单位只有完成了上述基本事实的举证责任，才真正完成了因除名而解除劳动合同的合法性，否则，用人单位需要承担举证不能的法律后果。

2.用人单位在因“辞退”解除劳动合同时需要承担的举证责任

辞退可以分为两种情况，第一种是合法辞退，第二种是违法辞退。前者是指劳动者具有严重违纪或违法的行为，用人单位辞退劳动者，不用承担支付经济补偿金的法律后果；后者是指在没有依据证明劳动者有违法的情况下，用人单位辞退员工，在这种情况下，用人单位承担支付双倍经济补偿金的法律后果。同样的，如果用人单位自己是合法辞退劳动者的，参照用人单位因除名解除劳动合同时需要承担的举证责任内容，即用人单位需要证明劳动者存在严重违纪或者违法的行为；如果劳动者是违纪行为，需要证明该违纪行为达到了严重的程度，且该违纪行为的认定有用人单位的规章制度可依据；用人单位认定劳动者违纪行为的规章制度内容和程序合法有效；如果劳动者是违法行为，用人单位则需要找到可以证明该行为违反法律规定的依据，该法律规定要具体、准确且未失效。

四　相关法条

《最高人民法院关于审理劳动争议案件适用法律问题的解释（一）》

第四十四条　因用人单位作出的开除、除名、辞退、解除劳动合同、减少劳动报酬、计算劳动者工作年限等决定而发生的劳动争议，用人单位负举证责任。

8.13　劳动者主张加班费的，应当就加班事实的存在承担举证责任

案例13：王某与某电力有限责任公司劳动纠纷案

一　案情简介

王某是某电力有限责任公司的员工，2002年7月入职。在王某任职期间，某电力有限责任公司通过劳务派遣的形式，将王某派遣至大唐某有限责任公司辅助管理项目部从事宣传工作。2017年3月7日，王某被大唐某有限责任公

司退回至某电力有限责任公司。2017年3月20日，某电力有限责任公司发放《某电力公司员工过渡整体方案》员工意向调查表，王某同意根据《中华人民共和国劳动合同法》相关规定协议解除劳动合同，由某电力有限责任公司支付相应的经济补偿金。2017年8月10日，某电力有限责任公司再次发放意向调查表，王某同意解除劳动合同获得经济补偿金，但未到公司办理离职手续。2018年10月18日，某电力有限责任公司以中国邮政快递方式向王某邮寄《协议解除劳动合同通知书》，王某当日签收。王某向劳动仲裁提出仲裁申请，请求依法判令某电力有限责任公司及用人单位向王某补偿2017年5月之前（王某被用人单位强行违规退回某电力有限责任公司前）的加班费，包括延时工作时间、休息日及节假日加班费。

一审判决认为，王某为支持其诉讼请求所提供的视频光碟证据，其真实性无从考证，且视听证据不能单独作为定案依据，该组证据缺乏相关证据予以佐证。因此，王某并未提供证据直接证明加班事实，也未提供相关证据证明某电力有限责任公司掌握加班事实存在的证据，应当承担举证不能的法律后果，故该请求法院不予支持。

二审判决认为，劳动者主张加班费的，应当就加班事实的存在承担举证责任。王某提供了考勤说明、《某在某公司（用人单位）的加班表（光盘资料）》、证人证言，拟证明其存在加班事实，但该组证据不能证明具体加班时间，某电力有限责任公司对该组证据的真实性、合法性、关联性均不予认可。且王某提供的该组证据不足以证明用人单位掌握着加班事实存在的证据。故对于王某要求某电力有限责任公司支付加班费的诉讼请求，不予支持。

二 法律及事实分析

本案争议焦点之一：某电力有限责任公司应否向王某支付2017年5月前加班费。法律规定，劳动者主张加班费的，应当就加班事实的存在承担举证责任。但劳动者有证据证明用人单位掌握加班事实存在的证据，用人单位不提供的，由用人单位承担不利后果。关于加班费的争议，劳动者需要承担举证责任，一般是从以下几个方面举证：①证明存在加班的事实。②加班是由用人单位安排的。③有证据证明用人单位掌握了可以证明加班事实存在的证据。实践中，上述举证责任对于劳动者而言，还是很难实现的。在本案中，王某也尽力承担了举证责任，向法庭提交了用于证明自己存在加班事实的证据，但是王某提交的证据真实性就存在争议，而且该证据既不能证明具体加班时间，也不能证明王某的加班是由用人单位安排的，所以两审法院均未采纳王某的证据。

三 启示建议

1.用人单位安排加班的，应当按照国家有关规定向劳动者支付加班费

也就是说，只有用人单位安排加班的，用人单位才需要支付加班费。因此，对于是否需要加班的，劳动者就应该要对用人单位安排加班承担举证责任。如果用人单位没有安排加班，劳动者主动要求加班或者自行、私自安排加班的，用人单位可以不支付加班费。当劳动者提供了证据证明了单位安排了加班，并有相关考勤记录的，应当认定考勤记录的时间为劳动者的加班时间。如果用人单位否认劳动者考勤记录上的时间只有部分是加班时间的，对于具体加班的时间确定，就应该由用人单位来承担举证责任。

2.用人单位可以考虑建立加班审批制度，并严格执行该制度

首先，根据法律规定，用人单位在制定有关工作时间等直接涉及劳动者切身利益的规章制度或者重大事项时，应当经职工代表大会或者全体职工讨论，提出方案和意见，与工会或者职工代表平等协商确定。这也就是我们常说的民主程序，加班审批制涉及劳动者的工作时间、休息休假、劳动报酬等问题，当然属于直接涉及劳动者切身利益的规章制度，应当经过上述民主程序。其次，用人单位应当将直接涉及劳动者切身利益的规章制度和重大事项决定公示，或者告知劳动者。制度的送达有很多形式，用人单位一定注意保留已经公示、送达的证据。最后，严格执行加班审批制度。如果用人单位实行加班审批制后，依然要求员工加班却未履行加班审批的相关程序，发生劳动争议后，一旦劳动者证明用人单位并未执行该项制度，那么劳动者要求支付加班费的诉求很可能获得支持。所以，制定加班审批制度是双刃剑，如果严格执行，有利于保护用人单位的权益，但如果在执行过程中存在违法或者瑕疵行为，也有可能反而为劳动者提供了举证便利。

四 相关法条

《最高人民法院关于审理劳动争议案件适用法律若干问题的解释（三）》［已失效］

第九条 劳动者主张加班费的，应当就加班事实的存在承担举证责任。但劳动者有证据证明用人单位掌握加班事实存在的证据，用人单位不提供的，由用人单位承担不利后果。

注：虽然《最高人民法院关于审理劳动争议案件适用法律若干问题的解释（三）》已失效，但现行有效的《最高人民法院关于审理劳动争议案件适用法律问题的解释（一）》第四十二条，作出了同样的规定内容。所以不影响本案例的法律结论。

《中华人民共和国劳动合同法》

第四条 用人单位应当依法建立和完善劳动规章制度，保障劳动者享有劳动权利、履行劳动义务。

用人单位在制定、修改或者决定有关劳动报酬、工作时间、休息休假、劳动安全卫生、保险福利、职工培训、劳动纪律以及劳动定额管理等直接涉及劳动者切身利益的规章制度或者重大事项时，应当经职工代表大会或者全体职工讨论，提出方案和意见，与工会或者职工代表平等协商确定。

在规章制度和重大事项决定实施过程中，工会或者职工认为不适当的，有权向用人单位提出，通过协商予以修改完善。

用人单位应当将直接涉及劳动者切身利益的规章制度和重大事项决定公示，或者告知劳动者。